이 시대에 다시 만난

여성 신비가들 II

이 시대에 다시 만난 여성 신비가들 II

2021년 11월 28일 처음 찍음

지은이 | 권혁화 김승혜 김혜경 문기숙 민혜숙 방영미 신소희
         유정원 전경미 최우혁 최혜영 서울가르멜여자수도원
엮은이 | 가톨릭여성신학회
펴낸이 | 김영호
펴낸곳 | 도서출판 동연
편 집 | 김구 박연숙 정인영 김율 | 디자인 | 황경실
등 록 | 제1-1383호(1992. 6. 12)
주 소 | 서울시 마포구 월드컵로 163-3
전 화 | (02)335-2630
전 송 | (02)335-2640
이메일 | yh4321@gmail.com

ISBN 978-89-6447-738-0 (세트)
ISBN 978-89-6447-739-7 04200

이 도서는 한국출판문화산업진흥원의 '2021년 우수출판콘텐츠 제작 지원' 사업
선정작입니다.

이 시대에
다시 만난
여성 신비가들 II

Women Mystics
We Meet Again in This Age II

가톨릭여성신학회 엮음
권혁화 김승혜 김혜경 문기숙 민혜숙
방영미 신소희 유정원 전경미 최우혁
최혜영 서울가르멜여자수도원 함께 씀

동연

오늘을 의미있게 살아내고자 하는 이들에게

우리가 누군가를 바라봤을 때 그에게서 하늘 향기를 느낄 수 있다면 행복한 사람이라고 어떤 이는 말하였습니다. 우리 주변에는 그리스도의 향기를 풍기는 이들이 의외로 많이 있습니다. 시대와 나라를 초월하여 그리스도와 깊은 내적 일치를 이루며 그리스도인의 탁월한 삶을 일구어낸 여성 신비가들이 그중의 하나입니다. 남성 중심 사회와 교회의 제도권 안에서 크게 드러나지 않았던 그들의 영성을 밭에 묻힌 숨은 보화를 발견하는 기쁨으로 소개하고자 합니다.

현시대는 생태-기후의 위기, 4차 산업혁명으로 급변하는 기술과 문화, 코로나19 팬데믹, 붕괴하는 경제기반, 고립과 단절 그리고 쿠데타와 테러로 속출하는 이주민과 아프간 난민 등으로 온 세계가 정의, 평화에 대한 심각한 혼란을 겪고 있습니다. 이렇게 다양한 측면에서 상처받는 이들이 증가하고 생명의 존엄성이 상실되어가는 시대의 한 가운데에서 무엇보다도 인간의 존엄성 회복을 위한 치유의 역할이 크게 요청되고 있습니다.

이 책에서 담아내고자 하는 여성 신비가들의 발자취를 통하여 하느님의 모상으로 창조된 인간이 생명의 복음을 회복하고, 자연 친화적인 생활양식으로 창조 질서를 보존하여 생명의 문화를 재정립하고자 하는 이 시대의 당면과제와 노력들이 고스란히 드러나기를 바랍니다. 하느님과의 여정 안에서 발견되는 신비가들의 내적 역동성은 오늘을 의미 있게 살아 내고자 하는 이들과 특별히, 신앙인들에게 커다란 힘과 희망이 되어 줄 것 입니다. 삶의 자리가 힘겹고 절망스러운 상황에 처해 있을 때, 더 나아가 영적으로 하느님 부재라는 고통을 수반할 때 신앙의 지향점과 목적을 제 시해 줄 수 있으리라 기대합니다.

그런 의미에서 3년 전에 출간된『이 시대에 다시 만난 여성 신비가들』 1권에 이어서 이번에『이 시대에 다시 만난 여성 신비가들』 2권을 펴낼 수 있게 되어 큰 의미와 기쁨을 느낍니다. 이번 책에서는 신비가들과 더불어 영성가로 칭하기에 더 적합한 인물들도 함께 소개되었음을 밝힙니다. 코로나19로 우리의 수고와 만남이 비대면으로 제한되었음에도 불구하고 마음 모아 함께 해주신 가톨릭여성신학회 회원 모두에게 감사를 드립니다. 아울러 생태적 회심을 촉구하는 시대의 요청에 더욱 민감하고, 앞으로 우리가 수행해야 할 사명을 식별하며 살아가도록 하느님께 지혜를 청합니다.

가톨릭여성신학회

회장 박경미 마리 소피아 수녀

차 례

교모 소(少) 멜라니아의
생애와 영성

| 전경미 |

소(少) 멜라니아(383~439)

교모 소(少) 멜라니아의 생애와 영성

전경미
서강대학교 신학연구소

I. 생애

소(少) 멜라니아는 383년경에 로마의 귀족 가문에서 태어났다. 소 멜라니아의 할아버지, 곧 소 멜라니아의 아버지 발레리우스 푸블리콜라의 아버지는 360년대 초에 제국의 재판 장관에 해당하는 지위에 있었다. 소 멜라니아의 어머니 알비나의 아버지는 389~391년에 로마의 도시 장관이었다.[1]

소 멜라니아의 삶의 여정은 그와 이름이 같은 그의 할머니, 곧 아버지의 어머니인 노(老) 멜라니아(342~410년)의 발자취를 따라가는 것이었다. 노 멜라니아는 22살에 과부가 되었다.[2] 과부가 되고 두 아들마저 잃고 난

---

1 Elizabeth A. Clark, *The Life of Melania the Younger: Introduction, Translation, and Commentary* (New York: The Edwin Mellen Press, 1984), 83-84.

2 팔라디우스, *HL* 46.1.

후에 노 멜라니아는 로마의 금욕주의적 그리스도교 여성 그룹에 합류하였던 것으로 보인다.3 마침내 그가 30세(372년)에 순례자요 구도자로서 로마에서 이집트와 팔레스티나를 향하여 떠날 때, 그의 유일하게 남은 아들, 푸블리콜라(나중에 소 멜라니아의 아버지)는 교육을 위하여 후견인의 손에 맡겨졌다.4 노 멜라니아는 그가 수도원을 세운 예루살렘에서 25년을 살고 나서야 로마를 방문하게 되었다.5

소 멜라니아가 그의 할머니의 길을 따르기로 결심했던 것이 어느 시점부터인지 분명하지는 않다. 로마에서 소 멜라니아의 환대를 직접 받은 바 있는 팔라디우스는 소 멜라니아가 결혼 전부터 그의 할머니의 이야기에 지속적으로 영향을 받았었음을 기술하고 있다.6 소 멜라니아의 성인전 저자인 게론티우스는 노 멜라니아를 언급하지 않은 채, 다만 소 멜라니아가 결혼하기 전부터 마음이 신적인 사랑에 깊이 감도되어 그리스도와 그리스도를 위한 동정의 삶을 갈망하게 되었다고 기술한다.7

소 멜라니아의 동정의 삶을 향한 갈망은 가계를 이어야 한다는 부모님의 갈망과 갈등을 빚어 결국 멜라니아가 부모님께 순종하지 않을 수 없었다고 전해진다. 멜라니아는 14살에 발레리우스 피니아누스(그의 아버지는 382년에 로마의 장관이었다)와 혼인을 하였다.8 그러나 이 결합은 그 가족의 막대한 부를 기대되던 상속자들에게 물려주지를 못하였다. 소 멜라니아

---

3 앞의 책; 놀라의 파울리누스, 서간 29.8.

4 팔라디우스, *HL* 46.1.; 놀라의 파울리누스, 서간 29.10.

5 놀라의 파울리누스, 서간 29.6.

6 팔라디우스, *HL* 61.1.

7 게론티우스, 『성 소 멜라니아의 생애』(*Vita sanctae Melaniae Iunioris*) 1. 참조: 앞으로는 *VM* 로 표기한다.

8 앞의 책.

가 낳은 두 자녀는 어린 나이에 다 죽고 말았고, 멜라니아와 피니아누스는 정결의 서원을 하였다.[9] 이 두 사람의 금욕주의적 삶을 위한 선언은 특별히 위태로운 것이었다. 멜라니아와 피니아누스의 결합으로 인한 어마어마한 부는 당대 로마에서조차 접하기 흔치 않은 경우를 대표하였고, 게다가 그 두 사람은 너무 어렸다. 멜라니아의 경우, 아버지 푸블리콜라가 살아 있는 한, 그 아버지가 가족 유산의 후견인이었다. 후견인의 동의가 있어야 하기에 멜라니아의 행위는 제한될 수밖에 없었다.[10] 게론티우스에 의하면, 멜라니아와 피니아누스의 부모들은 두 사람이 열망하던 금욕주의적 삶에 동의하지 않았다. 따라서 "멜라니아와 피니아누스는 많은 고통을 겪었다. 부모들의 강요 때문에 그들이 그리스도의 멍에를 자유롭게 짊어질 수 없었기 때문이었다."[11]

그러나 403년경(멜라니아와 피니아누스가 결혼한 지 6~7년경이 지났을 때) 푸블리콜라는 임종에 이르러 멜라니아에게 그 뜻을 가로막은 것에 대해 용서를 청하였다. 푸블리콜라의 죽음 이후 곧 멜라니아와 피니아누스는 로마를 떠나 근교 지역에서 금욕주의적 실천을 시작하였다.[12] 게론티우스가 묘사하는 바에 따르면 멜라니아와 피니아누스의 금욕주의적 실천의 가장 극적인 요소는 그들의 부와 관계한다. 예를 들면, 그들은 100,000개의 주화를 다양한 지역에 보내주었고, 다른 경우에는 45,000개의 금덩어리를 빈자와 성자들에게 나누어 주었다. 또한 그들은 메소포타미아와

---

9 게론티우스, *VM* 6.

10 Lynn H. Cohick and Amy Brown Hughes, *Christian Women in the Patristic World: Their Influence, Authority, and Legacy in the Second through Fifth Centuries* (Michigan: Baker Academic, 2017), 210.

11 게론티우스, *VM* 6.

12 게론티우스, *VM* 7.

시리아, 팔레스티나와 이집트 등지에, 서방과 동방의 모든 지역에 돈을 나누어 주었다.13

408~409년경 멜라니아와 피니아누스는 멜라니아의 어머니 알비나와 함께 로마를 떠났다. 고트족의 알라리크가 410년에 로마를 점령하기 전이었다. 그들은 시칠리아를 먼저 방문하고 나서 410년경 북아프리카에 도착했다. 그들은 타가스테를 거주지로 정하고 그곳에서 남녀 두 수도원을 설립하고 7년간 이끌었다. 멜라니아가 본격적으로 금욕주의적 실천과 훈련에 몰입하게 되었던 때는 바로 이 시기였다. 그는 매우 엄격한 단식 생활을 채택하였고 성경과 성인전 등을 집중적으로 공부하였다.14

417년경 멜라니아 일행은 알렉산드리아를 거쳐 예루살렘으로 떠났다. 비록 타가스테에서 멜라니아는 피니아누스와 함께 두 개의 큰 수도원(하나는 80여 명의 남자 수도원, 다른 하나는 130여 명의 여자 수도원15)을 세우고 이끄는 데 헌신하였지만, 예루살렘에서는 먼저 오랫동안 은수자로서의 삶을 살았던 것으로 보인다. 그의 성인전에 의하면, 멜라니아는 예루살렘에서 어머니와 함께 살면서 단식을 하며 글을 쓰는 생활을 했고, 매일 저녁 거룩한 무덤 성당이 닫히고 나면 시편 성가대가 도착할 때까지 거룩한 십자가 앞에 머물렀다. 그러고 나서 그는 자신의 독방으로 돌아와서 잠깐 잠을 잤다.16 예루살렘에서 멜라니아의 은수자적 생활은 그가 피니아누스와 함께 한 이집트 사막 수도원 방문 이후로 더욱 강화되었던 것으로 보인다. 이집트 사막 수도원을 방문한 후 더욱더 열심히 신심으로 채워진

---

13 게론티우스, *VM* 15, 17, 19.

14 게론티우스, *VM* 21-33.

15 게론티우스, *VM* 22.

16 게론티우스, *VM* 36.

채, 멜라니아는 어머니 알비나의 지시 하에 완성된 올리브 산의 작은 독방에 틀어박혀, 특히 주의 공현 대축일 이후부터 부활절 때까지 집중적으로 수행하면서 가끔 어머니와 피니아누스만을 보는 생활을 14년 동안 지속했다.[17]

이어지는 멜라니아의 활동 중에 특히 주목할 만한 것은 올리브 산에서 그의 열정적인 건축 활동이다. 사실 그의 은둔적 생활의 토대가 되었던 올리브 산 작은 독방도 멜라니아 자신의 계획으로 지어진 것이었다.[18] 431년경 그의 어머니 알비나가 세상을 떠난 후 멜라니아는 올리브 산에 여자 수도원을 지었다. 432년경 피니아누스가 죽은 후 4년 후에는 남자 수도원을 지었다.[19] 그는 이 수도원들 외에 세 개의 예배당들을 더 건축하였다. 그중 하나는 여자 수도원 내에 위치했다. 나머지 두 개 중 하나는 사도들에게 봉헌된 것이었고, 다른 하나는 주님의 승천을 기념하는 것이었다.[20]

---

17 게론티우스, *VM* 40.
18 게론티우스, *VM* 37.
19 게론티우스, *VM* 41, 49.
20 게론티우스, *VM* 48, 49, 57.

수도원적 풍경에 대한 기여 외에도 멜라니아가 생애 후반부에 방문한, 당시 제국의 수도, 콘스탄티노플에서의 여러 활동과 관계들은 그의 확장된 영향력을 증거 한다. 멜라니아가 그의 삼촌(어머니 알비나의 남자 형제)으로서 세상에 널리 알려진 인물이었던 볼루시아누스의 콘스탄티노플로의 초대를 받아들였던 것은 당시 이교도였던 삼촌을 그리스도인으로 개종시키고자 함이었다. 멜라니아의『생애』는 서방에서 콘스탄티노플로 건너왔다가 죽음을 맞이하게 되었던 볼루시아누스를 개종시키는 데 성공한 멜라니아의 이야기를 전한다.[21] 또한, 콘스탄티노플에서 멜라니아는 신학적 논쟁에 열정적으로 뛰어들어 네스토리우스의 이단적 가르침으로부터 참된 신앙을 옹호하고자 하였다. 많은 남녀들, 특히 학식에서 뛰어난 사람들도 멜라니아의 가르침을 듣기 위하여 찾아와 영감을 주는 가르침에 유익을 얻었다.[22] 멜라니아의 가르침과 표양은 황실의 여인들과 테오도시우스 2세 황제까지도 고양시킬 만한 것이었다. 특히 멜라니아는 황후 에우도키아와 돈독한 관계를 형성하였던 것으로 보인다.[23]

멜라니아는 439년 12월 31일에 세상을 떠났다. 그의『생애』마지막 장들은 그가 베들레헴에서 지낸 크리스마스 미사 그리고 예루살렘 수도원으로 돌아와서 공동체에서 함께 지낸 성 스테파누스 축일 전례, 임종을 맞이하는 그의 기도를 기술한다.[24] 모여 있는 사람들 가운데서 멜라니아는 그의 수도원 사제인 게론티우스의 보호에 그 공동체를 맡겼다.[25] 마침내

---

21 게론티우스, *VM* 55.

22 게론티우스, *VM* 54.

23 게론티우스, *VM* 56. 참조: 에우도키아 황후는 후에 예루살렘을 방문하여 멜라니아의 환대를 받기도 하였다. 게론티우스, *VM* 58-59.

24 게론티우스, *VM* 63-64.

25 게론티우스, *VM* 65, 68.

그의 시간이 되자 멜라니아는 기쁨과 행복으로 평화롭게 자신의 영혼을 주님께 넘겨주었다.[26]

II. 소 멜라니아의 영성

1. 금욕주의적 물러남과 덕의 추구

『소 멜라니아의 생애』에서 저자인 게론티우스는 "나는 그[소 멜라니아]가 세상적 영예라는 자랑거리를 발아래 두고 어떻게 천사의 삶에 들어섰는지를 안다"라고 말하면서, 소 멜라니아를 소개하기 시작한다. 그리고 그의 "천사의 삶"은 『생애』의 서문에서 "덕"의 삶으로서 반복적으로 표현된다.[27] 게론티우스는 또한 멜라니아의 덕을 추구하는 천사의 삶이 세상으로부터의 물러남에 이어지는 "무형의 세력"에 대항하는 "엄청난 전투"였음을 강조한다.[28] 『소 멜라니아의 생애』에서 세상으로부터 탈출해서 악덕의 악마들과의 싸움을 통해 덕을 닦는 특성은 이집트 사막의 수도주의적 전통으로 알려진 것과 밀접한 관련성을 보여준다.

『소 멜라니아의 생애』에 따르면 멜라니아는 니트리아와 켈리아와 같은 이집트 사막의 수도원 지역을 방문하여 남녀 수도승들을 직접 만나보고 그들의 삶의 방식과 덕들에 의해 고무된다.[29] 게론티우스가 『생애』에

---

26 게론티우스, *VM* 68.
27 게론티우스, *VM* 서문.
28 앞의 책.
29 게론티우스, *VM* 37-39.

서 멜라니아의 수도적 가르침과 실천에 대해 기술하면서 언급하는 모든 덕들은 이집트 사막의 수도 전통, 특히 『금언집』과 에바그리우스의 글들을 통해 알려진 덕들과 유사성을 갖는다. 『생애』에 의하면, 소 멜라니아는 특징적으로 "순수성", "순수한 사랑", "겸손"의 덕들 그리고 "허영심", "교만"의 악덕들을 그의 수도적 가르침에서 강조한다.[30]

사막의 전통에서, 덕을 추구하는 것과 영예를 찾는 것은 서로 상반되는 방향에 있다. "덕들을 소중히 여기고 영예의 노예가 되지 말라."[31] 이런 영성 안에서 폰투스의 에바그리우스는 영예라는 것이 무엇이고 덕의 길과 영예의 길이 왜 서로 상반되는지 설명한다. "사람들의 찬사"와 "인간적 존경"으로부터 올라오는 영광과 영예가 그 사람으로 하여금 "영예욕"이라는 환상을 갖도록 이끌 때, 그것은 "교만"으로 끝난다. 왜냐하면 "영예를 찾는 사람은 스스로를 높이고, 그런 사람은 무시당함을 감수하는 법을 알지 못하기" 때문이다. 반면에 수행자는 "덕을 위한 수행적 노력"을 자신의 영광이요 영예로서 추구한다.[32] 사막의 전통에서, 허영심과 교만의 악덕들은 모든 악의 토대로 간주할 정도로 치명적이다. 왜냐하면 그것은 사랑의 길을 전복시키기 때문이다. 에바그리우스는 덕과 인간적 영예의 추구에 관한 그의 가르침을, 영예욕이라는 악덕이 어떻게 증오와 분노로 귀결되는지에 대한 주제로 발전시킨다.

영예롭게 되기를 바라는 사람은 명성에서 그를 능가하는 사람을 시기하며 이런

---

30 "순수성"과 "순수한 사랑"에 대해서는 게론티우스, *VM* 29, 43; "겸손"에 대해서는 게론티우스, *VM* 43, 45; "허영심"과 "교만"에 대해서는 게론티우스, *VM* 43, 62를 보라.
31 『금언집』 펠루시아의 이시도레 2.
32 에바그리우스, 에울로기우스에게 보낸 논고 3.

질투에 의해 그는 이웃들을 향한 중오심을 쌓는다. 너무 많은 영예들에 의해 압도된 채, 그는 그 자신 위로 그 누구도 영예롭게 되기를 원하지 않는다. 그는 자신이 열등하게 보일까봐 두려워서 1등의 자리를 낚아챈다. 그는 그 자신이 없는 동안 영예롭게 되어 존을 받는 사람을 견디지 못한다. 그 사람의 수행적 노력에서조차 그는 그 사람의 낮은 평가를 조롱하고자 한다. 존경을 사랑하는 사람에게 모욕은 실로 치명적 상처이며 그는 그것에서 오는 분개에서 결코 도망갈 수가 없다.[33]

"교만이 있는 곳에 사랑은 무슨 소용인가?"[34]라는 사막의 금언이 이해될 수 있는 것은 바로 이런 의미에서이다. 나아가, 바로 이와 같은 악덕들의 역학 관계 안에서, 악덕의 본질을 "사람들을 하느님으로부터 앗아가며 그들을 서로 분리시키는 것"으로서, 또한 덕의 본질을 "사람들을 하느님께로 이끌며 우리를 서로 결합시키는 것"[35]으로서 접근하는 사막의 수도 전통을 이해할 수 있다.

가장 중요하게, 사막의 수도 전통 안에서 첫째가는 덕으로서의 "겸손"(실로 『금언집』의 압도적인 분량이 이 겸손의 덕에 할애된다)은 인간적 존경을 향한 갈망 그리고 "허영심"과 "교만"의 악덕들이 초래하는 치명적 결과에 관한 위의 문맥 안에서 분명하게 이해된다. 에바그리우스는 "겸손으로 영예욕을 이기는 사람은 악마의 전체 군단을 파괴할 것이다(마르 5:9; 루카 8:30 참조)"라고 결론짓는다.[36] 소 멜라니아는 그의 가르침에서 사막의 전통을 반영하면서 하느님과 다른 이들에 대한 사랑의 힘과 병행하는 겸손

---

33 앞의 책.
34 『금언집』 엘리아스 3.
35 『금언집』 펠루시아의 이시도레 4.
36 에바그리우스, 에울로기우스에게 보낸 논고 4.

의 힘에 관한 교훈을 전한다. 그는 또한 그의 가르침에서 사랑과 겸손의 덕들을 교만과 허영심이라는 반대되는 악덕들에 긴밀하게 연결시킨다.

하느님께 대한 그리고 서로 서로에 대한 순수한 사랑으로 말하자면, 우리는 성경을 통해 가르침을 받고 있습니다. 즉, 영적인 사랑 없이는 모든 훈련과 덕은 헛되다는 것을 인식하면서, 우리는 모든 열성으로 그것을 지켜야 한다는 것입니다. 왜냐하면 악마는 우리가 하는 것으로 보이는 모든 우리의 선행들을 모방할 수 있기 때문입니다. 그러나 정녕 그는 사랑과 겸손에 의해 정복됩니다. 내가 말하는 것은 다음과 같은 것입니다. 우리는 단식합니다. 그러나 악마는 아무것도 먹지 않습니다. 우리는 철야 기도를 합니다. 그러나 그는 결코 잠을 자지 않습니다. 그러하니 교만을 미워합시다. 그가 하늘로부터 떨어졌던 것은 바로 이 잘못을 통해서였습니다. 그리고 그것을 통해 그는 우리를 그와 함께 끌어내리기를 원합니다. 또한 풀의 꽃처럼 서서히 사라지는 이 시대의 허영심을 피해 달아납시다.[37]

악마를 정복하는 겸손의 승리로 끝나는 힘에 관한 위의 소 멜라니아의 말은 암마 테오도라와 대 마카리우스에게 돌려지는 금언들과 같은 『금언집』의 구절들과 주목할 만한 상호텍스트성을 보여준다. 예를 들어, 『금언집』의 암마 테오도라의 말은 다음과 같다.

금욕주의도 철야 기도도 어떤 종류의 고통도 구제할 수 없고, 오직 참된 겸손만이 그것을 할 수 있다. 마귀들을 쫓아버릴 수 있는 한 수도사가 있었다. 그 수도사가 마귀들에게 물었다. '무엇이 너희들을 사라지게 만들지? 단식인지?' 그들이 대답

---

37 게론티우스, *VM* 43.

했다. '우리는 먹지도 마시지도 않는다.' '철야 기도인가?' 그들이 대답했다. '우리는 잠도 안 잔다.' '세상으로부터의 분리인가?' '우리는 사막에서 산다.' '그렇다면 어떤 힘이 너희들을 내보내는가?' 그들이 말하였다. '겸손이 아니고서는 그 어떤 것도 우리를 정복할 수 없다.'[38]

사막 전통에서 악마적 힘에 대항하는 가장 강력한 방법으로서 진정한 겸손은 본질적으로 영예와 영광을 추구하는 것 대신에, 화나게 하는 행위, 모욕, 무시를 참는 것과 관계된다. 이런 정신은 사막에서 성경을 해석하는 방법을 반영한다. 무엇보다 먼저, 예수 그리스도 자신이 "오히려 당신 자신을 비우시어 종의 모습을 취하신" 분(필리 2:7)으로서[39] 겸손의 모범이시다. 이러한 토대 위에서 복음서들로부터 알려진 그리스도의 가르침과 삶은 사막의 해석학에서 겸손의 덕에 적용된다. 금언집에서 한 이야기는 어떤 수도승의 겸손의 한 모범을 전한다. 이 수도승은 물건을 팔기 위해서 시장에 왔다가 마귀 들린 한 여인에게 가게 되었다. 금언집에서 "누가 네 오른뺨을 치거든 다른 뺨마저 돌려대어라"(마태 5:39)라는 예수의 가르침은 모욕과 다른 이들에 의해 가해진 치욕을 기꺼이 참는 겸손의 문맥에서 해석된다.

그 수도승이 그 집에 이르렀을 때, 마귀 들린 그 여인이 나오더니 그의 뺨을 철썩 때렸다. 그러나 그는 주님의 명령에 따라, 다른 쪽의 뺨을 돌려대었다. 이것에 의해 고문을 당한 마귀는 울부짖었다.… 즉시 그 여인은 깨끗해졌다. 노인들이 왔을 때, 사람들은 일어났던 일을 그들에게 말하며, 다음과 같이 말하면서 하느님을 찬양하였다. "이것은 그리스도께서 명하신 겸손을 통하여 마귀의 교만이 몰락하

---

38 『금언집』 테오도라 6.
39 에바그리우스, 에울로기우스에게 보낸 논고 4.

게 된 경우이다.[40]

위의 가르침과 동일한 정신 안에서, 에바그리우스는 겸손의 덕이 교만과 증오로 이끄는 인간적 영예를 향한 정념의 가장 좋은 치료제라는 것을 설명한다.

마귀들은 겸손한 자들에게 수모와 모욕을 가져와, 그 사람들이 멸시를 참을 수 없을 때 겸손으로부터 피해 달아나도록 만들고자 한다. 그러나 겸손으로 치욕들을 훌륭하게 견디는 사람들은 그것들에 의해 삶의 길의 높이를 향해 더욱더 나아가게 된다.[41]

소 멜라니아의 가르침에서 『금언집』과 상호텍스트성을 보여주는 또 다른 보기는 모욕을 참는 덕을 강조하는 수행적 실천의 동일한 정신을 전달한다. 모욕을 참는 겸손은 수행자로 하여금 자기 자신 안에서 그리고 인간관계 안에서 작용하는 악마적 힘을 정복하도록 하고, 다른 이들과 하느님과 연합될 수 있도록 내적 자아를 정화하도록 한다. 금언집에서, 아바 대 마카리우스는 묘지 안에 있는 "죽은 사람"처럼 되도록, 다시 말해 다른 사람들에 의한 모욕이나 칭찬이 똑같은 사람처럼 되도록 한 형제를 가르친다. 아바는 말한다.

그대는 그대가 어떻게 그들을 모욕하였는지를 그리고 그들이 대꾸하지 않았다는 것을 안다. 또한 그대가 어떻게 그들을 칭찬하였는지를 그리고 그들이 아무런 말

---

40 『금언집』 다니엘 3.
41 에바그리우스, 에울로기우스에게 보낸 논고 4.

도 하지 않았다는 것을 안다. 그러므로 그대도 또한, 만약 그대가 구제되기를 원한다면, 동일한 것을 해야 하고 죽은 사람이 되어야 한다. 죽은 사람처럼, 사람들의 조롱이나 그들의 칭찬에 개의치 말라. 그러하면 그대는 구제될 수 있다.[42]

소 멜라니아는 수녀들을 가르치면서 한 번은 어느 성자의 격언을 인용한다. 그는 인간관계의 역동성 안에서 "상"(像)처럼 되라고, 다시 말해 누가 때릴 때나 발로 걷어찰 때나 항의하지 않는 상처럼 되라고 그들을 가르친다.

마침내 그 성자는 그에게 이렇게 말하였습니다. "만약 그대가 모욕을 당하였으나 그 모욕을 갚지 않고, 때림을 당하였으나 항의하지 않는 그 상처럼 된다면, 그때 그대는 구제될 수 있고 나와 함께 머무를 수 있을 것이네." 그러하니 오, 자녀들이여, 우리 또한 이 상을 모방하여 모든 것에—모욕에, 비난의 말에, 무시에—훌륭하게 내어놓도록 합시다. 우리가 천상왕국을 물려받을 수 있도록 말입니다.[43]

주목할 만한 것은 게론티우스가 멜라니아의 죽음을 "덕을 옷으로서 입은 채" 하늘로 출발한 것으로 묘사할 때, 멜라니아가 천사 같은 아파테이아(어떤 동요에도 초연한 상태)를 모방하기 위하여 평생을 노력하였음을 보도하고 있다는 점이다. 아파테이아는 알렉산드리아의 클레멘트에 의해서 그리스 스토아 철학으로부터 그리스도교 가르침으로 소개되었던 것으로 알려진다.[44] 그것이 그리스도교 신앙 안에서 내포하는 개념은 에바

---

42 『금언집』 대 마카리우스 23.

43 게론티우스, *VM* 44.

44 Louis Bouyer, *The Spirituality of the New Testament and the Fathers*, trans. Mary P.Ryan

그리우스의 수도주의 신학에서 활짝 꽃피게 되었다.[45] 에바그리우스는 아파테이아를 육신의 금욕주의적 실천과 함께, 심리적이고도 악마적인 방해 세력에 대항하는 내적 전투를 통하여 도달하는 덕의 가장 높은 지점으로서 설명한다.[46] 에바그리우스의 아파테이아는 신앙에서 시작되는 "덕의 완성의 점차적인 성격"[47]을 확실하게 한다. 금욕주의적 덕의 훈련을 통하여 영혼이, 예를 들어, "겸손으로써 허영심의 생각을 쫓아버리는 능력"[48]을 가지게 될 때, 그 영혼은 "영혼의 건강한 상태"[49]로서의 아파테이아의 경지를 나타낸다. 에바그리우스는 그것을 "절대적인 상태로서"[50] 간주하지 않는다. 아파테이아는 잃을 수 있는 상태이고, 정념은 언제나 계속된다.[51] 우리가 아파테이아의 상태에 도달하게 됨에 따라, 우리는 "점점 더 다른 이들의 행복에 관심을 가지게 되고 사랑으로 변모한다."[52] 에바그리우스에

(London: Burns & Oates, 1963), 273-274. 참조: 알렉산드리아의 클레멘스, 『양탄자』6.9.

45 J. N. D. Kelly, *The Motive of Christian Asceticism* (Evanston, Illinois: Seabury-Western Theological Seminary, 1964), 10.

46 에바그리우스, 『프락티코스』 60.

47 Robert Somos, "Origen, Evagrius Ponticus and the Ideal of Impassibility," in *Origeniana Septima* (Leuven, Belgium: Leuven University Press, 1999), 372.

48 에바그리우스, 『프락티코스』 58.

49 앞의 책 56.

50 Somos, "Origen, Evagrius Ponticus," 372.

51 에바그리우스, 『프락티코스』 53, 67.

52 kim Nataraja. "Evagrius of Pontus," in *Journey to the Heart: Christian Contemplation*

의하면, 하느님과 다른 사람들을 향한 아가페, 즉 순수한 사랑이 생성되는 것은 바로 이런 상태에서부터이다.[53] 따라서 에바그리우스는 아가페를 금욕주의적 덕의 훈련의 최종 목표로 본다. 실로, 소 멜라니아의 금욕주의적 분투 전체를 대표하고 있는 아파테이아는 "아가페에 반대되는, 우리 안에 있는 정념의 지배"[54]로서 이해될 수 있다. 그것은 인간의 욕망을 뿌리 뽑지 않고, 다만 "무질서한 어떤 것을 그 욕망으로부터 제거함에서 그 욕망을 정화한다."[55] 그러므로 정화의 이러한 상태에 있는 수행자는 "아가페에 의해 그 사람 안에 심어진 새로운 본능에 따라" 그 전체 존재를 통합할 수 있게 된다.

『생애』안에서 소 멜라니아의 영적 여정에 대한 기술은 그가 어떻게 그리스도를 갈망하면서 세상을 피해 달아났는지에서 시작하여, 금욕주의적 수행의 삶을 통하여 그가 도달한 높은 덕으로 마무리된다. 이 그림은 영적 삶에 관한 두 단계(프락시스와 테오리아) 이론[56]에서 프락시스의 단계에 상응한다. 이 두 단계 이론은 4세기 후반에 에바그리우스의 수도주의에서 발전하였다. 프락시스, 즉 실천적 수행의 삶은 정념을 정화하고 덕을 얻기 위하여 악마들과 싸우는 것이며, 테오리아, 즉 관상의 삶은 하느님을 명상하고 관상하는 것이다. 에바그리우스에 의하면, 아파테이아와 아가페의 상태에서부터, 우리는 기도를 통하여 관상의 경지로 올라갈 수 있다.[57] 물론 실천적 수행에서도 기도와 명상이 병행되기는 하지만 말이

---

through the Centuries, ed. Nataraja (Toronto, ON, Canada: Novalis, 2011) 114.
53 에바그리우스, 『프락티코스』81.
54 Bouyer, The Spirituality, 386.
55 앞의 책.
56 이 두 단계 이론은 플라톤, 아리스토텔레스, 필로, 알렉산드리아의 클레멘트, 오리게네스로 거슬러 올라간다. Kim Nataraja, "Evagrius of Pontus," 115.

다.58 소 멜라니아의 금욕주의적 수행은 관상의 삶의 깊이로 나아갔는가? 게론티우스는 이 문제에 관심을 두지 않았던 듯하다. 다만 그는 다른 사람들의 교화를 목적으로 멜라니아의 덕행을 이야기하는 데에 집중했다. 그럼에도 불구하고, 우리가 내면의 악마적 악과의 전투를 통한 도덕적이고 영적인 수행의 중요성을 고려할 때, 이러한 것이 특별히 잘 기술되어 있는 이집트 사막의 수도주의 전통의 빛 안에서 소 멜라니아의 실천적 수행을 읽는 것은 우리로 하여금 멜라니아의 금욕주의적 영성의 풍성한 부분을 이해하도록 한다.

소멜라니아의 영성의 중요한 양상은 무엇보다도 먼저 악마적 힘에 의해 초래된 내적인 악덕으로부터의 영적이고 도덕적인 회심과 그 악덕에 대항하는 분투였다. 소 멜라니아는 그 자신의 금욕주의적 몸과 영혼 안에서 점진적인 여정을 시작했다. 그 여정은 영적 분별을 통하여 어떻게 인간의 마음이 움직이는지, 예를 들어, 어떻게 욕심, 분노, 슬픔, 나태함, 허영심, 교만이 내적 자아로부터 일어나는지, 어떻게 그것들이 서로 상호작용하는지 그리고 어떻게 그것들이 영혼을 하느님으로부터 앗아가고 다른 사람들로부터 영혼을 분리시키는지를 알고 깨닫는 것을 요구하였다. 그 여정은 또한 그런 악덕으로부터 그의 마음을 정화하기 위하여, 그리고 순수한 사랑과 겸손과 같은 덕을 형성하기 위하여 힘든 수행을 요구했다. 그런 덕이야말로 영혼이 하느님과 다른 사람들과 견고히 결합하도록 만들 것이었다.

---

57 참조: 에바그리우스, 『기도론』 52; 『프락티코스』 "서문" 8.
58 에바그리우스, 『프락티코스』 79.

2. 상승과 천상을 향한 수도적 갈망

고대 그리스도교에서 이 세상에서 나그네가 된다는 그리스도교적 관념(히브 11:13-16 참조)을 확실하게 구현한 이들은 남녀 수도승들이었다. 그리하여 이집트 사막의 금욕적 수덕 생활에서 '크세니테이아(낯선 땅으로 가서 머무는 것을 의미)'는 덕과 영성의 훈련과 진보를 위한 자발적인 나그네 되기를 가리키는 고유한 용어로 사용되었다.[59] 실로 많은 수도승들이 자신의 고향과 고국을 떠나 사막으로 이주하여 살았다. 분명히 이런 방식의 크세니테이아의 실천은 소 멜라니아를 포함하는 어떤 다른 남녀 수도승들의 경우처럼 구체적인 장소로서 예루살렘 일대로 가서 사는 것을 통해 그것을 실천하는 것과는 달랐다.

그들은 왜 예루살렘으로 갔을까? 이에 대한 답을 모색하는 것은 그 수도승들이 품고 있던, 예루살렘에 관한 영적이고 신학적인 생각이 무엇이었는지 이해함을 핵심으로 한다. 게론티우스는 북아프리카 타가스테에서 수도원들을 세워 수덕 생활을 실천하던 소 멜라니아와 일행이 나머지 생애를 보내게 될 예루살렘으로 향하는 장면을 다음과 같이 기술할 뿐이다. "그들이 아프리카에서 7년 동안 살며 소유한 재물에 대한 부담을 모두 버리게 되었을 때, 그들은 마침내 예루살렘을 향하여 떠났다. 왜냐하면 그들은 그 성지에서 예배를 드리고자 하는 갈망이 있었기 때문이다."[60] 소 멜라니아에게 있어서, 가난해지는 상태와 예루살렘으로 간다는 것은 영적 진보의 증표이고 크세니테이아의 실천임을 게론티우스는 먼저 묘사하고 있다. 그러나 "그 성지에서 예배를 드리고자 하는 갈망"은 그들이 예루

---

59 『금언집』, 롱기누스 1.
60 게론티우스, *VM* 34.

살렘을 향해 떠나게 된 이유를 대변한다기보다는, 그들 자신의 수덕적 영성 생활에서 더한 진보와 완덕을 향하는 갈망을 에둘러 표현하는 것이 아닐까? 소 멜라니아가 품고 있던 예루살렘에 관한 생각을 이해하기 위한 탁월한 상호텍스트성을 제공하는 것은 당대의 이름난 수도승 저자로서 예루살렘 지역권에 이주해서 정착해 살았던 히에로니무스(347~420년 경)의 글들이다.

히에로니무스의 예루살렘에 대한 신학적, 영적 성찰은 그의 『시편 강해』(주로 남녀 수도승들을 대상으로[61] 401년경 행해짐) 안에서 풍부하게 발견된다. 그에게 있어서 예루살렘 또는 시온(예루살렘을 일컫는 또 하나의 성경적 이름)은 세상적 삶에서 물러나 수덕적 삶을 실천하는 영혼이 쉼 없이 천상으로 상승해가는 것을 표현하는 강렬하고 선명한 원천이다. 물리적, 영적, 천상적 양상의 예루살렘은 모두 매우 밀접하게 섞이게 된다. 시온은 "골짜기", "언덕", "산"들을 가지고 있다. "산에서 골짜기로" 시온의 하강은 시온이 "숭고한 믿음"에서 "죄인"으로 내려감을 의미한다.[62] 그리스도의 승천하심을 본뜨는, 수덕적 삶의 상승에 대한 히에로니무스의 관심이 지형 언어로 묘사된다.

시온의 골짜기들에서 벗어나 평지로 가도록 합시다. 평지에서 언덕으로, 언덕에서 산으로 올라갑시다. 그리스도께서는 영양처럼 혹은 수사슴처럼 언덕을 뛰어넘어 오고 산을 뛰어오르시니, 우리도 산에서 그분을 따릅시다(아가 2:8-9). 진실로 그리스도께서 부활하신 후에 하늘로 올라가신 것은 골짜기에서가 아니라 바

---

61 그의 설교문의 여러 곳에서 수도승-설교가로서의 히에로니무스가 수도승들에게 말하고 있다는 점이 분명하게 드러난다. 가령, 『시편 강해』 44-시편 131(132)장.
62 히에로니무스, 『시편 강해』 45-시편 132(133)장.

로 산에서였습니다. 우리가 덕(virtus)의 산들이 되지 않는 한, 우리는 하늘로 올라갈 수 없습니다.[63]

예루살렘에 대한 생각 그리고 상승이라는 수덕적 영성 사이의 연계를 드러내기 위해 히에로니무스는 빈번하게 시온의 어원적 의미인 '망루(감시탑)'를 사용한다.[64] 그러한 연계는 또한 수도승들을 그 도시와 동일시함으로써 표현된다. 시온은 "망루에 세워졌고" 따라서 "높은 곳에 올려져" 있다.[65] 그렇다면, "우리의 영혼은 시온일 수 있으니," 다시 말해 우리 영혼은 "높은 곳에" 있으며 "결코 내려가지 않고 언제나 위로 향하는" "망루일 수" 있다.[66] 보다 구체적으로 말하면, 시온으로서의 우리 영혼은 "덕(virtus)들"이라는 "시온의 문들"[67]을 지닌 채 "언제나 더 숭고한 명상(contemplatio)으로 올라간다."[68] 예루살렘은 "평화의 모습(beata pacis visio)"으로서, 히에로니무스의 수덕적 영성에서는 시온보다 더 숭고한 단계와 관련되는 것으로 보인다.

시온은 망루를 뜻하고, 예루살렘은 평화의 모습을 상징합니다. 우리 영혼이 망루를 지닌다면, 우리 영혼이 위로 높이 있다면, 그것이 지상의 것들에 마음을 쏟지 않고 다만 천상의 것들에만 마음을 둔다면, 우리 영혼이 평화의 모습을 지니게

---

63 앞의 책.
64 참조: 히에로니무스, 『시편 강해』 9, 18, 28, 42, 46, 57. 오리게네스도 시온을 "망루"로서 짧게 언급한다(『요한복음 주해』 13.81).
65 히에로니무스, 『시편 강해』 28-시편 101(102)장.
66 히에로니무스, 『시편 강해』 46-시편 133(134)장.
67 히에로니무스, 『시편 강해』 18-시편 86(87)장.
68 앞의 책.

된다면, 참된 평화이신 그리스도께서 우리 영혼 안에 사신다면, 그분께서는 행복으로 우리를 축복하실 것입니다. 그리스도께서 우리 안에 거하신다면, 우리는 시온이 될 것이고 또한 우리는 예루살렘이 될 것입니다.[69]

히에로니무스는 시온 즉 망루와 예루살렘 즉 평화의 모습 사이의 관계를 명확하게 하지는 않는다. 그러나 그가 망루를 "명상", "[하느님에 대한] 지식"[70]과 연결하는 것을 고려할 때, 지켜봄, 명상, 지식 후에 발전되는 단계가 평화의 모습을 지니게 됨이라는 점은 분명하게 된다. 위에 인용된 바와 같이 수덕적 생각에서 평화의 모습, 다시 말해 평화가 구현된 상태란 영혼 안에 "참된 평화이신 그리스도께서" 거하는 것이다(즉, 영혼이 하느님께 온전히 결합한 상태).

소 멜라니아에게 있어서 그리스도교화된 지상의 예루살렘은 분명히, 그 성지들을 직접 체험함을 통해서 영적 영감을 얻을 수 있었던 곳이었다.[71] 이뿐만 아니라 그는 수도적 영성과 연합된 예루살렘/시온 상징들에 친숙했었음이 틀림없다. 특별히 소 멜라니아는 베들레헴에 살고 있던 히에로니무스와 친분을 가지고 있었기에[72] 히에로니무스가 개진한 당대의 예루살렘/시온에 관한 생각들에 의해 영향을 받았음 직하다. 비록 게론티

---

69 히에로니무스, 『시편 강해』 42-시편 127(128)장.

70 히에로니무스, 『시편 강해』 57-시편 147(147 B)장.

71 게론티우스는 예수님의 무덤/부활 성지, 탄생 성지, 올리브 산의 승천 성지에 대한 소 멜라니아의 신심을 언급한다(게론티우스, VM 35-36, 49, 57, 59, 63).

72 비록 히에로니무스는 소 멜라니아 가족이 예루살렘에 도착한 지 오래되지 않았을 때인 420년경 베들레헴에서 죽었지만, 그들 사이에는 친밀한 관계가 형성되어 있었던 것으로 보인다. 참조: 아우구스티누스에게 보낸 히에로니무스의 한 편지에서 히에로니무스는 소 멜라니아, 피니아누스, 알비나를 그들의 친구들로서 다정하게 언급한다(히에로니무스, 서간 143.2, 3).

우스가 수도적 영성과 결부된 예루살렘 상징을 언급하지는 않지만, 한편 그가 시편을 노래하는 수도원 기도 생활을 거듭 전하고 있다는 점은 주목할 만하다. 시편 안에서 예루살렘/시온은 근본적인 이미지이다. 우리는 의심할 여지 없이 예루살렘/시온에 관한 시편들이 올리브 산에서 그것들을 낭독하며 기도했던 멜라니아를 깊이 고무시켰음을 상상할 수 있다. 그리하여 멜라니아에게 그 도시는 더욱더 생생한 상징이 되었음 직하다. 멜라니아가 성경과 설교집들을 정독하여 읽었음을[73] 게론티우스가 전하고 있듯이, 시편을 사랑하여 그것들을 암송하곤 하였던[74] 멜라니아가 히에로니무스와 아우구스티누스와 같은 당대 이름난, 멜라니아 자신의 지인들이 집필한 시편 강해들을 알았고 읽었음을 우리는 충분히 짐작할 수 있다.

게론티우스는 특별히 악한 생각들을 다스리기 위하여 시편을 노래하는 것에 마음을 집중할 것을 멜라니아가 수녀들에게 가르쳤다고 서술한다.[75] 멜라니아의 수도적 삶에서, 시편들은 정념을 고요하게 하는 효과 외에도, 시온/예루살렘의 상징에 관한 성찰을 위한 주요한 토대가 되었을 것이다. 덕과 명상으로 세워진 수행하는 영혼으로서의 시온, 또한 천상적 예루살렘에서 하느님과의 완전한 결합을 향하여 지속적으로 올라가는 수행하는 영혼으로서의 시온은 멜라니아의 내면을 반영할 만한 것이었다. 분명히 하느님의 거룩한 도시, 곧 새로운 그리스도교적 예루살렘에 관한 수도적 개념은 이집트 사막의 수도원주의에 토대를 둔, 소 멜라니아의 영적 진보의 여정을 반향 하였다. 앞서 우리는 소 멜라니아의 영적인 회심과 내면의 악덕에 대항하는 분투가 어떻게 덕의 길의 정점으로서의 아파테

---

73 게론티우스, *VM* 23.

74 게론티우스, *VM* 26.

75 게론티우스, *VM* 42.

이아로 또한 아가페적 사랑에로 이어지는지를 살펴보았다. 이집트 수도주의 영성, 특히 에바그리우스의 영성에서, 덕의 삶은 관상의 삶의 높이를 향하여 위로 계속하여 이끌려지는 것이었다. 이런 길에서 예루살렘은 하늘을 향하여 오르는 영혼으로서의 소 멜라니아의 금욕주의적 수행자적 정체성을 환기시키는 중요한 상징이었다.

III. 오늘날에 재발견하는 영적 가치

소 멜라니아의 금욕주의적 물러남과 덕의 추구, 상승과 천상을 향한 갈망은 저 세상적인 가치를 추구하기 위해서 인간 세상으로부터 유리되는 길을 가리키지 않는다. 오히려 인간의 마음과 관계들에 대한 예리한 이해에 기반을 둔 성화(聖化)의 길로 드러난다. 악한 생각들에 대항하는 마음의 분투에서 수행자들은 어떻게 내면의 악덕들이 서로 상호작용하는지, 그 악덕들이 어떻게 영혼을 다른 사람들로부터 분리시키는지 또한 어떻게 하느님으로부터 영혼을 앗아가는지를 알아차릴 수 있었다. 이런 수행의 길에서 영적인 삶이란 어떤 신심이나 종교적 행위와도 구분되는 것이다. 욕심, 성적인 방종, 성냄, 게으름, 슬픔에 잠김, 교만, 허영심 등과 같이 인간의 무의식에서부터 그 사람을 지배하는 악습을 알아차리고 지켜보는 것이 영적인 훈련이며, 하느님의 영이 다스리는 새로운 인격으로 거듭나도록 자기 자신을 송두리째 맡기는 것이 참된 영적인 삶이 된다. 나아가 소 멜라니아가 실천한 금욕주의적 수행의 삶은 덕과 관상에서 끊임없는 진보를 향한, 대단히 자기 인식적이며 자기 변형적인 여정이었다. 당시 종교 문화적 틀 안에서 예루살렘은 높은 곳으로 끊임없이 오르는 금욕주의적 자아를 환기시키는 상징이었다. 실로 소 멜라니아가 걸어간 길은 오늘날 우리 모두가 하느님 안에서 온전한 인간으로 형성되고 지속적으로 성숙해 가는 데 있어서, 고대 그리스도인의 빛을 잃지 않는 영적 등불을 제시해 준다.

소 멜라니아 연표

------ 〰️〰️〰️ ------

383년경	알비나와 푸블리콜라 사이에서 소 멜라니아 출생
397년경	소 멜라니아와 피니아누스의 결혼
402년경	두 자녀를 모두 잃은 후 멜라니아와 피니아누스는 정결서원을 함
403년경	아버지 푸블리콜라 세상을 떠남. 멜라니아와 피니아누스 로마 외곽으로 거처를 옮김. 금욕주의적 실천을 시작함
408~409년경	멜라니아 일행 시칠리아로 떠남
410년	알라리크의 로마 공격. 멜라니아 일행은 시칠리아를 떠나 북아프리카에 도착
410~417년	북아프리카 타가스테에서 살면서 남녀 두 수도원을 설립하고 이끎
417년	멜라니아 일행 예루살렘 도착. 그곳에 정착하여 삶
418~419년경	이집트 사막의 수도자들 방문
431년경	멜라니아 어머니 알비나 세상을 떠남. 여자 수도원 설립
432년경	피니아누스 세상을 떠남
436년경	남자 수도원 설립
436~437년	예루살렘에서 콘스탄티노플 방문
438년	테오도시우스 2세의 황후 에우도키아 예루살렘 방문
439년 12월 31일	멜라니아 세상을 떠남

베긴(Beguine) 신비가
안트베르펜의 하데위히

| 신소희 |

안트베르펜의 하데위히(13세기 초~)

베긴(Beguine) 신비가 안트베르펜의 하데위히

신소희

성심수녀회

I. 들어가는 말

안트베르펜의 하데위히(Hadewijch von Antwerpen/Hadewijch of Ant-werp)[1]는 현대의 벨기에 지역의 여성으로서 사랑 신비주의(Love Mysticism)의 대표적인 신비가이자 신비 신학자이다. 또한, 그는 서구 유럽 문학에서 최초로 종교적 사랑시를 쓴 작가인데, 그의 시들은 시대를 막론하고 네덜란드어권에서 최고에 속한다.[2] 하데위히는 하느님을 '사랑'(Minne/Love 이후부터 '민느'로 표기)이라고 칭하고[3] 자기 자신을 하느님의 친구이자 연인

---

1 Hadewijch의 우리말 표기를 플라망어 발음을 따라 '하데위히'로 한다. 국내 번역서에서는 옮긴 이에 따라 하드위히, 헤드비히, 하데비히, 헤드비히, 하이데비치 등으로 표기되어 있다.

2 Saskia Murk-Jansen, *Brides in the desert: The Spirituality of the Beguines* (Eugene,: Wipf and Stock Publishers, 2004), 11.

3 민느(minne)는 '사랑'(Love), '사랑하는'의 뜻이다. 이 용어가 하데위히의 작품에서 신적 연인 민느(Minne)를 가리킬 때는 문맥에 따라서 '사랑' 또는 '사랑이신 분'으로 번역할 수 있겠다.

이요, 신부로 인식하였다. 그의 작품들에서 민느와의 신비적 여정을 통하여 체득한 신 인식(神 認識)과 그분과의 사랑의 여정에서 이루어진 경험과 인식을 심도 있게 다루었다. '민느'라는 용어는 본래 한 사람의 의식 안에 다른 사람, 특히 사랑하는 이의 현존을 뜻하며,4 이는 하데위히의 전 작품에 편재되어 있다.

12세기와 13세기 유럽지역에서 유행한 궁정풍 문학에 능통했던 하데위히는 궁정풍 사랑(courtly love)의 구도, 메타포와 사상, 관용적 어법들을 능숙하게 적용하며 자국어로 저술하였는데,5 이는 당시 독자/청자들이 영적 여정을 안내한 그의 작품을 좀 더 잘 이해하도록 도움이 되었을 것이다. 일부 학자들은 1211년에 귀족 신분을 떠나 고행의 삶을 살다가 같은 지향을 가진 여성공동체에 초대받은 누렘부르크의 알레이드처럼 하데위히가 베긴(Beguine)의 삶에 투신하기 전에는 음유 시인이었거나 하프 연주가였을 것이라고 말한다.6

하데위히에 관한 연대기적 자료는 아직까지 전해진 것이 없어서 그의 생애는 연구 자료들에 의존한다. 모마스(Paul Mommaers)는 하데위히의 "완전한 사람들의 목록"(List of the Perfect, 이하 "목록")7 내용을 토대로「비

그리고 민느(Minne)는 작품 맥락에 따라 하느님(God), 그리스도(Christ), 성령(Holy Spirit), 신적 존재(the divine Being), 하데위히 자신의 사랑의 경험 그리고 사랑하는 동료들(예, 여성 친구들 suete minne) 등을 가리킨다.

4 Paul Mommaers, *Hadewijch: writer, beguine, love mystic* (Leuven: Peeters, 2004), 4.

5 Glenn E. Myers, *Seeking Spiritual Intimacy: Journeying Deeper with Medieval Women of Faith* (Downers Grove, Ill.: IVP., 2011), 117. 하데위히는 자국어로 저술한 첫 번째 주요 저자로서 자국어 신학 형성에도 기여하였다.

6 Murk-Jansen, *Ibid.*, 70; 메리 T. 말로운 지음,『여성과 그리스도교』 2, 안은경 옮김 (서울: 바오로딸, 2009). 200-201.

7 *List of the Perfect* 는 본래 하데위히의「비전」13에 이어지는 글로써, 하데위히의 표현 방식에 따라 여덟 번째 은사인 '사랑의 은사'를 받은 사람들의 명단이 적혀있는데, 하데위히가 존경

전」의 저술 시기를 1238년에서 1244년경이라고 유추한다. 그리고 하데위히가 영향을 받았던 신비 신학 사상과 문학 양식 또한 그가 13세기 전반에서 중후반 무렵에 활동한 인물이라는 단초를 제공해 준다.[8] 이러한 자료들을 토대로 하데위히는 13세기 초엽에서 13세기 후반 사이에 브라방트(Brabant)의 안트베르펜 지역의 귀족 혹은 부유한 집안에서 태어나 활동한 여성으로서, 당시 보기 드물게 학문적 훈련을 받은 것으로 추정하는데, 이는 많은 초기 베긴들이 부유한 가문이나 귀족 가문 출신이라는 사실과도 부합된다.[9] 루(Kurt Ruh)는 하데위히가 "그녀보다 한 세기 이전의 그 유명하던 엘로이제(Héloïse)와 같이 뛰어난 지적인 재능을 부여받은 사람으로, 위험을 무릅쓰고 베긴으로서의 삶을 감행하기 전에 개인 교사들에 의해 종합적인 교육을 받았다."[10]고 말한다.

II. 역사적 배경

12세기 유럽 사회에는 '십자군 원정'(1095~1291)과 '교역의 발달' 그리고 프랑스 북부지역에서 발생하여 서구 사회에서 남녀 간 사랑의 개념에 혁명을 불러일으킨 음유 시인(Troubadour)들의 등장으로 커다란 변화가 일어났으며, 그 변화는 13세기 중엽에 그 정점에 이른다.

하던 교회의 성인들과 그의 동시대 사람들의 이름이 쓰여 있다. 거기에는 하데위히의 생존 및 저작 시기를 암시해주는 두 가지 자료가 내포되어 있다.

8 McGinn, *Ibid.*, 200; Mommaers, Ibid, 8-19; Harvey Egan, *Soundings in the Christian Mystical Tradition* (Collegeville: The Liturgical Press, 2010), 113. 말로운, 위의 책, 200.

9 Murk-Jansen, *Ibid.*, 69.

10 Paul Mommaers, *Hadewijch: writer, beguine, love mystic* (Leuven: Peeters, 2004), 8-9.

이 시기에 십자군 원정과 교역을 통하여 그리스 사상과 아랍 서적을 접하게 되어 아리스토텔레스의 거의 모든 저작이 번역되고 그리스 고전 문학이 부활했다. 또한 무슬림들을 통하여 새로운 학문 분야인 수학, 의학과 천문학과의 접촉이 일어나 고전 연구와 새 학문의 분야가 공존하며 당대의 지적 세계에 풍요와 도전을 불러일으켰다. 뿐만 아니라, 십자군 원정 기간에 예루살렘 성지에서 예수와 사도들의 자취를 직접 보고 경험하며 종교적으로 각성된 원정군들이 귀향한 후, 그리스도와 초기 교회공동체의 삶의 양식을 본받아 살고자 하며 '사도적 삶'(Vita Apostolica) 운동을 일으켰다. 이 시기에는 평신도들의 참여가 활발했으며, 특히 유례없이 많은 여성이 '사도적 삶' 운동에 열성적으로 참여하였다. 이렇듯, 유럽 사회의 제 영역이 재생, 쇄신, 부흥하며 활기를 띠기 시작하였다.[11]

'사도적 삶'을 살고자 하는 평신도들의 열망이 극대화된 13세기에는 도시 거주 여성들 중에 혁신적인 방식으로 봉헌의 삶을 살기 시작한 여성들 수가 증가하였는데 교회 문헌에는 그 여성들을 '베긴'(Beguine)이라 표기되어 있다.[12] 활발한 교역과 십자군 원정의 경험으로 당시 유럽인들의 공간 개념과 세계관이 확장되었고, 그 같은 변화의 영향으로 봉헌 생활 양식에 있어서도 세상을 떠나 봉쇄수도원에서 관상 생활하는 삶을 이상적으로 여기던 관점이 변화된 것이다.[13]

중세사에서는 11세기에서 12세기를 중세 전성기를 여는 시기로 보지만, 그리스도교 신비주의사적 전망에서는 하데위히가 활동했던 13세기

---

11 클라우스 리젠후버 지음, 『중세 사상사』, 이용주 옮김 (파주: 열린책들, 2003), 130.
12 신소희, "안트베르펜의 하데위히"(Hadewijch von Antwerpen): 신비적 자아 구성에 관한 연구(박사학위 논문, 서강대학교, 2017), 5-6.
13 리젠후버 지음, 위의 책, 135.

를 서구 그리스도교 신비주의사의 개화기로 여긴다. 1200년에서 1350년 사이에 전체 그리스도교 역사에서 신비 문학이 가장 풍요롭게 나왔다.[14] 그 시기에 음유 시인들을 통하여 전파된 궁정풍 문학이 유럽 사람들에게 영향을 주는 동안, 교회 내 저술과 신비 문학에서도 '사랑'이 주된 주제가 되었다. 그중에서도 특히 클레르보의 베르나르도를 비롯한 시토회 신비 신학자들은 강론과 문헌을 통해 하느님과의 관계에서 개인의 경험과 아가서에서 사용된 에로틱한 사랑의 언어의 중요성을 강조하였다. 특히 이 시기에 하데위히를 비롯한 여성 신비가들이 저술한 문헌들은 창의성과 표현의 다양성이 돋보인 작품들로서, 하느님의 신비에 대한 그들의 감각을 표현하기 위하여 사용한 언어들이 스콜라 신학적 사고방식과 표현 양식과는 크게 달랐다. 하데위히 역시 신앙 형성과 신비 신학을 구성하는 과정에서 12, 3세기 유럽 사회와 교회로부터 영향을 받았으나, 그는 궁정풍 사랑(courtly love)을 종교적 개념으로 재창조하여 적용하는 창의성을 발휘하였다.

하데위히는 저술 양식에 있어서는 음유 시인들의 서정시로부터 영향을 받았고, 삶의 방식에 있어서는 '사도적 삶'(Vita apostolica) 운동으로부터 영향을 받았다.

III. 하데위히의 작품

현재까지 전해져 내려온 하데위히의 작품은 편지(Brieven, Letters) 31편,

---

14 McGinn, *Ibid.*, x.

하데위히의 저작- 편지, 친필, 비전(Literatuurmuseum, Wiki)

비전(Visioenenboek, Book of Visions) 14편, 사행시(Strophische Gedichten, Poems in Stanzas) 45편, 이행 연구(Mengeldichten , Poems in Couplets) 16편 이 있다.[15]

하데위히의 저작들은 14세기 중엽에 플랑드르 신비신학을 집대성한 얀 반 뢰스부룩(Jan van Ruusbroec)과 공통 생활의 형제들(Brethren of Common Life)에게 알려져 그 사상이 전달되기 시작하다가 이내 역사 안에 묻혔다. 1838년에 벨기에 중세 학자 세 명이 브뤼셀 왕립 도서관에서 하데위히의 작품들을 다시 발견하였으며, 1924년에 벨기에 학자 요세프 반 미를로(Jozef van Mierlo)가 중세 플라망어로 쓰인 한 벌의 사본집과 14세기에 필사된 하데위히의 작품들을 편집하여 출판하기 시작하였다. 1980년에 미국의 하트(Columba Hart, OSB)가 하데위히의 전 작품을 영어로 번역하여 출간하였고, 2004년에 벨기에의 모마스(Paul Mommaers, SJ)의 저서 『하

---

15 Hadewijch, *Hadewijch: The Complete Works*, trans. Columba Hart (New York: Paulist Press, 1980.

데위히: 작가, 베긴, 신비가』(Hade- wijch: Schrijfster, begijn, mystica)의 영문본이 출간되어 영어권 세계에 하데위히가 소개되면서 그의 작품에 대한 연구가 더욱 활기를 띠게 되었다. 오늘날 서양 신비주의의 국제학회와 신비주의 저서들 안에서 하데위히의 위상은 확실해졌다.

하데위히의 작품에는 그가 연가(chanson d'amour)를 비롯한 궁정 문학뿐 아니라, 자국어인 중세 플라망어를 비롯하여 라틴어와 프랑스어에도 능숙함이 드러난다. 하지만, 그는 라틴어를 읽을 수 없었던 독자들을 위하여 자국어로 저술하였는데, 그의 저술 목적은 하데위히를 자신들의 영적 지도자로 인식하는 친구들의 성장과 진보를 위한 것이었기 때문이다. 그로써 그는 자국어 신학 형성에도 공헌을 한다.

「비전」은 친구들을 위한 신비적 여정 안내서이다. 파뻬(Norbert De Paepe)에 의하면, 하데위히가 자신의 편지를 수단으로 연락이 가능한 사람들을 위하여 자신이 경험한 비전들을 기록하였다.[16] 「편지」는 영적 친구들에게 개인적으로 보낸 교훈적인 편지글과 교의적인 신학 소논문들로 구성되어 있으며, 수신인들이 민느와의 일치를 추구하는 여정에 있어 "어린아이 같은"(childish/kintsch) 신앙에서 "어른다운" 신앙으로 성장하도록 격려하고 조언한다. 그리고 「사행시」는 공동체의 교화를 위하여 썼다. 그의 「편지」와 「비전」은 베긴공동체 전례에서 낭독되거나 곡을 붙여 노래한 것으로 전해지며, 「사행시」 또한 적어도 「편지」와 「비전」처럼 큰 소리로 낭독되었을 것으로 여긴다.[17]

궁정풍 사랑(courtly love)에서 주인공은 귀부인과 그를 흠모하는 중세 기사이다. 하데위히는 그 구도를 차용하여 '귀부인'을 '민느' 하느님으로, '중세

---

16 Mommaers, *Ibid.*, 47.

17 *Ibid.*, 30.

기사'를 민느의 '영적 기사'로 설정하여 '종교적 궁정풍 문학' 차원에서 작품을 썼는데, 플라망어에서 minne가 여성형 명사이므로 하느님을 아름다우면서 까다롭고 변덕스러운 귀부인으로 표현하기에 매우 효과적이다.

프랑스 북부지역에서 시작된 궁정풍 문학은 유럽 내에서 지역과 시기에 따라 내용이 변형되었음에도 불구하고 작품들 안에 담겨 있는 공통된 사랑의 특성이 있다. 궁정풍 사랑의 네 가지 특성은 하데위히의 '민느'와의 사랑 이야기에서도 공히 발견되는데 아래와 같다.[18]

첫째는 충실하고 헌신적인 사랑이다. 고귀한 귀부인을 향한 충실하고 헌신적인 중세 기사의 사랑이 하데위히의 작품에는 '민느'께서 뜻하시는 것을 갈망하는 것 외에 아무것도 선택하거나 바라지 않기를 바라는 오롯한 사랑으로 나타난다. 하데위히는 단 하나의 사랑인 민느의 뜻 안에서 아주 완전히 하나가 되어 그분을 흡족케 해드리기만을 지향하였다. 둘째는 용맹함의 덕이다. 중세 기사의 용맹성은 귀부인의 명예를 위하여 또 그녀가 요구하는 바를 실행하기 위하여 어떠한 위험과 모멸과 죽음도 무릅쓰는 자세로 표현된다. 하데위히는 독자들에게 민느의 용맹한 연인, 그를 위한 대담무쌍한 영적 기사로서 살아가도록 권고한다. 셋째는 사랑의 봉사이다. 궁정풍 사랑에서 기사는 사랑의 표시로 귀부인에게 봉사하고 또 귀부인이 원하는 방식으로 사람들에게 덕을 베풀며 실천해야 했다. 영적 기사인 하데위히에게 있어 봉사는 민느의 인성(人性)을 본받고 따르는 길로서, 그분을 따르는 연인과 봉사의 삶은 불가분의 관계이다.

네 번째 특성은 '먼 거리 사랑'이다. 중세 기사는 육체적으로 결합할 수 없는 연인 귀부인을 그저 먼발치에서 바라보아야만 하는 비애 어린 고통

---

18 이 부분은 저자가 「문학과 종교」에 기고한 글의 일부이다. 신소희, "하데위히의 신비문학: 궁정풍 문학과의 연관성", 「문학과 종교」 21, 3 (2016): 101-128.

을 겪는다. 이와 흡사하게 하데위히는 그와 신적 연인 사이에 놓인 존재론적인 거리감 앞에서 고통을 경험하였고, 그 상태를 '유배'라는 비유를 통하여 표현하였다. 궁정풍 사랑의 고유한 특성인 '먼 거리 사랑'이 절대 타자인 신적 연인과의 사랑의 관계를 일면 아주 적절하게 나타내주기 때문에, 하데위히가 그 의미는 차용하였으나 용어를 그리스도교 신비문학에 적합한 '유배'라는 용어로 변용시켜 사용하였다.

이와 같이 궁정풍 문학의 관용적 표현과 궁정풍 사랑의 세계를 사용한 저작들은 중세 그리스도교의 독자들로 하여금 사랑할 수 있는 상대를 신적 연인으로 확장하여 사고하도록 의식의 지평을 열어주었을 것이며, 아울러 하느님과의 신비적 사랑의 길을 쉽게 이해하도록 도움을 주었을 것이다.

IV. 활동

하데위히는 최초의 베긴 운동에 속한 인물로 드러나 있다. 초기 베긴들은 결혼 또는 봉쇄수도원에 입회하지 않고 하느님께 그들 자신을 온전히 바치기를 원했다. 그들은 영적으로 그리고 물질적으로 독립적이었으며, 흩어져 있는 작은 그룹으로 살았다. 당시 교회 당국은 기존 수도 생활의 서원이나 결혼에 매이지 않고 가난한 삶을 선택하여 실천했던 새로운 형태의 봉헌 생활자들을 경계하였고, 학자인 사제들은 가난한 신적 신랑을 본받아 사는 이 '거룩한 여성들'(Mulieres Religiosae)에 의해 제기된 삶의 양식과 사도적 활동에 위협을 느끼며 경계하였다. 13세기를 대표하는 세 명의 베긴 저술가 중 한 사람인 하데위히의 사상과 활동은 베긴 영성과 중첩되는 요소가 많다.[19]

하데위히는 작은 베긴공동체를 창립했을 것으로 보이며 그 공동체의 원장이면서 영적 지도자로 활동하였던 것 같다(「편지」25). 동료들에게 신비적인 사랑의 길을 가르치고 인도한 하데위히는 '신비교사'(Mystagogue)[20]로서 자신의 삶은 하느님의 명령에 따른 것으로 신적 권위에 기반을 두고 있음을 밝힌다.

> … 그가 나에게 말하기를, "오너라, 너 자신이 가장 고귀한 길이 되거라.… 내 자신과 함께 나는 너를 이 시간으로 파견하였으니, 너는 반드시 나와 함께 네게 속한 사람들에게 그것을 전해야만 한다(「비전」8. 33).

한편, "목록"을 보면, 하데위히는 베긴들뿐 아니라 그의 모국의 국경을 훨씬 넘어[21] 영적 추구를 공유한 사제, 남성 독수도자, 남성 은수자, 수사들과 수녀, 베긴(beguine), 여성 은수자, 동정녀, 미혼 여성 그리고 과부 등 교회 내 다양한 사람들과 교류하였으며, 이 유럽 문화 공동체에서 선두 역할을 한 것 같다. 그는 자신의 시선이 영적 공동체 내 영혼들에게 미쳐야 한다고 느낀 듯하다.

---

19 안트베르펜의 하데위히(Hadewijch von Antwerpen), 막데부르크의 메히트힐트(Mechthild von Magdebrug), 마르그리트 포레뜨(Marguerite Porete).

20 Mystagogue라는 용어는 헬라어 μυσταγωγός에서 유래한 말로서, 다른 사람에게 신비를 가르치고 전수하는 사람, 또는 거룩한 신비 지식을 가진 사람이나 교사를 뜻한다. 그 명칭이 초기 교회에서 주교의 역할을 묘사하는데 사용되었는데, 그 당시 교회에서는 주교가 새 입교자들에게 강의와 설교를 통하여 교리와 신비 예식을 설명하였기 때문이다.

21 "목록"에 언급된 지역은 Jerusalem, Thuringia, Brabant, Flanders, Middelburg, Holland, Friesland, Denmark, the land of Loon, England, Paris, Bohemia, the neighborhood, On the other side of the Rhine이다. 47쪽의 '1350년 저지대 국가들'의 지도를 참고하라.

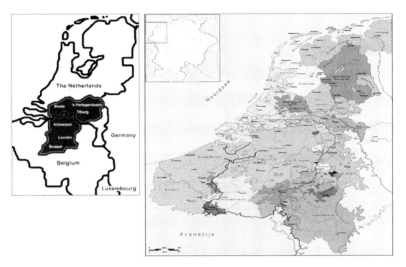

Contours of the Duchy of   Political map of the Low Countries(1350)
Brabant of Hadewijch's time   (Wikipedia)

V. 하데위히의 영성

1. 영적 경험의 특성

열 살 되던 해부터 강렬한 사랑에 의해 압도된 하데위히는 하느님을 더 잘 알고 싶은 갈망이 커서 꾸준히 기도하였던 것으로 보인다. 그는 압도적인 사랑을 경험한 후 첫 두 해 동안 자신의 모든 행동에 관하여 알고 싶어 끊임없이 기도하였고, '민느가 누구이며, 무엇하는 분인지' 알고자 몰두하며 지냈다(「비전」 2). 그런 시간 안에서 하느님은 하데위히에게 자신을 드러내 주셨고, 하느님이 주신 선물들을 통해 그분의 현존을 느끼며 하느님과의 친밀한 사랑의 교환을 구체적으로 경험한다(「편지」 11). 자신의 경험들을 토대로 그는 하느님을 갈망하는 베긴들과 영적 친구들에게 기도 중에 자기 자신을 관상하고 또 하느님이 어떤 분이신지 관상하도록 조언하며(「편지」 1) 아래와 같이 관상하는 방법을 안내해 준다.

> 그대는 항상 그대가 갈망하는 신적 연인에게 시선을 고정해야 합니다. 자신이 갈
> 망하는 것을 바라보는 사람은 열렬하게 타오르게 되어… 그 속에서 계속 하느님
> 을 응시하여, 하느님 안으로 이끌려 들어가게 됩니다. 민느는 언제나 그로 하여금
> 민느를 아주 달콤하게 맛보게 하여 그는 지상의 모든 것을 잊어버립니다. 그런
> 다음 이방인의 손에서 자신에게 어떤 일이 닥치든, 그 사람은 그리스도께서 그
> 기초이신(1코린 3:11) 값진 사랑에 봉사하는 것을 털끝만큼이라도 소홀히 하기
> 보다는 구백 번이라도 자신을 부정하기로 다짐합니다(「편지」 18, 189).

그러던 중, 어느 날 하데위히는 비전 경험을 통하여 자신의 내적 갈망은 하느님과의 일치를 향유하고 싶은데 반해, 하느님과 하나가 되기 위하여 아직 충분히 고통받지 않았고 또는 그러한 예외적인 가치를 위하여 필요한 시간을 몇 년을 살지 못하여 너무나 어린아이 같은 신앙을 사는 실존적 현실을 인식한다.(「비전」 1) 그는 민느와의 일치를 위해서는 더 성장해야 할 필요와 그리스도의 '인성'(人性)을 닮는다는 것의 의미 그리고 그 여정에 수반될 어려움에 관해 들었으며, 민느와의 완전한 일치에 도달할 수 있는 길을 안내받았다.

> … 네가 나를 나의 신성과 인성으로 온전히 소유하기를 원하듯이, 만일 그대가
> 나의 인성 안에서 나처럼 되기를 바란다면, 그대는 가난하고, 비참한 그리고 모든
> 사람에게 무시당하기를 바라야 할 것이다.… 그대가 내 [인성과 신성의] 전체성

안에서… 민느를 따르기 원한다면, 사람들 사이에서 사는 것이 그대에게 이상한 일이 될 것이고, 그대는 아주 무시당하고 불행할 것이다. 또한 단 하룻밤도 어디에서 머물러야 할 지 모르게 될 것이고, 모든 사람들이 그대를 멀리하고 버릴 것이며, 그 누구도 그대가 고통과 약함 속에 있을 때 기꺼이 그대와 함께 하고 떠돌아다니려 하지 않을 것이다(「비전」 1, 288).

흠모하는 귀부인과의 사랑을 나눌 수 있는 자격을 갖추기 위하여 연인이 요구하는 궁정문화를 습득하였던 중세 기사처럼, 하데위히는 신적 연인이 제시해 준 길을 따라 그의 '인성'을 닮은 모습으로 성장하기 위하여 고군분투하였다. 다른 한편으로는, 동료들 또한 그리스도의 '인성'을 닮은 삶에서 성장하여 그들이 추구하는 바대로 신적 연인과의 일치를 얻을 수 있도록 안내하였다. 민느와의 일치를 추구해 온 그에게 그리스도는 본보기이자 '나침반' 같은 존재이면서 읽고 본받을 내용이 담긴 '펼쳐진 책'이었다. 하데위히의 그리스도 이해는 그의 개인 비전 경험을 기도하고 실천하면서 심화되었는데, 지상의 삶에서 '고통받고 멸시당하며 가난한 그리스도', 그의 아버지 '성부와 하나로서 산 그리스도' 그리고 '봉사하며 섬기는 그리스도'로 나타난다.

내가 한낱 인간으로 살았었다는 것을, 그리고 내 인간의 몸이 쓰라린 아픔으로 고통 받았다는 것, 나의 두 손이 충실하게 일을 했다는 것, 나의 새로운 뜻이 세상 전체를 통해, 나의 친구들에게나 이방인들에게, 인간을 위한 사랑으로 넘쳐흘렀다는 것, 나의 감각들도 차츰 약화되었고, 내 마음은 갈망에 차 있었으며 나의 영혼은 사랑했다는 것을 인식하여라. 그리고 내 아버지께서 나를 당신께 데려가실 시간이 올 때까지 나는 내 모든 때에, 이 모든 것 안에서 인내하였다(「비전」 1, 307).

그리스도가 지상의 삶에서 '고통받고 멸시당하며 가난하게' 살았던 것은 '성부와 일체'로서 살면서 그 뜻을 완전하게 성취하는 길에 수반된 고난이었다. 즉, '고통받고 멸시당하며 가난하게' 살았던 삶과 '성부와 하나'로서 산 그리스도의 삶이 상호 연결되어 그의 지상 삶의 목적을 완성하였고, 인간으로 살았을 때 두 손으로 충실하게 일했던 신적 연인은 그를 본받아 봉사하는 삶을 살 것을 명령한다. 민느가 "인간으로서 살도록" 명령을 내린 하데위히는 인간 세상에 뿌리를 박고 일하며 기도하는 여성으로 완성되어 갔다.

> 민느가 계신 곳에, 항상 큰 노고와 짐스러운 고통이 있습니다. 그럼에도 불구하고 민느는 모든 고통을 달콤하게 여깁니다. qui amat non laborat, 바로, 사랑하는 이는 (노고로) 힘들어하지 않기 때문입니다(「편지」 6, 86).

큰 고통 없이는 진정으로 사랑할 수 없다는 것을 배운 그는 젊은 베긴에게 "[그대는] 아직 젊으나 그동안 고통을 겪은 적이 없으므로 마치 무로부터 시작하듯 성장을 위해 가장 강력히 노력"하라고 권고한다(「편지」 6). 하데위히는 하느님이 주시는 고통을 최대한 기쁘게 받아들이도록 가르쳤으며, 고통을 맛볼 수 없는 곳에서는 영적 진보나 성장을 이룰 수 없으므로 그리스도의 사랑을 느끼고자 애쓰기보다는 오히려 어려움을 추구하고 고통을 겪어야 한다는 점을 거듭 강조하였다(「편지」 2). 하데위히의 관점에서 그분의 고통을 나누는 것은 그분과의 일치에 도달하기 위한 수단 혹은 과정이 아니고, 고통을 겪는 것이 일치이기 때문이다.

2. 민느의 영적 기사

그대가 사랑하면, 민느를 그분의 품위에 합당하게 만족시켜 드리기 위해 그대는 모든 것을 포기해야 하고 모든 것의 꼴찌로 그대 자신을 경멸해야 하기 때문입니다. 사랑하는 사람은 변명하지 않고 기꺼이 스스로 비난 받도록 합니다. 왜냐하면 민느 안에서 자유로워지기를 원하기 때문입니다. 그리고 민느를 위하여, 기꺼이 많은 것을 견딜 것입니다. 사랑하는 사람은 양성받기 위해 기꺼이 스스로 지게 합니다. 사랑하는 사람은 완전히 자유로워지기 위해 거부당하는 것을 기뻐합니다. 사랑하는 사람은 민느를 사랑하고 소유하기 위해 기꺼이 홀로 남아 있습니다 (「편지」 8, 58).

민느의 '품위'와는 이질적인 내적 태도와 정서로부터 죽고, 그리스도의 '품위'에 어울리는 연인으로 자신을 빚어가느라 씨름하며 고통을 겪은 그는 영적 친구들 또한 궁정풍 사랑의 특성을 통하여 스스로 양성하도록 북돋아 주었다.

하데위히에게 사랑은 달콤한 느낌이 아니라, 민느에게 참되게 들러붙어 있다는 것을 입증해 주는 덕을 실천하는 것이 그 증거이다. 즉, 사랑은 애덕과 결합된 덕의 소유 여부로 측정된다(「편지」 10, 19). 그리스도의 고통에 대한 깊은 연민을 지녔던 하데위히와 베긴들은 신적 신랑의 가난한 삶과 존재 방식을 본받아 가난을 살았다. 나아가 그들의 마음은 가난하고 병들고 고통받는 사람들에 대한 연민으로 확장되어 당시 사회에서 가장 가난한 사람들로 인식된 나병환자 구호병원을 설치하여 돌보았으며, 가난한 계층의 사람들에게는 문자와 직업 교육으로 수공업 기술을 가르치는 봉사를 하였다.

중요한 사람이든 그렇지 않든, 병든 이든 건강한 이든 간에, 어떠한 어려움도 그대가 사람들에게 봉사하는 일을 방해하지 않도록 해야 합니다. 그리고 사람들은 더 많이 아플수록 친구가 적어지기에 그대는 더욱 더 그들을 섬길 각오가 되어 있어야 합니다(「편지」 24, 1).

그러던 중, 어느 시점부터 하데위히는 하느님의 현존을 알아 뵈며 맛보았던 기쁨과 달콤한 친밀감을 더 이상 느낄 수가 없었다. 민느의 '부재'를 경험한 그는 하느님으로부터 버림받은 듯한 마음의 고통(「편지」 2)과 민느가 충분히 사랑하지 않는다는 두려움(「편지」 8)을 느꼈다. 또한 민느가 변덕스럽고 잔인하게 느껴져 원망하였고(「편지」 1) 자신이 민느께 나아가고 있는지 아니면 멀어지는 것인지를 알 수 없어 자주 슬퍼했다(「편지」 2). 하데위히는 사랑의 사라짐에 따라 생긴 의심과 불신을 '불신앙'이라고 표현하는데 그때 더 이상 민느의 충실함을 믿지 않는 자신의 경험에 기인한 표현이다.

이러한 불신앙은 깊지 않은 신의보다 더 높습니다. 평화롭게 쉬게 해주는 신의보다 또는 수중에 지닌 것에 기쁨을 누리는 신의보다, 민느를 완전히 소유하지 않고도 [불신앙이] 더 높다는 말입니다. 이러한 고귀한 불신앙(noble unfaith)은 의식을 크게 확장시켜줍니다.… 이 고귀한 불신앙은 민느를 느끼지도 신뢰할 수도 없어, 너무나 그러하여 불신앙은 갈망을 확장합니다(「편지」 8, 27).

불신앙은 하데위히로 하여금 충분히 사랑하지 못한다거나 충분히 사랑받지 못한다는 두려움을 계속해서 불러일으켰다. 역설적이게도 그같이 고통에서 태어난 불신앙은 그것이 사랑 자체만큼 커질 때까지 더 큰 갈망을 불러일으키고, 불신앙으로 좌절된 갈망은 그 영혼이 단 하나의 사랑인 민느와 하나가 될 만큼 커지게 한다.

… 그들이 일곱 은사를 가지고 여덟째의 지식을 향하여 나아갔고, 민느가 그들에게 이것을 요구했기 때문에 그들은 계속해서 향유를 구하고 그들의 신적 연인의 사랑을 믿지 않았다. 오히려 그들만이 홀로 사랑하고 믿는 그들을 돕지 않는 것처럼 보였다. 불신앙은 그들을 매우 깊이 있게 하여, 온전히 민느를 집어삼키고, 달콤하고 씁쓸한 마음으로 감히 그분과 싸웠다(「비전」 13, 179).

하데위히는 부재를 느끼며 씨름하는 시간 속에서 그 시련과 고초를 견디는 것이 하느님을 기쁘게 해드린다는 것(「편지」 2)과 '부재' 속에서도 하느님이 '현존'하고 계심을 터득하였고, "위로와 냉대는 둘 다 동시에 민느의 맛의 본질"(「사행시」 31)임을 고백하였다. 그에게 있어서 하느님과의 영적 결합은 고통스럽게 외면당하고 멸시받으면서 민느를 섬김으로써 이루어진다.

모든 것 위에 이것을 선택하고 결의하는 것이야말로, 저주가 따르든 축복이 따르든, 사랑에 찬 마음의 법입니다. 그리고 아가서에 '나의 연인은 나의 것, 나는 그의 것'(아가 2.16)이라고 나와 있듯, 오롯이 민느와 일치에 이르는 것이 언제나 그 마음이 바라고 기도하는 바입니다(「편지」 13, 9).

3. 신적 건드림을 통한 사랑의 일치

하데위히는 신비적 경험을 통하여 '부재'가 하느님의 무시무시한 현존의 가장 높은 현현이며, 그 순간에 그분이 가장 친밀하게 현존하신다는 것을 인식하게 된 것이다. 다시 말해, '두렵고도 매혹적인 신비'(Mysterium tremendum et fascinans)[22]로서 하느님에 대한 인식이 확장된 것이다.

그의 작품 중 특히 「비전」과 「편지」에 영적 여정의 단계별 내적 경험들과 주어지는 성령의 선물들이 매우 잘 나타나 있는데, 그는 독특하게도 성령의 여덟 번째 은사를 논한다. 그에 따르면 "성령 칠은은 사랑의 일곱 가지 표징들이지만, 여덟 번째 선물은 '신적 건드림'(Divine Touch)으로서 향유를 맛보게 하며, 이성과 관련된 모든 것을 없애고 사랑받는 이는 신적 연인과 하나가 되게 한다"(「비전」 13.179). 하데위히의 신비 사상에 나오는 '신적 건드림'과 '불신앙'은 그의 신비적 이해를 전달하기 위해 사용한 독창적인 표현이다.

> 일곱 번째 이름 없는 시간은 아무것도 민느 안에서 거할 수 없고, 갈망을 제외하고는 아무것도 민느를 건드릴 수 없는 시간입니다. 민느의 가장 은밀한 이름은 이러한 건드림(touch)이고, 그것은 민느 자신으로부터 기원하는 기능 양식입니다. 민느는 지속적으로 갈망하고 가서 닿으며(touching) 스스로를 먹이기 때문입니다. 그러나 사랑은 스스로 아주 완전합니다. 민느는 모든 것 안에 거할 수 있습니다. 민느는 다른 사람에 대한 애덕 안에 거할 수 있지만 다른 사람에 대한 애덕은 민느 안에 거할 수 없습니다. 어떠한 자비도 민느 안에 거하지 못하고, 어떠한 친절, 겸손, 이성, 두려움도 그렇습니다. 어떠한 인색함이나 척도, 아무것도 민느 안에 거하지 못합니다. 그러나 민느는 이 모든 것 안에 거하고, 이들은 모두 민느를 먹고 자랍니다(「편지」 20, 64).

---

22 종교학자인 Rudolf Otto는 성스러움의 속성을 '두렵고도 매혹적인 신비'(Mysterium Tremendum et Fascinans)라고 묘사하였다.

하데위히의 신비 사상에서는 하느님과의 일치에 이르기까지 이성과 사랑이 상호 작용하여 영혼에게 큰 도움을 주지만, 일치 직전의 마지막 단계에서는 이성이 사랑에게 자리를 내어 주고 뒤로 물러난다.[23] 영혼은 사랑과 갈망으로 은총의 시간을 기다리고, 신적인 건드림이 주어지면 향유에 이르게 된다. 신적 향유의 경험은 아래에 묘사되어 있는 바와 같이 인간의 몸과 정신적 기능에 영향을 준다.

> 그분 안에서 본 그 모든 풍요로움 때문에 경이로움이 나를 사로잡았고, 이 경이로움을 통하여 나의 영 밖으로 빠져나가 내가 추구하던 모든 것을 그 안에서 보았다. 그리고 나는 나의 경외심을 불러일으키며 이루 말할 수 없을 정도로 사랑스러운 나의 '신적 연인'을 알아보았다. 나는 성령으로부터 또한 나 자신과 그에게서 발견한 그 모든 것으로부터 떨어져 나갔다. 그리고 완전히 나를 잃은 채로 민느이신 그의 본성의 품, 향유에 떨어졌다. 그곳에 그와 하나를 이루고 이 일치에서 향유를 누리는 것을 제외하고는 나는 어떠한 이해나 지식, 광경, 또는 영적인 해석도 없이 완전히 휩싸이고 나를 잃어버린 채로 머물렀다(「비전」 6.76).

하데위히가 이해한 인간은 그의 가장 깊은 '본질'(wesen, essence)에서 하느님을 볼 수 있고 거기서 하느님도 영혼을 보신다. 즉, '영혼'은 하느님의 '본질'과 맞닿을 수 있는 능력을 보유한 부분이며 인간의 구성 요소 중에서 하느님을 닮은 부분이라고 규명한다. 그 '영혼'은 숭고한 삼위일체 하느님을 닮은 모습으로 창조된 존재로서의 '품위'보다 추락하지 않는 한, 깊이를 알 수 없는 하느님의 '심연'이 되고, '영혼'이 하느님 안에서 완전한

---

23 「비전」 8;9;10;11;12;13, 「편지」 18;20;28. 하데위히의 신비주의는 '정감적 디오니시아니즘' (Affective Dionysianism) 계보에 속한다.

향유를 찾듯이 하느님은 인간 영혼의 '본질' 속에서 완전한 향유를 발견한다(「편지」18).

하데위히의 작품들 안에 나타나 있는 '심연'이란 인간 영혼의 '본질'이며 참된 자기를 가리키는 상징적인 이미지이다. 또한, 심연은 민느의 '본질'이며 민느가 태어나고 양육된 곳으로, 영혼이 신적 건드림을 통하여 내던져짐으로써 도달하는 곳이며 그 안에서 자기를 완전히 잃어버리는 곳이다. 그리하여 영혼은 민느의 본성과 영혼과 민느의 구분 없는 일치의 신비를 경험하고 배우며, 영혼이 참된 자유에 이르는 곳이다.[24] 그렇게 영혼의 본질인 심연에서 하느님과 인간은 결합하는데, 이를 결혼으로 비유한다. 그러한 까닭에 하데위히의 영성을 사랑 신비주의, 결혼 신비주의(Bridal Mysticism), 본질 신비주의(Wesen Mysticism)로 규명하며, 본질 신비주의는 마이스터 에크하르트가 이어서 발전시킨다.

한편, 민느와의 직접적 일치를 추구하여 관상 생활에 투신했던 하데위히는 비전들을 통하여 삼위일체의 신비를 깨닫고, 관상을 통해 '삼위'가 서로 사랑하는 숭고한 모습을 이해한 것 같다. 그의 삼위일체 이해에 따르면, 삼위일체의 원천이신 성부로부터 '삼위'가 흘러나오며, '삼위'는 다시 성부의 품 안으로 흘러 들어가 모인다. 그리고 삼위일체 하느님은 '삼위'로서 활동과 '일치'되어 머무는 두 가지 변증적 계기를 가지며 존재한다. 그는 「편지」를 통하여 자신이 경험하고 이해한 삼위일체의 신비를 전달하고, 독자/청자들에게 세 위의 속성을 관상하는 법을 배우며 말과 행동으로 멈추지 말고 기도하도록 가르친다(「편지」1).

---

24 신소희, 앞의 책, 111-115 참고.

4. 일치를 향한 심연으로의 여정

영혼이 '일치'의 계기에 참여할 때에는 모든 '활동'을 떠나 전적으로 성부 하느님 안에 용해되어 들어가 '세 위'와 결합되어 쉰다. '신적 향유'로 던져져 일치되어 머물 때에는 '세 위'를 본받아 행하는 일들을 금지한다. 왜냐하면, 영혼이 '일치'에 참여하는 동안 그의 '의지'(will)와 '활동'(work)과 '힘'(power)이 하느님과 같아지므로 다른 어떤 노력과 찬양과 선행도 필요 없기 때문이다. 그때 인간 영혼은 신과의 '일치' 안에서 완전한 충만함과 행복을 경험하게 되는 것 같다. 그러다가 '민느의 향유'가 사라지거나 흐려지면 '일치'의 상태에서 금지했던 활동을 마땅히 재개해야 한다. 영적 친구들도 그처럼 관상과 덕행의 실천을 통하여 삼위일체 하느님이 요구하시는 '삼위'와 '일치' 두 계기를 사는 일을 익히면서 성장하여 '완전한 덕성'에 이르고(「편지」 30) 관상과 활동의 리듬을 배우도록 가르쳤다.

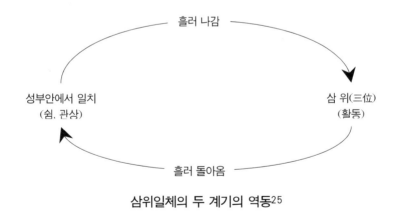

삼위일체의 두 계기의 역동[25]

---

25 앞의 책., 150. '성부'를 삼위일체의 원천으로서 이해하는 하데위히의 관점은 이미 동방 교부들의 전통 안에 있으며, 서방교회 교부들 중에서도 아우구스티노와 성 티에리의 윌리엄의 관점도 그러하다.

하데위히는 "기품 있고 적절한 태도로 모든 것을, 모든 일에서, 모든 사람, 낯선 이들, 친지들과 함께"(「편지」21,21) 행동하였으나, 그의 공동체는 조용하지 않았다. 공동체 내부에도 긴장이 있었는데, 믿음의 가족으로 보여 공동체에 받아들였던 사람이 하데위히와 그의 공동체를 흩어놓으려고 간섭하는 일을 겪으며 고통을 받았다. 「편지」5, 13; 「편지」29에 근거하면, 베긴공동체의 원장이었던 하데위히는 결국 반대에 의하여 방랑 생활로 내몰린다. 그때 그는 사랑하던 공동체 내 베긴들에게 하데위히를 위해 최소한도로 슬퍼하도록 권고한다. 자신이 나라 안에서 방랑하든지, 감옥에 가든지 그에게 일어나는 일은 민느의 일로 받아들였기 때문이다. 그렇게 함으로써 그는 민느 안에서 죽기까지 사랑으로 함께 고통을 겪어야만 하

The Beguines(Wikipidia)

는 인간으로 남기를 선택한다. 민느는 하데위히가 당신을 따름으로 인하여 동료와 주위 사람들에게 버림받는 고통을 겪을 것을 예상한 듯이, 고난 중에 민느 자신의 수난을 기억하도록 다정하게 격려하였다.

> 내가 기적을 베풀고 점점 더 알려졌을 때, 세상에서 내 곁에 남은 친구는 거의 없었다. 그렇다, 나의 죽음에, 거의 모든 살아있는 사람들이 나를 저버렸다. 그러므로 완전한 민느 때문에 모든 사람들이 너를 버린다 하여도 슬퍼하지 마라, 너는 나의 뜻을 살기 때문이니(「비전」 1, 364).

하데위히는 같은 이해와 지향을 가진 베긴들과 새 공동체를 형성할 생각을 한 것은 분명하나, 그것의 실행 여부는 알려져 있지 않다. 하데위히 연구자들은 그가 공동체에서 내몰린 후에, 당시 많은 베긴들이 그랬듯이 베긴들의 나병환자 구호병원에서 봉사하며 기거했을 것이라고 추측하지만, 아직까지 관련 문헌은 발견되지 않았다.

그의 작품 곳곳에 성장한 영혼의 표상들이 제시되어 있는데, 독수리, 신 앞에 서 있는 사람, 신적 신랑의 신부, 민느의 어머니의 이미지가 그것이다. 독수리는 에제키엘서 저자와 요한 묵시록 저자가 환시 중에 본 네 생물들 중 하나이며, 하데위히는 작품에서 네 생물을 하느님의 네 가지 속성과 연관 지어 설명하였다(「편지」 22). 그의 작품에서 '독수리'는 요한 복음사가, 자신이 경험한 '비전'들의 안내자 그리고 그가 영적 멘토로 삼았던 아우구스티노 성인의 상징이자, 신적 '향유' 안에서 하느님과의 '일치'를 갈망하고 추구하는 영혼의 비유이기도 하다.

내적 영혼은 독수리가 될 것인데, 살아 있는 네 생물 중 넷째 생물이 가장 높이

날았다고 읽은 것처럼 하느님 안에서 자기를 넘어 비상해야 합니다.… 독수리는 시선을 태양에 고정한 채 태양을 피하지 않습니다. 그리고 내적 영혼도 그렇게 합니다. 하느님으로부터 시선을 돌리지 않습니다. 지혜로운 영혼이 이 무리에서, 즉 그 영혼이 민느 안에서 하느님께 전념하는 데 있어서, 요한이 되어야 합니다. 그곳에서 우리는 더 이상 성인이나 사람들에 대해서 생각하지 않고 오직 하느님 이라는 가장 높은 정상에서 비상할 뿐입니다(「편지」 22, 385).

하데위히는 독수리가 태양에 시선을 고정시키고 비상하듯이 독자/청자 들도 하느님께 시선을 고정시키며, 영의 선명함을 흐리게 할 수 있는 모든 것 을 내버리고, 정상을 향해 쉬지 않고 비상하기를 권고하였다(「비전」 11).

흠모하는 귀부인의 연인이 되기에 합당한 품위를 갖추고자 노력한 중 세 기사를 영적 수련의 모델로 삼은 하데위히는 '고귀한 민느'(noble Love) 에게 걸맞은 '연인'이 되고자 최고의 노력을 하였다(「편지」 18). 그런데, 신 적 연인인 숭고한 민느(sublime Love)는 창조주요 초월적 존재이며 동시에 강생하여 인간 역사 안에서 신적인 사랑을 구체화한 존재로서, 인간 연인 과는 다른 매우 신비로운(mysterious) 존재이다(「편지」 20). 민느는 그분과 결합되기를 바라는 이들에게 예외 없이 먼저 그의 '인성'과의 일치를 요구 하였다. 그러한 연인의 초대와 요구에 따라 소녀 하데위히는 자신을 기도 와 덕행으로 가꾸고 훈련함으로써 신적 연인의 신부가 되기에 합당한 성 장을 이루게 된다.

자, 보라. 이는 완전한 사랑으로 네 모든 영예를 통과한 내 신부요, 그의 신부의 사랑은 너무나 강하여 그 사랑을 통해 모두 성장을 얻었다. 그리고 그는 말했다. 보라, 신부요 어머니요, 너는 다른 누구와도 같지 않게 신(神)으로서 그리고 인간

(人間)으로서 나를 살아낼 수 있었다(「비전」10, 57).

영적 기사는 연인을 기쁘게 해드리기 위해서라면 어떤 일을 하든지 거리낌이 없고, 어려움의 정도에 구애받지 않는다. 하데위히도 그처럼 완전한 사랑으로 모든 고난을 겪고 성장하여 '신부'가 되는데(「비전」10) 고난과 고통 안에 현존하는 신적 연인을 알아보는 지혜에 도달했기 때문이다. 그리고 이어지는 그의 비전에 '민느의 어머니'가 된다는 의미가 잘 나타나 있다.

> 보라, 여기 새로운 비밀의 하늘이 있다. 그 하늘은 완전한 모성을 지닌 하느님의 어머니였던 적이 없는 사람들, 이집트에서 또는 먼 길에서 그와 함께 한 번도 방랑해 본적이 없는 사람들, 예언의 칼날이 그들의 영혼을 꿰찔리는 곳에서(루가 2.35) 그를 알현해 본 적이 없는 사람들, 그 예수를 한 번도 성인으로 양육해 본적이 없는 사람들, 그리고 마지막 때에 그의 무덤에 있지 않았던 사람들에게는 닫혀 있다. 그들에게 그 하늘은 영원히 감추어진 채로 남아 있을 것이다(「비전」13, 15).

5. "민느"에게로 안내하는 신비교사

하데위히가 '민느의 어머니'로 불린 이유는 그가 '인성'의 고통에 참여하며 어머니처럼 성숙된 것을 뜻할 뿐 아니라 신적 지식에 있어서도 민느의 '세 가지 감추어진 상태'(three hidden states), 즉 삼위일체에 대하여 깊이 이해할 정도로 성숙해졌기 때문이다(「비전」13, 139). 동료 베긴들과 영적 친구들도 민느의 기사로서 하느님과 깊은 일치에 이르도록 성장하도록 안내한 하데위히는 닮음(likeness)을 향한 성장의 길과는 거리가 먼 일상 삶의 현상의 간극을 의식하도록 구체적으로 예를 제시한다.

우리는 자기 뜻을 너무 많이 가지고 있고, 너무 많은 휴식을 원하며, 너무 많은 안락함과 평화를 찾습니다.… 우리는 너무나 쉽게 지치고, 낙담하며, 마음에 위로가 없게 됩니다. 우리는 하느님과 사람들로부터 너무 많은 위로를 구합니다. 우리는 어떤 역류도 인내하지 않을 것입니다(「편지」 30, 200). 우리는 교회에서 거룩하기를 바라지만, 집과 다른 곳에서는 우리를 돕는 것이든 해가 되는 것이든 모든 세상적인 일들에 대하여 알기를 원합니다. 그리고 거기에서 우리는 우리 친구들과 대화와 교제, 그리고 다툼과 화해로 시간을 보냅니다. 우리는 민느에 대한 작은 봉사로 명성을 얻기 바라고, 좋은 의복, 음식의 선택, 아름다운 것들, 그리고 아무도 필요하지 않는 세상적인 즐거움에 관심을 가집니다. 끊임없이 오는 새로운 힘으로 오시는 하느님으로부터 도망치기 위하여 재미를 찾는 사람이 없어야 합니다(「편지」 30, 214).

우리는 우리의 인내가 드높여지고 우리의 선행이 존경받기를 바랐으며… 우리의 고난을 의식하였고, 그 때문에 그 고난 안에서 신적 연인을 발견할 수 없었습니다. 우리는 우리의 노동에 대하여 크게 소란을 피웠고, 이 때문에 우리는 멀리서부터 위험을 무릅쓰고 그에게 다가온 그가 사랑한 신적 연인을 맞아들임 안에서 위로와 달콤한 휴식의 풍요로운 거처를 맛보지 못했습니다(「편지」 30, 179). 그러므로 우리는 그의 어머니로서 하느님의 아들을 업지 않았고 혹은 사랑의 행위로 그에게 젖을 먹이지 않습니다(「편지」 30, 200).

진정으로 민느를 사랑하고 그의 '인성'에 동화되어가는 여정을 가는 민느의 연인들은 그들의 내면에 고통받고 궁핍한 사람들을 돌보는 모성적 사랑 또한 무르익어 간다. 위의 인용문에 나타나 있는 바처럼 하데위히는 민느의 지상에서의 삶과 다른 가치와 행위를 식별하도록 독자/청자들을 끊임없이 격려하고 도전하였다.

하데위히는 첫 번째 비전을 통하여 "하느님과 함께 하느님처럼 되기" 위하여, 아울러 "인성(人性)과 함께 인간이 되라"는 초대에 응하여 영웅적으로 노력함으로써 한 지식 안에서 인간과 신(神-人)을 맛볼 수 있도록 선택된 여성 신비가(Mystic)이자 신비 교사(Mystagogue)였다.

VI. 나가는 말

그리스도교 역사에서 하느님의 진정한 친구들 중—예를 들어, 십자가의 성 요한을 비롯하여 남녀 신비가들과 수도회 창립자들—에 동시대 사람들에게 배척받거나 도외시되고, 심지어 공동체의 감옥에 보내지거나 추방된 경우들이 있었다. 시간이 흐른 후, 하느님을 향한 그들 삶의 진정성과 보석 같은 영성이 재평가되면서 비로소 신앙의 귀감으로 인정을 받고 그들의 영성이 전파되었다. 베긴 신비가들 중에서 가장 탁월한 신비 저자로 평가받는 하데위히의 경우도 그와 비슷하다. 하데위히의「편지」에 따르면, 그는 일부 사람들의 미움을 받아 결국 공동체를 떠난다. '따름'에서 대담하였으며(bold) 민느의 연인으로서 어울리지 않는 것들과 타협하지 않던 올곧은 사랑과 강직함이 주변 사람의 미움을 유발하였을 것으로 유추한다. 그 이후 하데위히의 삶에 대하여 알려진 바는 없으나 오늘날 학자들의 연구를 통해 전파되고 있는 하데위히의 영성과 신비 사상은 영적 목마름을 느끼는 우리 시대의 사람들에게 큰 관심을 받고 있다. 그는 13세기 당시에 그러하였듯이 오늘날에도 자신의 작품들을 매개로 하여 하느님과 더 깊은 관계를 목말라하는 독자들에게 신비 교사와 영적지도자로서 도움을 준다.

첫째, 하느님과의 일치를 추구하는 사람은 먼저 그리스도의 지상 삶을 본받아 살면서 부과되는 고통을 겪으며 성장해야 함을 알려준 하데위히는 '행복'과 '즐거움'(pleasure)을 추구하는 오늘의 그리스도인들에게 '고통'의 신앙적 의미와 역할을 재해석하도록 도와줄 것이다.

둘째, 「편지」를 통해 '식별하는 정신과 삶'을 함양할 수 있다. 하느님에 대한 하데위히의 깊은 이해는 식별의 기준을 명료하게 하였고, 그의 신적 연인에 대한 확고한 사랑은 분별한 바를 망설임 없이 선택하고 실천하게 하는 힘이었다. 또한 "어느 때는 기쁨 속에서 그분을 차지하고, 또 다른 시기에는 슬픔 속에서 그분을 차지하며"(「편지」7) "위로를 받으면 그 위로를 민느께서 뜻하시는 것으로 여기고, 그들이 메마름 속에 있다면 그 또한 민느께서 뜻하시는 것으로 여기는"(「편지」10) 내적 자유를 지녔던 하데위히는 그리스도의 것과 아닌 것을 「편지」 곳곳에서 명쾌하게 설명한다.

셋째, 사랑하는 연인 그리스도와의 깊은 관계 안에서 영적 충만함을 맛보며 산 하데위히는 내적·외적 소유로부터 자유로웠던 여성이다. 그의 영성은 인간이 절대 타자이신 하느님께 매료되어 그분께 시선이 집중되면 자신을 잊고 자기 밖으로 걸어 나와 세상에 참여하는 존재임을 잘 보여준다. 그는 자애심(Narcissism)과 "지나친 선택적 소비주의"(『찬미받으소서』, 50항)에 중독되어 인간의 품위를 잃어버린 현대 그리스도인들이 이기심과 두려움으로부터 걸어 나오도록 흔들어 깨운다.

넷째, 하데위히는 하느님을 아름답고 품위 있는 연인, 친절하다가도 냉정함을 드러내는 변덕스러운 연인 그리고 다정한 듯하나 결코 손에 잡히지 않는 종잡을 수 없는 연인으로 묘사하였다. 그 같은 하느님의 이미지(Image of God)가 오늘의 젊은이들에게 흥미롭게 전달되어 하느님에 대한 접근성을 높여줄 수 있겠다.

다섯째, 삼위일체의 신비를 묵상하고 관상함으로써 '삼위'–'일치'(활동과 관상/기도)의 '순환적 반복'을 깨달은 하데위히는 그 리듬을 자신의 영성으로 발전시켰으며 베긴들 교육을 통해 관상-활동의 삶을 수련하도록 가르쳤다. 하데위히의 영성은 기도와 관상적 삶을 동경하지만 활동주의와 '속전속결' 문화에 젖어 들어 기도를 배우고 익히는 영적 수련에 개입하지 않는 이 시대의 신도들에게 자극을 준다. 한편 영적 갈망을 가진 사람들에게는 '관상'-'활동'의 리듬을 배우고 익힘으로써 일치의 기쁨과 영적 충만함을 맛보며 살도록 희망과 용기를 불어넣어 준다.

끝으로, 영적 지도자로서 하데위히가 베긴들과 친구들에게 안내한 신비 교육은 이 시대의 교회 신자들에게도 필요한 신앙 교육이며, 현대 독자들의 신앙 감각(sensus fidei)을 양육하는 데 기여할 것이다.

베긴(Beguine) 신비가 안트베르펜의 하데위히 연표

안트베르펜의 하데위히(Hadewijch von Antwerpen)에 관한 연대기적 자료는 아직 발견된 바가 없어서 그의 출생과 사망 연도 및 저작 시기와 활동을 중심으로 한 연표를 작성하는 것은 어렵다.

그의 출생 및 생존 시기, 출신 지역은 하데위히의 작품들에 나타난 내용과 신비 사상 그리고 문학 양식들을 연구한 학자들의 자료를 토대로 아래와 같이 추정하고 있다.

생존 시기   13세기 초엽에서 13세기 후반 사이

출생 지역   현재 벨기에의 안트베르펜(영어 표기 : 안트워프) 지역

역경의 달인,
카쉬아의 성녀 리타

| 김혜경 |

카쉬아의 성녀 리타 (1381~1457)

역경의 달인, 카쉬아의 성녀 리타

김혜경
부산가톨릭대학교 인문학연구소

I. 리타는 누구인가?

서구 가톨릭교회의 여성들 사이에서 가장 널리 공경받는 성인 중 한 사람으로, 평범한 그리스도인 여성이 갖는 다양한 신분을 취했던 성인을 꼽으라면, 성모 마리아와 성녀 리타를 든다. 리타는 한 사람의 아내에서 두 아들을 둔 어머니가 되었고, 후에 과부가 되었다가 수도원에서 수녀로 생을 마감한 분이다.

성녀 리타(1381~1457)는 말게리타(Margherita)의 줄임말이자 수도자 명이다. 누군가의 아내였기 때문에 행실이 까다로운 남편을 둔 아내들도 기도하고, 두 아들의 어머니였기 때문에 자녀 문제로 고민하는 어머니들도 기도하며, 수도 생활을 거룩하게 했던 수도자였기 때문에 수도자들까지 공경하는 성녀로 알려져 있다. 그리스도인 여성이 걷는 모든 삶의 여정

을 걸었고, 그래서 모든 이의 공경을 받는
분이 되었으며, 여성이 갖추어야 할 모든
미덕의 탁월한 사례가 되었다.

리타에 대해서, 교계의 높은 곳에서는
한 번도 현양된 적이 없었다. 그러나 낮은
백성들 사이에선 엄마가 딸에게, 할머니
가 손녀에게 대대손손 전해주었고, 학교,
재단, 협회, 본당, 지방자치(브라질에는 열
곳)가 그녀의 이름을 사용하고 있다.

우리에게는 단순히 이마에 예수 그리스도의 사랑의 징표로 가시가 박
힌 성녀로 알려져 있기도 하다. 그리스도교 역사에서 아씨시의 성 프란체
스코, 시에나의 성녀 카테리나, 오상의 비오 신부 등 예수님의 오상을 받
은 성인들은 더러 있었으나, 이마에 예수님 가시의 상처를 받은 성인으로
는 유일하다.

성녀 리타는 시에나의 카테리나가 사망한 이듬해에 태어났다. 가장 이
탈리아적인 성인을 꼽을 때, 영성적인 측면을 강조하는데, 그런 점에서 연
속성의 표징으로 간주하지만, 문헌자료가 풍부한 카테리나에 비해, 리타
에 대해서는 거의 침묵으로 일관해 왔다. 너무도 빈약한 사료 때문일 것이
다. 그런 가운데서도 전해오는 몇 가지 기록은 너무도 분명한 리타의 성덕
을 칭송하고 있다.

우선 1457년에 그린 회화자료가 있다. "장엄한 상자(Cassa Solenne)"로
알려진 이 그림은 성녀의 무덤을 덮었던 목판에 그린 것으로, 그녀의 성덕
을 명확하게 조명하고 있다. 리타가 사망하던 해에 그녀의 삶을 목격한 사
람들이 살아 있을 때, 그녀를 기억하기 위해 그린 것이다. 지금까지 카쉬

아에 남아 있는 성녀와 관련한 몇 안 되는 중요한 기록 중 하나다.

두 번째는 역시 같은 해인 1457년, 공증인 도메니코 안젤리(Domenico Angeli)가 기록한 간략한 전기자료다. 카쉬아 시(市)의 요청에 따라 성녀의 사망시점을 계기로, 그녀와 관련한 기적 일화들만 모아 정리한 목록으로, 『코덱스 미라쿨로룸(Codex miraculorum)』이라고 한다.

세 번째는 1480년경에 그린 "성녀의 생애"라는 여섯 폭짜리 캔버스화다.

이 자료들을 근거로 현대적인 의미의 전기는 아우구스티노 수도회의 폴리뇨(Foligno) 출신 아고스티노 카발루치(Agostino Cavallucci) 신부가 1610년에 쓴 것이다.[1] 앞의 세 가지 사료들을 토대로 성녀에 관해 비교적 상세히 적고 있다. 20세기 이후에 쏟아져 나온 전기들의 모델이라고 할 수 있다.

언급한 사료들에 따르면, 리타는 이탈리아 중부 움브리아(Umbria) 주

---

1 카쉬아에 있던 여자 수도회 고해 사제로 있었던 것 같다. Agostino Cavallucci, *Vita della beata Rita da Cassia* (Siena: Matteo Florimi, 1610), 현재 in *Documentazione Ritiana Antica* (Cascia: Monastero di S. Rita, 1968), vol I.에 포함됨.

(州), 고원의 남쪽 카쉬아(Cascia) 지방에서도 5km 정도 떨어진 산악 마을 로카포레나(Roccaporena)에서 1381년경에 태어났다. 당시 카쉬아는 기벨린(Ghibellin, 황제파)이 통치하고 있었지만, 겔프(Guelf, 교황파)도 만만치가 않았다. 두 개의 정치적인 노선은 당시 이탈리아의 거의 모든 공국을 분열시켰고, 사회적인 분노와 분열, 암살, 살인, 보복이 끝없이 이어지는 악순환의 시발점이 되었다. 어느 한쪽이 악순환의 고리를 내려놓는다는 건 비겁한 일이었고, 그들이 만든 정의의 원칙에도 어긋나는 일이었다. 리타는 이런 사회적인 분위기 속에서 태어났다.

그녀의 탄생에 대해서는 징표가 있었다는 둥, 예언이 있었다는 둥 말을 하지만, 탄생 연도부터 초기 생애에 대해서는 어떤 것도 명확하게 전해진 게 없다. 다만 수도자로 생을 마감했다는 것, 시복 과정에서는 1371년에 태어나 1447년에 사망했고, 시성 과정에서는 1381년에 태어나 1457년 5월 22일에 사망했다고 전한다.[2] 공통적인 것은 수도 생활을 40여 년 했고, 76살 즈음에 사망했다는 것이다.[3]

리타는 아버지 안토니오 로티(Antonio Lotti)가 75살에, 어머니 아마타 페리(Amata Ferri)가 60살에 낳은 늦둥이 딸이었다. 다른 형제가 있었는지는 전해오는 바가 없다. 부친은 시(市)에서 파치에리(pacieri), 곧 "평화의 중재자"라는 이름으로 겔프와 기벨린 사이에서 정치 때문에 가문들끼리 다툼이 많아지자, 이를 중재하는 사람으로 공식 임명되어 활동했다. 그런 만큼 사회적, 도덕적, 경제적인 지위가 어느 정도 보장되었다.[4] 리타는 카

---

2 Clementina P.D.B., Santa Rita da Cascia la snata dei torinesi (consultato il 22 maggio 2016), http://mole24.it/2012/05/22/santa-rita-da-cascia-la-santa-dei-torinesi/

3 Antonio Borrelli, Santa Rita da Cascia Vedova e religiosa in Santi e Beati (Aggiunto/modificato il 2004-01-29). http://www.santiebeati.it/dettaglio/32950.

4 Cf. Agostino Trapè, *Santa Rita e il suo messaggio. "Tutta a Lui si diede"* (Milano: Edizioni

쉬아에 진출해 있던 아우구스티노 수도회 수사들로부터 신앙 교육을 중심으로 '배운 것'이 교육의 전부였다. 그들을 통해서 성 아우구스티노, 세례자 요한과 톨렌티노의 니콜라(리타 시대에는 아직 복자였음)에 대한 신심을 배운 것으로 추정된다.[5]

리타가 열두 살이 되자, 부모는 당시 전통에 따라, 딸의 혼인을 서둘렀다. 리타는 하느님께 자신을 봉헌하고자 했으나, 나이 많은 부모의 뜻에 따라 만 14세에 결혼했다. 그 지역에서 이름난 만치니 가문의 파올로 디 페르디난도 디 만치니(Paolo di Ferdinando di Mancini)라는 청년을 남편으로 맞아들였다. 두 사람은 로카포레나에 있는 성 몬타노 성당에서 결혼식을 올렸다. 파올로는 기벨린 소속의 시(市) 참사회 수비대원 중 한 사람이었기 때문에, 손에 항상 무기를 들고 다녔고, 그런 만큼 오만하고 성격도 매우 급했다. 파올로의 인간성을 말할 때, 대부분 리타의 성덕을 드높이기 위해 과도하게 저평가하려는 것도 리타가 성인들 가운데 민중으로부터, 추앙되었기 때문일 것이다.

리타는 파올로와 18년간의 결혼생활에서 쌍둥이 아들, 잔자코모 안토니오(Giangiacomo Antonio)와 파올로 마리아(Paolo Maria)를 낳았다. 리타의 온유하고 평화로운 성격과 항구한 인내심은 남편의 변화를 이끌었고, 아이들도 별 탈 없이 잘 자라주었다. 아이들이 태어나면서부터 파올로는 칼잡이였던 삶에서 현실적이고 책임감 있는 가장이 되고자 노력했다. 리타의 도움으로 가정생활을 중심으로 삶의 패턴을 바꾼 것이다. 직업도 바꾸어 만치니 가문 소유의 물레방앗간을 열었고, 좀 더 큰 집으로 이사하여

San Paolo, 1986[12][2005]), 125-130.

5 La Vita di Santa Rita da Cascia in Sito ufficiale di Monastero Santa Rita, © 2021 SantaRita-daCascia.org. https://santaritadacascia.org/la-santa/vita/.

밀 제분 일을 주도적으로 관리했다.

그러나 사회적 증오는 이 가정을 평화롭게 놔두지 않았다. 어느 날 파올로가 자신의 물레방앗간 근처에서 과거 동료로부터 암살당하고 만 것이다. 정치 세계에 있을 때부터 따라다닌 나쁜 감정이 해소되지 않은데다, 파올로가 무기를 버리고 다른 일을 하게 되자 배신감에 저지른 일이었다.

리타의 두 아들은 아버지의 원수를 갚으려고 계획했고, 리타는 깊은 절망에 빠졌다. 사회적인 분노와 복수의 고리가 리타의 가정으로 파고든 것이다. 두 아들의 손에 살인자의 피를 묻히지 않게 하려는 리타의 노력은 처절했다. 그리고, 모든 폭풍이 지나갔을 때, 리타는 수도자로 남은 생을 마감했다.[6]

이 글은 리타의 다양한 삶의 여정에 멈추어 주어진 신분에 따라 일어난 사건과 그에 직면하여 리타가 선택한 길을 조명함으로써, 오늘날 어떤 의미를 지니는지 살펴보고자 한다.

21세기, 현대 사회는 인간의 다양한 역할을 요구한다. 우리는 누구나 아들/딸이고, 남편/아내며, 아버지/어머니며, 신앙 혹은 신념을 가진 사람들이다. 복잡하고 다양한 삶의 현장에서 갖게 되는 여러 가지 신분은 그만큼 책임과 의무를 요구한다. 600년 전, 여러 가지 사회적인 제약에도 불구하고, 그것을 뛰어넘어 신앙 안에서 살아낸 분이 있다는 것은 우리에게 큰 위안과 이정표가 된다. 아내며, 어머니며, 수도자로 살았던 카쉬아의 성녀 리타를 소개하려는 이유다.

---

6 Antonio Borrelli, "Santa Rita da Cascia Vedova e religiosa in Santi e Beati" (Aggiunto/modifi-
   cato il 2004-01-29). http://www.santiebeati.it/dettaglio/32950 참조.

II. 리타의 영성: 아내로, 어머니로서

리타는 여러 면에서 가장 현대적인 성녀라고 할 수 있다. 그것을 뒷받침해 주는 것이, 그리스도인이라는 정체성을 토대로 아내로, 어머니로 살았다는 데 있다. 아무리 애를 써도 여성이 가정 안에서 남편과 자녀들의 존경을 받기란 쉬운 일이 아니고, 사회적으로 평신도였던 여성이 성인으로 공경받기도 쉬운 일이 아니다. 21세기에도 이럴진대, 1400년대는 더욱 그랬을 것이다.

리타가 아내로, 어머니로 살아낸 삶의 기예(技藝)에는 몇 가지 차원이 있었다. 그것은 우선, 결혼생활에서 남편에게 '영혼의 동반자', '영혼의 돌보미'가 되어 주는 것이다. 어린 시절 리타는 수도 성소에 관심이 많았지만, 나이 많은 부모의 뜻에 따라 원하지 않던 결혼을 했다. 하지만 남편 파올로의 성급하고 난폭한 성격은 걸핏하면 사람들과 폭력을 행사하며 싸웠고, 집안에서도 리타가 바랐던 남편이자 아이들의 아버지는 아니었다.7 리타에게 인내심이 있다는 것이, 아무런 두려움이 없다는 뜻은 아니다. 어쩌면 파올로의 성격을 잘 알고 있었기에 그의 종말에 대한 두려움을 갖고 있었는지도 모른다. 하느님으로부터 멀리 있는 사람의 최후를 익히 들어서 알고 있었기 때문이다.

"너희가 내 안에 머무르고 내 말이 너희 안에 머무르면, 너희가 원하는 것은 무엇이든지 청하여라. 너희에게 그대로 이루어질 것이다"(요한 15:7)라는 말씀에 따라, 리타는 그리스도 안에 머무르는 사람으로, 그리스도와

---

7 일각에선 리타의 결혼생활을 그리스도의 수난에 비유하고, 십자가의 길에 비유하기도 한다. 그만큼 많은 고통과 굴욕의 시간이었다고 말한다. https://m.famigliacristiana.it/articolo /santa-rita-la-mistica-che-converti-il-marito-violento.htm.

어울리지 않는 것을 결코 바랄 수 없고, 구원자 안에 머무르는 이가 구원이 아닌 다른 것을 바랄 수 없다고 생각했다. 나약한 우리 인간은 이 세상에 머물러 있기에 종종 우리에게 유익하지 않은 것도 모르고 청하기도 한다고 생각했다. 리타가 보기에 자신과 파올로의 차이점은 바로 여기에 있었다. 리타는 모든 위로를 그리스도 안에서 찾았고, 그분 안에 머무르고자 애썼으며, 필요한 것도 그분 안에서 청했다. 그랬기에 혹여 잘못 알고 청하는 것이 있더라도 그것이 우리에게 유익한 게 아니라면 그분은 들어 주지 않을 거라는 굳은 믿음이 있었다. 그러나 파올로는 천방지축 세상의 것을 추구하고 쫓았고, 두 눈은 언제나 굶주린 들짐승 마냥 뭔가를 찾고 있는 듯 불안해 보였다. 그녀가 보기에 파올로는 하느님 사랑과 십자가 희생의 진정한 의미를 깨닫지 못하고 있는 것 같았다. 그녀가 진심으로 애를 쓴 것은 아이들을 돌보듯이 남편의 영혼을 돌보려고 한 것이다.

두 번째 차원은 그녀에게서 드러나는 '현대성'으로, '사고방식을 바꾸는 일'을 묵묵히 가정이라는 작은 공간에서 해냈다는 것이다. 그녀는 하느님께서 인간을 '당신의 모상대로' 창조했다는 것에서 '인간의 선함'을 통찰했다. 하느님께서 손수 빚으신 인간이기 때문에 근본적으로 악할 수가 없다고 생각했다. 난폭한 파올로 안에 내재 된 근원적인 선함을 보려고 애썼다.

파올로는 미움과 증오가 난무하던 시대에 사랑보다는 증오를 배우고 자란 시대의 희생자였다. 리타는 남편의 영혼을 구하는 데 가장 큰 걸림돌로 증오와 보복이 난무하는 사회적인 분위기와 거기서 형성된 인간관계라고 생각했다. 어떤 식으로든 거기서 빠져나오도록 하고 싶었다. 그녀의 따뜻하고 진심 어린 사랑 덕분에 파올로는 과거와 다른 삶을 시작했지만, 그 대가는 결국 그를 죽음에 이르게 하고야 말았다.

남편의 암살 현장에 먼저 당도한 리타는 피가 묻은 파올로의 옷을 감추고 새 옷으로 갈아입혔다. 두 아들의 마음 안에서 분노와 복수심이 일지 않게 하려는 것이었다. 하지만 두 아들의 영혼은 이미 시험에 빠져들고 말았다. 시대적으로 볼 때, 아버지가 누군가에게 암살당하면 자녀나 가족 중에서 복수를 하는 것은 당연한 일이었다. 복수하지 않는 것이 오히려 부당했다. 왜냐하면 살인자에게 당위성을 부여하고 그의 행위를 묵인하는 걸로 간주했기 때문이다. 살인자가 누군지 알면서도 침묵하고, 복수를 생각하지 않는 리타가 오히려 이상했다. 리타의 이런 자세는 만치니 가문의 오해를 받기에 충분했다.

리타는 복수가 능사가 아니라고 판단했다. 복수는 또 다른 복수를 부르고, 증오는 또 다른 증오를 낳기 때문에, 그 고리를 끊는 것이 중요하다고 생각했다. 그래서 속히 살인자를 용서하고, 두 아들을 위해 기도했다.[8] 리타의 이런 생각과는 달리, 두 아들은 아버지를 죽인 살인자를 향해 복수를 계획했고, 그것이 자식으로서 사명이라고 생각했다. 만치니 가문은 리타의 태도를 달갑지 않게 바라보는 한편, 그의 아들들을 부추겼다.

엄마로서, 리타는 두 아들의 영혼에 발생한 엄청난 장애를 걷어낼 길이 보이지 않자, 절망의 끝에서 울부짖으며 기도했다. 두 아들이 복수심에 불타 손에 피를 묻히고 살인자가 되어 구원받지 못하는 것보다는 '차라리' 그런 엄청난 죄를 범하기 전에 생명을 주신 하느님께서 거두어 가시기를 청했다. 그러나 그것은 최후의 선택이고, 제발 일어나지 않기를 바랐다. 겟세마네 동산에서 예수님이 했던 기도처럼, 잔을 거두어 주시기를 청하

---

8 Cf. Agostino Trapè, *Santa Rita e il suo messaggio*, 113-117. 이 책에서 저자 아고스티노는 리타가 전하는 메시지로 '용서' 외에도, '평화의 메시지', '섬기는 사랑의 메시지', '온전히 주고 아무것도 바라지 않는 사랑의 메시지', '고통의 메시지', '그리스도인 겸손의 메시지', '참된 기쁨의 메시지' 등을 언급한다.

면서도 '하느님의 뜻'에 의탁했다.9 중요한 것은 증오의 고리를 누군가 끊어야 한다면, 그것은 바로 '지금 나부터'라고 생각했다. 그러나 하느님은 일어나지 않기를 바랐던 '최후의 선택'으로 리타에게서 모든 것을 앗아갔다. 남편이 암살당한 지 1년도 채 안 되어, 두 아들이 전염병으로 추정되는 병에 걸려 연달아 세상을 떠났다. 극도의 고통 속에서 리타에게 유일한 위로가 되었던 건 가족들의 영혼을 하느님께서 살펴주실 거라는 믿음이었다. 두 아들의 죽음 앞에서, 아이들의 손에 살인자들의 피를 묻히지 않게 해주신 하느님께 감사했다.

증오의 고리, 복수의 고리를 끊는다는 것은 '사고방식을 바꾼다'라는 뜻이기도 하다. 어느 시대나 이것은 결코 쉬운 일이 아니다. 더욱이 시대적인 조건의 영향을 가장 많이 받던 여성이 그 일을 한다는 것은 그만큼의 대가를 치러야 하는 일이었다. 리타의 경우, 남편과 자식들의 희생을 감수해야 했다. 그런 점에서 리타는 강인한 영혼의 소유자며, 하느님을 향한 굳건한 믿음의 사람이며, 일관성 있게 기도 안에 머무를 줄 아는 여성이었다고 할 수 있다. 그녀의 용기와 결단력은 시대를 초월하여 여러 영역에서 활동하는 여성들의 모델이 되었고, 위기의 상황에서 기준점이 무엇인지, 인간적이고 영적인 측면이 실제 생활에서 어떻게 발휘되어야 하는지를 확실하게 보여주었다고 할 수 있다. 그녀를 통해서 우리는 궁극적으로 취해야 할 게 무엇이고, 오직 믿고 의지해야 하는 분이 누구인지를 깨닫게 된다.

그녀에게 18년의 결혼생활은 송두리째 기도하는 시간이었다. 주방에서, 침실에서, 거실에서, 마당에서, 빨래터에서, 채소밭에서 그녀가 가족

---

9 Agostino Trapè, *Santa Rita e il suo messaggio*, 122-124 참조.

들의 영육 간 건강을 돌보던 시간은 모두 기도의 시간이었고, 하느님의 평화와 사랑을 실천한 순간이었다. 남편과 자녀의 말과 행동과 생각을 놓치지 않고 통찰하며 그들의 변화를 위해, 그들이 하느님 안에 머무를 수 있도록 끊임없이 엎드렸다.

리타의 변함없는 태도와 기도의 자세는 만치니 가문을 설득하여 모든 형태의 보복을 내려놓고, 살인자들과 화해를 이끌었다. 세상에서 해야 하는 일이 정리되자, 홀로 이 세상에 남은 리타는 고통받는 그리스도께 더 가까이 다가가고자 했다. 그냥 오르기도 힘든, 로카포레나의 바위 꼭대기에서 리타는 하느님께 엎드려 기도했다. 그 자리는 그녀의 성소였다. 일찍 고아가 되었고, 눈앞에서 남편과 두 아들의 죽음을 목격했다. 그녀의 삶은 모든 면에서 극적이었다. 그리고 이제 모든 아픔을 뒤로 하고 결혼 전에 약속했던 봉헌 생활을 위해 카쉬아에 있는 성 아우구스티노의 성녀 마리아 막달레나 수녀회의 문을 두드렸다.

III. 리타의 영성: 수도자로서

리타가 실천한 사랑의 행위는 이제 인간적인 차원을 넘어 하느님에게로 향했다. 그러나 그 길은 들어서는 것조차 쉽지 않았다. 세 번이나 수녀원에 입회 신청서를 냈으나 명확한 이유도 없이 세 번 모두 그녀에게 문을 굳게 닫아걸었다. 만치니 가는 물론 수도원에서까지 철저하게 외면당한 리타는 약 4년간 깊은 고통의 시간을 보냈다. 일부 전기작가들은 남편의 먼 친척이 수도자로 그곳에 있었고, 살인자에게 보복하지 않았기 때문에, 원한이 남아 있다고 해석한 것이 가장 큰 이유라고 했다.[10] 하지만 대부분은, 수녀원에서 그녀를 받아주지 않은 건 남편을 죽인 살인자들이 아직 살아 있었고, 그녀가 그들을 알고 있었기 때문에, 언젠가는 보복이 있을 거로 생각했기 때문이라고 했다. 미혼이 아니어서라는 세간의 소문은 잘못된 것이다.

리타는 조금도 굽히지 않고, 강한 믿음과 인내로 기도에 매달렸다. 어느 밤, 리타가 자주 올라가 기도하던 포레나의 절벽 끝에서 세례자 요한이 부르는 소리를 들었다. 리타는 그가 안내하는 곳으로 따라갔고, 거기서 성 아우구스티노와 아직 시성 되지 않은 니콜라 다 톨렌티노—그는 1446년에 성인품에 오른다—가 세례자 요한과 함께 내려오는 것을 보았다. 세 성인은 그녀가 이해할 수 없는 방법으로 그녀를 데리고 수도원 안 뜰 지하 기도방에 두고 떠났다. 다음날 수도원에서는 큰 소동이 벌어졌다. 열쇠가 없으면 도저히 들어올 수 없는 지하 기도방에 리타가 들어와 있었기 때문이다. 문은 여전히 잠겨 있었다. 리타는 자신이 듣고 본 일을 그대로 원장에게 말했고, 수도회에서는 세 명의 보호자 성인들이 도와주었다면, 그것은 분명 주님께서 바라는 거라고 판단하여 그녀에게 수도 생활을 허락했다. 1417년 카쉬아에 있는 성 아우구스티노의 성녀 마리아 막달레나 수녀회에 입회한 것이다. 그녀의 나이 36살이었다. 이후 40여 년간 '말가리타'라는 이름을 뒤로 하고, 리타 수녀로 살았다.[11]

힘들게 입회한 수도 생활은 생각만큼 녹록하지 않았다. 수도원 안에서는 장상이 끊임없이 그녀의 '순명 서원'을 시험했고, 리타는 그럴수록 하느님의 말씀 안에서 해답을 찾으며 그분의 말씀 안에 머무르고자 애썼다.

리타는 모든 시험에서 늘 그랬듯이, 하느님의 말씀을 가장 먼저 떠올

---

10 Agostino Trapè, *Santa Rita e il suo messaggio*, 26-28 참조.
11 Antonio Borrelli, 같은 사이트 참조.

렸고, 말씀이 그녀 안에 머무르게 했으며, 그녀 역시 그분 안에 머물러, 조금의 서운함이나 인간적인 흔들림 없이 수도 생활에 정진했다. 그녀는 자신이 원하는 것이 무엇이건 하느님께서 들어주신다는 것을 굳게 믿었다. 혹여 청한 게 이루어지지 않았다면, 그것은 자기가 그분 안에 머물러 얻을 수 있는 것을 청하지 않거나 그분 말씀이 지닌 것을 청하지 않고, 그분 안에는 없고 그분 말씀이 머무르지 않는 육신의 욕망과 나약함에서 비롯된 것을 청했기 때문이라고 생각했다. 그분의 말씀은 우리가 "하늘에 계신 우리 아버지"라고 바치는 기도의 말씀과 의미에서 우리의 청원이 벗어나지 않아야, 청하는 모든 것이 이루어진다고 믿었다. 그분의 가르침을 실천하고 그분의 약속을 믿을 때, "그분의 말씀이 내 안에 머무른다"라고 말할 수 있다고 생각했다. 그러나 그분의 말씀이 기억 속에 있다 하더라도 삶 속에서 찾아볼 수 없다면, 포도나무에 붙어 있는 가지라고 볼 수 없다고 여겼다. 그 뿌리에서 생명을 끌어 올리지 못하기 때문이다. 그분의 말씀을 생각만 하고 실천하지 않는다면, 그것은 말씀 안에 머무른다고 할 수 없다. 그런 사람들에게는 그분의 말씀이 축복이 아니라, 장애가 되어 마침내 말씀에 붙잡혀, 그 말씀으로 심판받게 된다고 생각했다.

그런 점에서 그녀의 수도 생활은 일차적으로는 하느님의 말씀 안에서 그분과의 관계를 분명히 하는 일이었고, 그런 다음, 그 증거로 고통과 불우한 처지에 있는 사람과 영적인 연대를 형성하고 사랑을 실천하는 것이었다. 자신의 경험을 토대로 고통스러운 삶을 살아가는 사람들과 연대하며 고행과 기도로, 무엇보다도 행동으로 그들과 함께했다. 그녀는 지난날의 생활을 반성하며 자신처럼 불우한 사람들에게 봉사하며 하느님을 어떻게 섬겨야 하는지를 온몸으로 보여주었다. 수도 생활의 어려움도 가정 생활과 마찬가지로, 하느님과의 관계가 분명하고 확실하면 견디지 못할 어려움이 없다고 생각했다. 모든 이에게 인내와 통회의 모범을 탁월하게 보여주었다.

그녀에게 가정생활이 육체로 혹은 온몸으로 세상을 경험하고 그 안에서 하느님의 현존을 느끼는 시간이었다면, 수도 생활은 영적으로 하느님 사랑의 쓰고 단맛을 체험하는 시간이었다. 어떤 상황에서건 그녀가 매달릴 데는 오로지 하느님밖에 없다는 것을 깊이 깨달았다. 그녀가 수도 생활에서 체험했다는 많은 환시와 신비는 이런 측면들을 잘 증명해준다고 하겠다.

IV. 리타를 설명하는 상징들

리타를 통해 배우게 되는 것 중 중요한 부분은 '자신을 규정하는 키워드'가 분명한 성녀라는 사실이다. 오늘날의 언어로 '스토리텔링이 가능한 인물'이라고 하겠다. 그리스도인뿐 아니라 현대를 살아가는 우리 모두에게 날마다 '나를 규정하는 키워드는 무엇일까'를 생각하게 하는 성녀다. 부모나 집안에 의지하지 않고 소신껏 살다간 사람들의 공통점이 자기 스토리가 있는 거라고 했을 때, 리타의 스토리를 만드는 몇 가지 키워드를 뽑으면 다음과 같다.

예수님 가시의 상처: 성녀는 단식과 고행, 기도로 수도 생활에 전념했다. 성녀를 상징하는 것 중 하나는 이마에 난 상처다. 한 남자의 아내였다가, 두 아들의 어머니였으며, 구도자의 길을 걸었던 수도자였다. 이런 여러 갈래의 길에서, 리타는 많은 시련과 고통이 있었지만, 주님 수난과는 여전히 비교조차 할 수 없다고 생각했다.

"카쉬아의 성녀 리타(Santa Rita da Cascia)"
티토 트로야(Tito Troja, 1888년 작),
캔버스에 유화, 카쉬아의 성녀 리타 성지, 카쉬아

이제 그녀가 간절히 염원한 것은 그리스도의 수난에 온전히 동참하는 것이다. 1432년 4월 18일, 금요일 저녁, 그리스도의 수난을 묵상하고 기도하던 중, 십자가에 매달린 그리스도의 가시관에서 한 줄기 빛이 그녀의 이마에 박혔다. 그것은 예수님과 똑같은 가시의 고통을 리타에게 내린 것이다. 리타는 예수님이 가시관으로 수난받은 것과 똑같은 가시의 상처로 죽을 때까지 극심한 고통에 시달렸다. 하지만 리타는 그 고통을 침묵으로 감내하며, 기도로 수도 생활에 전념하는 한편, 가시관의 상처에 깊이 감사했다. 그렇게 가톨릭교회 역사상 처음이자 유일한 가시관의 상처를 받은 성녀가 되었다.[12]

---

12 Fiorella Giacalone, *Il corpo e la roccia. Storia e simboli nel culto di santa Rita* (Roma: Meltemi, 1996), 8-10; *Documentazione ritiana antica*, a cura di Damaso Trapp OSA, (Cascia: Monastero di S. Rita, 1968-1970), vol I~IV.

결혼반지와 묵주

 로카포레나의 성 몬타노 성당에는 리타가 파올로와 결혼할 때 나누어 꼈던 결혼반지가 보관되어 있다. 리타가 수도원으로 들어가면서 두고 간 것이다. 반지와 함께, 그녀가 가정생활 중에 끊임없이 매달리며 기도했던 묵주도 있다.

그 외 아래와 같은 산악지방 작은 마을의 일상에서 만나는 자연주의적인 삶을 대변하는 상징들이 있다.

벌

리타의 삶에서 벌과 관련한 일화는 여러 차례 등장한다.[13]

첫 번째 일화는 리타가 신생아 때 생긴 일이다. 신생아 시절, 하루는 부모가 일터에서 돌아와 보니, 요람에 누운 아기 리타에게 흰 벌들이 아기의

13 Cf. Cristina Siccardi, *Santa Rita da Cascia e il suo tempo* (San Paolo Edizioni, Milano 2004³[2014]), 192-199; Agostino Trapè, *Santa Rita e il suo messaggio*, 24.

입속을 들락날락하며 꿀을 날라다 아기에게 먹여주는 게 아닌가! 너무도 놀라 아기를 살폈으나, 아기의 연약한 입술에는 아무런 상처가 없어 '놀라운 일(기적)'이라고 생각했다.

두 번째 일화는 어떤 상처 입은 농부가 아기 리타를 구하려고 벌들을 쫓고 보니 자신의 상처가 모두 나아 있었다고 한다.

세 번째 일화는 그녀가 오랫동안 병상에 누워 있다가 임종이 다가오자, 어디선가 검은 벌들이 날아와 그녀의 병상을 지켰다고 한다. 벌들은 침상 주변을 날며 임종까지 지킨 후에 떠나갔다.

포도나무

리타가 수련기 때, 원장은 뒤늦게 수도 생활을 시작한 리타의 순명 서약을 시험하려고 수도원 안뜰에 있는, 말라 죽어가는 포도나무에 매일 물을 주라고 했다. 리타는 원장이 시키는 대로 순명했다. 그러나 마른 장작처럼 죽어가던 포도나무가 생명을 되찾아 열매를 맺어 주었다. 불가능하다고 생각했던 일상을 기적으로 바꾸어 놓은 리타 때문에 '불가능을 가능케 한 성녀'가 되었다.

장미

1456년 겨울, 리타는 생의 거의 마지막 순간을 지나고 있었다. 병은 깊었고, 때마침 방문한 사촌 여동생에게 전에 살던 집 마당에서 장미 한 송이와 무화과 열매 두 개를 따다 달라고 청했다. 자기에게 친절을 베풀어준 동료 수녀에게 감사의 선물로 주고 싶다고 했다. 사촌은 한겨울에 장미와 무화과를 따다 달라는 리타가 극도의 고행으로 몸이 쇠약해져 정신까지 혼미해졌다고 생각했지만, 죽어가는 사람의 청이라 시키는 대로, 로카포레나에 있는 그녀의 고향 집으로 갔다. 사촌은 리타의 채소밭에서 그녀가 말한 대로, 장미 한 송이가 피어 있는 것도 놀라운데, 무화과 열매 두 개가 나무에 매달려 있는 것이 아닌가! 사촌은 그것들을 가져다 리타에게 주었고, 리타는 남편과 아들의 영혼이 구원받았다고 생각했다.

이렇게 리타를 상징하는 것들은 거창한 것도, 찾기 힘든 것도 아니다. 그녀가 일상 안에서 늘 만나던 것들이다. 그것은 주어진 환경에서 거룩하게 살아낸 사람만이 환경도 거룩하게 만들 수 있다는 것을 말해준다.

V. 21세기에 다시 만나는 성녀 리타의 영성

리타는 시대적으로나 사회적으로 또는 한 개인으로 놓고 볼 때, 여러 면에서 고단하고 험난한 인생을 살았다. 여성으로 감당하기 어려운 시대와 사회의 삶을 살았고, 아내로 엄마로도 인간이 겪을 수 있는 최고의 고통을 온몸과 마음으로 직면해야 했다. 연이은 가족들의 죽음과 사회 통념을 거스른 데 따른 '낙인'은 세상에서 맛본 충분한 지옥의 경험이었다. 그녀에게 일상은 지옥의 한가운데를 걸어가는 것이었다. 그런 '어둠의 골짜기'에서 그녀는 하느님을 향한 강한 의탁과 희망을 보여주었다. 엄청난 고통의 현장에서 닥치는 모든 상황을 오로지 '신앙의 힘'만으로 풀어냈다.

이 장에서는 이런 그녀의 삶을 통해 지금도 식지 않는 그녀를 향한 공경, 그것도 아래서부터 시작된, 민중들 사이에서 널리 알려진 그녀에 대한 영성과 600년의 간격을 뛰어넘어 오늘날 그녀가 우리에게 어떤 의미로 다가오는가? 에 대해 몇 가지로 구분하여 살펴보기로 한다.

1. 그냥 살아가는 것의 위대함

'영성이란 무엇인가?'라고 했을 때, 흔히 '신비', '은수자', '하느님 앞에 엎드리기' 등 관상적인 삶을 떠올리기가 쉽다. 역동적이고 치열한 삶의 현장과는 조금 동떨어진 듯한 느낌이 들곤 한다. 그러나 리타를 통해서 드러나는 영성과 초월성은 그 개념이 달라지는 것을 알 수 있다.

그녀는 '하느님 앞에 엎드린다'라는 것을 '모든 사람' 앞에서 자신을 낮추는 것에서부터 출발했다. 부모, 남편, 자녀, 가문과 수도원 가족들에 이르기까지 만나는 모든 사람 앞에서 자신을 낮추고 경청함으로써 일상에서 신앙인의 자세를 보여주는 한편, 그들이 하느님 안에 머물 수 있도록 인도했다. 그로써 사회적인 변화까지 시도했다. 그녀에게 영성 생활이란 일상생활이었고, 만나는 모든 사람을 통해 하느님의 현존을 발견했다. 뭔가 해야만 일상이 특별해지는 것이 아니라, 그녀 때문에 일상의 매 순간이 특별하다는 걸 알게 된다. 존재하는 것만으로 우리의 일상은 이미 특별하고, 매 순간이 카이로스의 순간이다. 구원의 역사는 십자가 사건으로 이미 시작되었기 때문이다. 그렇기에 리타는 일상에서 끊임없이 초월적인 가치를 발견하고 살아냈다고 할 수 있다.

리타에게 일상의 모든 순간은 반복되는 십자가 사건이었고, 부활을 기다리고 희망하며 살았다. 그녀에게 초월적인 가치는 이 세상의 어떤 관습과 신념보다 '하느님 안에 머무름'이었고, 그것을 위해서 잠시 지나갈 이승의 고통도 견딜 수 있었다. 그녀가 아이들 손에 살인자의 피를 묻히고, 죽음의 사슬을 연장하여 세상에서 이미 맛본 지옥을 죽어서도 계속되는 걸 용납할 수 없었던 이유라고 할 수 있다. '차라리'를 외치며 절규하던 엄마의 뜨거운 눈물이 가족들의 영혼을 구한 것이다. 이 점은 인간적인 사랑의 측면보다는 가치관의 문제로 접근해야 이해할 수 있다. 영혼의 돌보미로서 모성애를 통찰하게 되면, 그리스도교의 영성과 초월성을 통찰할 수 있기 때문이다. 세속화와 인간적인 한계상황에서는 도저히 납득 할 수 없지만, 신앙 안에서는 모든 것이 가능하다. 그런 점에서 파올로가 '증오의 희생자'라면, 두 아들은 '사랑의 희생자'라고 할 수 있다.

리타는 자신의 힘으로 도저히 안 되는 것을 붙잡고 공멸하기보다는, 모든 것을 내려놓음으로써 모두를 살리는 길을 선택했다. 사람이 살다 보면 안 되는 일이 너무도 많은데, 그런 상황에서 내려놓을 줄도 알아야 하고, 모든 것을 하느님께 맡기고 그분의 결정에 순명할 줄도 알아야 한다는 것을 온 생애를 통해서 보여주었다.

오늘날 우리 사회의 많은 문제가 가정에서 비롯되곤 한다. 가정 문제는 사회문제의 불씨가 되고, '죽음의 문화'를 양산하는 온상이 되곤 한다. 가족 안에서 '사랑'이란 이름으로 집착과 폭력이 자주 등장하고, 잘못된 사랑의 관계에서 모든 문제가 발생하곤 한다. 리타의 삶은 가정 공동체에서 식별이 얼마나 중요한지를 알게 해주고, 사랑하는 사이일수록 감정이 크게 작용하기 때문에 식별이 더 어렵다는 것도 깨닫게 해준다. 무엇이 잘못인지도 모른 채, 헛된 사랑, 이기적인 사랑이 참사랑인 줄 알고 강요하는 것이다.

그런 점에서 리타의 삶은 복잡한 가정 문제를 푸는 모델이 될 수 있다. 특히 부부 모델과 부모 모델의 좋은 사례라고 할 수 있다. 아내가 남편의 소유물이 아니고 남편 역시 아내의 소유물이 아닌 것처럼, 자녀도 부모의 소유물이 아니다. 하느님께서 잠시 맡기신 보화이기 때문에 그분께서 되찾아 가실 때까지 잘 보살피는 것 외에 결코 훼손해서는 안 된다. 리타는 일상에서 영성, 초월성의 개념을 다시 쓴 여성이라고 할 수 있다.

2. 분노와 보복을 끊고, 화해를 이루어야 하는 이유

인간이 사회적 동물인 이상, 소속된 어느 공동체에서나 다양한 문제가 발생하는 건 당연한 일일 것이다. 가정과 사회와 국가 공동체에 이르기까지, 상황에 따라서 직면해야 하는 많은 문제가 있다.

리타는 사회적인 분노와 보복이 반복되고, 그것이 사회 통념으로 자리잡고 있던 시대에 살았던 사람이다. 남편의 비명횡사 앞에서도 평정심을 유지할 수 있었던 것은 그녀가 하느님 안에 머무르고 있었기 때문이다. 그녀는 모든 문제를 푸는 열쇠를 십자가에서 찾았다. 그녀가 분노와 보복의 방식에 맞서고, 악의 고리를 끊고 화해를 이룩할 수 있었던 것은 '십자가의 방식'을 선택했기 때문이다. 그렇게 사회 통념에 조용히 행동으로 맞섰다. 정치적인 이슈에 따라 긴장된 상태가 계속되는 사회구조 속에서 당연한 일로 받아들여졌던 보복과 살인의 순환에서 리타는 전혀 다른 길, '용서의 길'을 선택한 것이다. 그것은 아무도 가지 않았고, 지지해 주지 않은 낯선 길이었다. 하지만 리타는 그것만이 더 나쁜 상황을 피할 수 있는 길임을 잘 알고 있었다. 그 길이 아니었더라면, 파올로를 죽인 사람들이 그의 아들들도 살려두지 않을 것이고, 그러면 만치니 가(家)와 살인자 가문이 서로 죽고 죽이는 증오의 고리가 끝없이 이어졌을 것이라는 더 큰 두려움이 그녀를 괴롭혔을지도 모른다. 거기에 리타는 행동으로 '아니'라고 대답했다.

보복은 '죽음의 구조'다. 그런 구조에 하느님이 있을 리가 없다. 그것을 식별할 수 있었던 것은 그녀가 끊임없이 하느님을 찾고 갈구했기 때문이다. 그녀에게 이 세상의 권력과 힘과 부는 아무런 의미가 없었다. 그래서 사회의 비난 속에서도 리타가 십자가의 혁명을 실천할 수 있었다. 그녀는 십자가 혁명의 참 의미를 알고 있었기에, 십자가를 통한 저항을 할 수가 있었다. 십자가를 묵상하는 가운데 하느님의 방식을 알았고, 그것을 자신의 삶 속에서 혹독한 대가를 치르면서 실천했다.

오늘날 우리 사회는 세계화와 함께 전통주의와 다원주의로 성(性), 세대, 빈부 등 여러 계층에서 심한 격차를 느끼며, 거기에서 오는 사회적·개인적 피로감에 시달리고 있다. 거기에 소비자본주의의 여파로 생명 경시 현상이 확산되면서 죽음의 문화가 개인의 영성 생활까지 잠식하고 있다. 현대 서구의 민중들 사이에서 성녀 리타가 더욱 부각 되는 이유는 이런 세계적인 사회현상과 절대 무관하지 않다고 생각된다. '영혼의 돌보미'로 모성애를 발휘하여, 궁극적으로 얻어야 하는 게 무엇인지를 파악하고 그 길을 흔들림 없이 걸었다. 죽음이 만연한 세상에서, 끝없이 죽음을 부추기는 사회적인 맥락에서 그녀의 삶을 반추하고 찾는 것은 그녀의 이런 영웅적인 자세 때문일 것이다.

3. 꿀벌에서 장미까지

카쉬아의 성녀 리타를 이야기할 때, 흔히 자연주의 색채를 떠올리곤 한다. 그녀가 돌보았던 것은 가족 구성원들만이 아니라, 채소밭과 주변 환경도 있었다. 특히 그녀의 삶과 연관된 세 가지 자연 구성원, 벌과 포도나무와 장미는 신학적인 면에서도 부각할 만하다. 그녀가 가정생활을 할 때나 수도 생활을 할 때, 그녀는 자연의 소리에 귀를 기울이고 그 안에서 생명의 주인이신 하느님을 만나려고 했다.

먼저, 벌이다. 그녀의 삶에서 벌은 중요한 하나의 징표로 흰 벌과 검은 벌이 태어날 때와 죽을 때, 이승의 삶을 시작하고 마치는 데 동행자가 되어 주었다. 그리스도교에서 벌은 열정, 순수, 지혜, 온순, 근면, 노동을 상징하며, 화목한(달콤한) 공동체를 의미하기도 한다. 프랑크 왕국 시절에는 귀족의 상징이었고, 벌이 가진 6개의 다리는 6개의 바퀴에서 새어 나오는 빛줄기로, 태양을 상징하며, 그리스도교 향주삼덕 중 '희망'을 의미했다. 벌을 상징으로 둔 성인들로는 카쉬아의 성녀 리타 외에도 성 암브로시우스와 성 요한 금구가 있다.

둘째, 포도나무다. 그리스도교에서 포도나무는 이스라엘 자손의 표징이며, 메시아 나무는 때로 구약성경에서 포도나무로 표현되곤 한다. 포도나무가 가리키는 의미는 흔히 기쁨, 생명, 믿음, 즐거움, 충만함, 성숙, 지혜, 풍요, 번영, 다산, 축복(민수13:25; 신명6:8; 1마카14:2; 1열왕5:5; 창세49:11) 등을 상징한다. 포도나무는 팔레스타인 기후에 잘 적응하는 식물이고, 동방에서는 인간의 생명을 덩굴 잎과 동일시할 정도였다.

한편 포도주는 예수님 최후의 만찬과 십자가의 희생에서 그리스도의 피와 같은 뜻으로, 그리스도인의 삶의 중심을 차지한다. 종종 기름과 함께 구원의 상징으로 간주하기도 했다. 착한 사마리아인은 기름과 포도주를 상처에 부었고, 기름과 포도주를 낭비하지 않았다(묵시록 6:6). 기쁨, 혼인잔치, 계약의 상징이다(요한 2:1-12; 마태 26:1-72). 이와 더불어 포도 열매는 하느님 사랑의 넘치는 희생과 풍요를 말하고, 포도밭은 하느님의 축복받은 백성을 가리켰다. "풍성한 포도밭은 이스라엘이고, 많은 열매를 맺으리라"(호세 10:1). 리타가 죽어가는 포도나무를 지극정성으로 돌보았던 건 하느님의 피조물에 대한 성녀의 피아트(Fiat, '예'라는 응답)였고, 거기에 하느님은 새 생명을 불어넣어 응답해 주셨다.

끝으로 장미다. 장미는 관상과 신비의 상징이고, 우정과 부활의 상징이며 마리아를 상징하기도 한다. 그리스도교 신비주의 도상학에서 장미는 아름다움, 향기, 신비, 붉은색을 상징하고, 고대에는 사랑을 의미하여, 그리스도의 피를 담은 잔을 가리켰다. 단테는 『신곡』에서 마리아를 성배와 천상 장미(Candida Rosa, '순백의 장미'라는 뜻)라는 이름으로 노래했고, 성모 호칭 기도문에서 신비로운 장미로 삽입되기도 했다.

중세기 장미는 동정녀의 속성으로 간주했고, 지성소(nimbo)에서 다섯 개의 장미꽃잎은 식별의 표징이었다. 로마네스크와 고딕 양식의 성당에서 장미창은 후광과 연관이 있고, 메소포타미아와 시리아 및 콥트 교회에서 사용하던 태양의 바퀴, 미덕의 원, 천사와 순교자들의 성덕을 의미했다. 때로는 정의의 태양이신 그리스도를 가리키기도 했다. 장미창이 영원한 태양이신 그리스도의 모노그램을 둘러싸고 있을 때, 그것은 천상 도시에서의 영생에 대한 희망을 상징했다.

장미는 성인들, 그중에서도 특별히 성녀들을 가리키는 것으로 사용했다. 카쉬아의 성녀 리타 외에도 부르고스의 성녀 카실데, 성녀 도로테아, 헝가리의 성녀 엘리자베스, 포르투갈의 성녀 엘리자베스[14], 팔레르모의 성녀 로살리아, 리마의 성녀 로사, 비테르보의 성녀 로사, 리지외의 성녀 테레사 등과도 깊이 연관되어 있다.

우리 시대는 여러 면에서 환경위기(재앙)가 현실화하고 있다. 카쉬아의 성녀 리타를 통해서 인간과 자연의 관계를 보게 되고, 코비드19 팬데믹 시대를 지나고 있는 우리로서는 결국 인간의 삶을 완성하는 것은 자연과

---

14 빵이 장미로 변했다는 이야기는 엘리자베스와 성 디에고 디 알칼라의 전기에서 중요한 부분을 차지한다. 빵과 장미는 둘 다 신학적인 의미가 풍성하다고 할 수 있다.

의 관계 속에서라는 것을 깊이 의식하지 않을 수 없게 된다. 환경과 생태 문제는 인간이 관심을 가지고 안 가지고의 문제가 아니라, 인간을 이해하고 바라보기 위한 척도로서 '필수' 잣대로 작용한다는 것을 알 수 있다.

그녀의 생애를 통해 만나게 되는 자연주의 요소인 벌, 포도나무, 장미 등은 환경에 민감한 생명들이고, 위기(재앙)에 대해 범 형제애의 시각으로 바라보게 한다.

VI. 시대를 넘는 대화

이탈리아는 물론 이베리아반도와 남미의 여성들 사이에서 대대손손 회자 되어 온 성인이 카쉬아의 성녀 리타다. 그리스도인 여성이 사회적 존재로 기능하는 모든 길을 걸어간 분이다.

리타가 살았던 다양한 존재론적인 측면은 오늘날 모든 그리스도인, 현대 여성에게서 더욱 요구되는 부분이다. 동시에 각 측면에서 직면하게 되는 여러 가지 어려움을 어떻게 극복했는지를 엿볼 수 있는 좋은 이정표가 되기도 한다. 부부관계, 부모 자녀 관계, 수도 생활에서 겪게 되는 여러 가지 문제를 들여다보게 된다.

흔히 사랑으로 모든 문제를 해결할 수 있다고 생각하지만, 실제로 사랑 자체가 문제를 만들기도 한다. 가장 깊은 상처는 대개 가족관계 안에서 형성되고, 가정이라는 울타리는 성인도 길러낼 수 있고 범죄자도 길러낼 수 있는 장(場)이라는 것도, 잘 알려진 사실이다. 따라서 앞서 언급한 긴밀한 관계일수록 더욱 깊은 신앙이 요구되는 것이다. 우리는 그것을 리타를 통해서 보게 된다.

그녀가 태어나던 1300년대 말의 이탈리아반도는 그 세기 중반(1348~1351년)기에 겪은 페스트 팬데믹의 여파로, 대도시를 중심으로 공국이 형성되고, 큰 가문이 한 도시를 통치하고 대변하던 시대였다. 밀라노의 토리아니(Torriani)와 비스콘티(Visconti) 가(家), 베로나의 스칼리제리(Scaligeri) 가, 피렌체의 메디치(Medici) 가가 그 대표적이다. 카쉬아는 지리적으로 상업적으로 밀라노, 피렌체, 폴리뇨, 트리폰조와 남부의 치타레알레, 아퀼라, 나폴리로 노새 상인들의 교류가 많았던 교통의 요지였다.[15]

그러다 보니 정치적인 영향을 많이 받았고, 어느 가문이 정권을 잡고, 어느 편에 서느냐, 즉 교황 편에 서느냐, 황제 편에 서느냐가 매우 중요했을뿐더러, 그로 인해 서로 다투는 것이 일상이었다. 엎친 데 덮친 격으로 1328년 카쉬아에 닥친 지진은 도시를 송두리째 파괴했다. 그런 증오와 분열의 한가운데서, 지진과 다툼의 잿더미 위에서 하느님은 글도 모르는 가난한 농부 집안에서, 아무것도 내세울 것 없는 산골 여인 리타를 선택하여 당신의 뜻을 이루었다고 할 수 있다.[16]

리타에 관한 기록은 문서 자료보다는 증거와 증언들이 대부분을 차지했다. 그녀를 중세기 말을 대표하는 신비주의자로 분류하는 것도, 그녀를 '십자가 앞에서 기도하는' 모습으로 그리는 것도, 실제로는 그리스도 십자가를 삶의 중심에 두고, 시대를 거슬러 가장 역동적으로 살았기 때문이다.

백성들의 요청으로 1626년 7월 16일 교황 우르바누스 8세(Urbanus VIII)는 리타를 복자품에 올렸다. 그리고 거의 3세기가 지난 뒤인 1900년 5월 24일, 시대적으로 산업혁명의 여파로 여성들의 권리가 부각 되고 사회적으

---

15 Agostino Trapè, *Santa Rita e il suo messaggio*, 101 참조.

16 Cristina Siccardi, *Santa Rita da Cascia e il suo tempo*, 7-24 참조. 사실 이후에도 1599년에 다시 한번 강한 지진으로 마을이 송두리째 파괴되었고, 1703년에는 대화재로 그나마 있던 자료마저 모두 소실되고 말았다. 성녀에 대한 기록이 남아 있지 않은 이유이기도 하다.

로 '여성의 지위'라는 것이 대두되던 시절에 최초의 사회교리서『새로운 사태』를 반포한 교황 레오 13세(Leo XIII)가 그녀를 성인품에 올렸다.

HADEWIJCH
STROFISCHE GEDICHTEN

하데위히의 사행시
(Literatuurmuseum,Wiki)

카쉬아의 리타는 여러 면에서 참으로 긴 세월을 불우한 처지에 있었다. 그러나 그녀의 삶에서 그런 처지는 한없이 작아 보인다. 하느님께 깊이 닻을 내리고 있었기 때문에 절대 분노하지 않았고, 자기를 넘어 사회적인 보복의 고리를 끊을 수 있었다. 십자가를 향해 시선을 고정하고 있었기에 좌절하거나 실망하지도 않았다. 역경에 직면하여, 극복하는 방식과 방법을 언제나 십자가의 신비에서 찾았기에 그녀와 우리 사이에 놓인 600년이라는 시간을 거슬러 우리에게도 새로운 길이 될 수 있는 것이다. 리타는 하느님의 독생자가 인류의 죄를 대신하여 십자가에 매달렸다는 사실 하나만으로도 인간이 극복 못 할 좌절은 없다고 생각했다. 그녀의 기도는 끝이 없었고, 성실하고 진지했다. 그녀에게 불가능한 일이 없었던 것은 전지전능하신 하느님 안에서 문제를 해결하려고 했기 때문이다. 그래서 좌절하는 사람, 절망에 빠진 사람들에게 꿈과 희망을 보여주었다.[17]

---

17 특히 존재의 조건에서 힘들어하는 사람들이 그녀를 많이 찾는다. 마약에 빠진 자녀를 둔 부모, 원하지 않는 동성애자, 외국인 여성, 매춘부 등 대부분 주변인으로 살아가는 여성과 부모, 수도자들의 수호자로, 그녀가 살았던 발레리나(Valnerina) 골짜기는 '눈물의 골짜기'가 되어 매년 1백만 명 이상의 순례객이 찾는 성지가 되었다. https://digilander.libero.it/raxdi/index.htm

카쉬아의 성녀 리타 연표

1381년	카쉬아, 현 로카포레나 마을에서 출생
~1394년까지	딸로서 리타의 삶
1395년	14세, 파올로 디 페르디난도 디 만치니와 결혼
1413년	남편 파올로가 살해됨
1413~1417년	과부 리타
1417년	36세, 수도원 입회
1432년	가시관의 상처 받음
~1457년	76세, 수도자 리타로 살다가 1457년 5월 22일 선종

마녀로 화형된
성녀 잔 다르크의 영성

| 방영미 |

잔 다르크(1412~1431)

마녀로 화형된 성녀 잔 다르크의 영성

방영미

한가문연 연구위원/가톨릭평론 편집위원

I. 역사적 배경

잔 다르크(1412~1431)는 우리가 그녀를 언제 접했는지에 따라 평가가 달라지는 인물이다. 어린 시절 위인전으로 접한 한국인들에게 잔 다르크는 프랑스의 유관순과 같은 이미지다. 어린 나이에 온몸을 바쳐 조국에 헌신하고 그로 인해 적에게 죽임을 당한 일련의 과정과 결과가 몹시 흡사하기 때문이다. 그러나 나이가 들어감에 따라 우리에게 잔 다르크는 좀 더 복잡한 인물로 다가온다.

유관순에 대한 평가는 정치적 입장에 따라 달라지기 어렵다. 일제강점기란 역사적 배경은 우리가 일방적인 피해자임을 증명한다. 침략당한 게 죄라고 한다면 할 말 없겠지만 약한 것과 나쁜 것은 구분되기 마련이다.

그러나 잔 다르크의 프랑스는 훨씬 더 복잡했다. 근대국가 이전의 영국과 프랑스는 지금 우리가 알고 있는 형태가 아니다. 프랑스는 왕족인 부르고뉴 가와 오를레앙 가의 권력다툼으로 내전 중이었으며, 프랑스의 왕위 계승 문제 때 부르고뉴 가는 영국과 결탁했다. 이런 상황에서 프랑스 샤를 7세는 왕위 계승을 하지 못한 채 영국의 위협을 받고 있었다. 이미 1337년부터 영국과 프랑스는 일명 100년 전쟁 중이었고, 전쟁터가 된 프랑스 영토는 초토화되어 백성들의 삶은 곤궁하고 피폐하기 이를 데 없었다.

이런 전쟁의 와중에 잔 다르크는 태어나고 성장하고 활약하고 죽은, 그야말로 전쟁이란 인류 최악의 비극이 만든 영웅인 셈이다. 그녀는 겨우 10대에 계시를 받았다. 문헌에 따라 13세 또는 16세로 차이는 있으나 어느 쪽이든 국운을 짊어지기엔 지나치게 어린 나이다. 그리고 그녀는 17세부터 본격적으로 전장에서 선봉에 위치한다. 당시 프랑스는 전세가 매우 불리한 상황이었고 프랑스군의 사기 또한 바닥까지 떨어져 있었다. 샤를 7세의 입장에선 극약 처방이라도 써야 할 판이었으나 달리 묘수가 없었다. 이때 구원자로 등장한 인물이 잔 다르크였다.

II. 성녀의 활동

두려움 없이 전장을 누비는 잔 다르크의 행동은 계속된 패배에 전의를 상실한 프랑스군의 사기를 단박에 진작시켰다. 프랑스군의 깃발을 들고 앞장서서 돌격하는 그녀의 기세에 눌려 영국군, 당시 잉글랜드군은 5차례 내리 패배하면서 점령지였던 랭스까지 내주게 된다. 랭스는 프랑스 왕이 대대로 대관식을 올리던 도시로 드디어 샤를 7세의 왕위 계승식을 거행할 수 있게 된 것이다. 샤를 7세는 잔 다르크의 공로를 인정해 그녀의 고향인 동레미의 세금을 면제해 주었다. 그렇다면 잔은 어떻게 농부의 딸인 순박

한 시골 처녀에서 국가 영웅으로 추앙받는 전대미문의 사건의 주인공이
되었을까?

1. 고해성사를 좋아하는 소녀

잔은 프랑스 동부의 시골 마을인 동레미(Domrémy)에서 독실한 가톨
릭 신자인 부모님 아래 5남매 중 막내로 태어났다. 그녀는 형제 중에서도
유난히 신앙심이 깊었는데 특히 고해성사를 대단히 중요하게 여겼다. 그
래서 마을 신부님도 잔이 고해성사를 너무 자주 원한다며 지나치다는 반
응을 했다는 이야기도 있다. 잔의 환시 체험은 이런 신앙심을 바탕으로 한
것이었다.

그녀는 13세 때 잉글랜드군을 몰아내고 샤를의 대관식을 위해 랭스로
가라는 계시를 받는다. 당시 동레미는 잉글랜드와 부르고뉴파를 지지하
는 마을에 둘러싸여 있었던 탓에 잦은 공격에 노출되어 있었다. 따라서 잔
의 마을은 전쟁의 피해를 직격탄으로 입고 있던 터였다. 이런 와중에 잔은
성 미카엘 대천사와 성녀 카타리나, 성녀 마르가리타의 모습과 함께 하느
님의 음성을 들은 것이다.

그러나 잔이 받은 계시를 믿어주는 사람이 없었다. 십자군 전쟁이 한
창이던 때에도 종종 아이들이 전쟁에 나가 싸워서 승리하라는 계시를 받
는 일이 있었다. 이로 미루어 중세 시대에 하느님의 음성을 듣는 일이 아
주 희귀한 체험은 아닌 것으로 보인다. 그래서였는지 잔의 아버지 자크 다
르크는 잔이 계시받은 대로 집을 떠나겠다고 하자 "잔을 돌에 묶어 물에
던져야 한다"라는 말까지 했다고 전해진다. 그만큼 잔이 받은 계시인 "프
랑스를 구하라"는 명령이 터무니없게 들렸다는 얘기다.

2. 세 번의 관문

아버지의 반대에도 불구하고 잔은 샤를 7세를 만나기 위해 보쿨뢰르 지방의 영주 로베르 드 보드리쿠르를 찾아갔다. 영주에게 시농성에 머무르고 있는 샤를 왕세자를 알현하게 해달라고 요청하기 위해서였다. 영주는 잔이 마녀가 아닐까 하고 의심했다. 그래서 잔을 시험해 보고자 구마 의식을 행할 사제를 보냈다. 잔은 사제를 반갑게 맞고는 고해성사를 부탁했다. 잔에 대한 의심을 풀게 된 영주는 결국 잔의 끈질긴 요청과 이에 동조하는 기사들의 뜻에 따라 잔을 샤를이 있는 시농으로 보낸다. 첫 번째 관문이었다.

그러나 샤를 왕세자 역시 잔을 믿을 수 없었다. 그래서 시종에게 자신의 옷을 입혀 왕세자 역할을 하게 하고 자신은 시종으로 변장해 구석에 서 있었다. 이때 잔은 단번에 왕세자로 가장한 시종이 샤를이 아님을 알아본 뒤 사람들 틈에 섞여 있는 샤를을 찾아냈다. 그녀는 샤를 앞으로 와 예를 갖춰 인사했다. 그래도 샤를의 측근들은 잔이 마녀라고 계속해서 주장했다. 이에 샤를은 잔을 다시 푸아티에로 보내 성직자들의 심문을 받게 했다. 잔은 성직자들에게 자신의 사명을 증명할 곳은 푸아티에가 아니라 오를레앙이라고 답변하는 등 진실한 언변으로 이단을 가리는 심문을 통과했다. 두 번째 관문이었다.

그렇게 샤를의 승인을 받은 잔은 일군의 기사들과 함께 오를레앙에 도착했다. 당시 잉글랜드군은 오를레앙만 함락시키면 그다음은 일사천리로 진격해 프랑스와의 긴 전쟁을 끝낼 수 있다고 판단했다. 따라서 프랑스군 입장에서도 오를레앙은 빼앗기면 안 되는 마지막 보루였다. 그러나 현지 사령관은 잔의 지휘 능력을 믿지 않았다. 그녀는 작전회의에 참석하지 못했고 교전이 일어나도 연락받지 못했다. 1429년 5월 4일 저녁, 잔은 갑자기 벌떡 일어나 잉글랜드를 공격해야 한다고 말한 뒤 무장하고 나섰다. 이미 교전이 벌어진 상태였으나 잔에게 알리지 않았던 것이다. 그녀는 프랑스군의 깃발을 들고 전장을 누비며 사기를 진작시켰고 이 전투에서 승리했다. 세 번째 관문이었다.

3. 샤를 왕의 견제

잔의 활약으로 6개월 넘게 교착생태였던 오를레앙을 단 이틀 만에 회복했다. 긴 싸움과 계속된 패배로 무기력에 빠졌던 프랑스군은 잔의 두려움 없는 열정과 신념에 자극받았고 용기를 얻었다. 그녀는 주위의 만류에도 불구하고 쉬지 않고 파죽지세로 잉글랜드군을 공격하여 연이은 승리를 거뒀다. 그리고 마침내 7월 16일 프랑스군은 잉글랜드와 부르고뉴파

연합에 속했던 랭스의 성문을 열었다. 다음날 샤를 7세의 대관식이 거행되었다. 샤를 왕이 공식적인 프랑스의 왕으로 즉위했음을 알리는 신호였다. 이때가 1429년 7월 17일, 고작 잔 다르크가 전장을 누비기 시작한 지 두 달 좀 넘는 기간이었다.

문제는 잔의 대중적 인기가 너무 높아지면서 시작되었다. 샤를 왕은 공공연히 군을 후퇴시키거나 전쟁을 지연하는 형태로 잔의 계획을 무산시켰다. 정식으로 대관식을 치른 샤를 왕은 전쟁보다는 협상을 원했다. 그리고 잔의 높은 인기도 점차 부담되었다. 결국 잔은 프랑스군의 지원 없이 부르고뉴 군과 싸우다 1430년 5월 23일 체포된다. 부르고뉴 공작은 굳이 잔을 죽여 영웅을 만들 생각이 없었다. 그러나 샤를 왕은 잔을 구하려는 그 어떤 시도도 하지 않았다. 당시 전쟁 포로는 비슷한 지위의 사람과 맞교환하거나 보상금을 주고 데려오는 것이 관례였지만 샤를 왕은 아무 움직임도 보이지 않았다.

4. 이단 재판을 요구한 파리대학교

잉글랜드 편이었던 파리대학교는 부르고뉴 공작에게 잔 다르크를 종교재판에 넘길 것을 요구했다. 잔의 이단 시비를 가리자는 것이었다. 파리대학교는 당시 신앙 문제를 주관하던 곳으로 잔이 이단이거나 마녀라고 밝혀지면 그녀의 도움으로 프랑스 왕이 된 샤를 7세의 정통성을 문제 삼을 수 있었다. 상황이 이런데도 샤를 왕은 아무런 움직임을 보이지 않았고 부르고뉴 공작의 보상금 협상에도 응하지 않았다. 결국 잔 다르크는 1431년 1월 3일 잉글랜드 국왕과 보베 주교의 이름으로 1만 프랑에 넘겨져 교회 법정에 서게 되었다.

잔은 재판에 앞서 미사 참석을 희망했으나 거부당했다. 그리고 그녀가 탈출을 시도한 뒤로는 나무토막에 묶이거나 족쇄가 채워지는 등 감옥 환경이 더 나빠졌다. 보베의 코숑 주교는 파리대학 교수들과 루앙교구의 주교, 수도자, 성직자들을 포함해 70명의 배석판사를 세웠다. 코숑 주교는 전문 신학자들로 이뤄진 이단 심문단을 꾸려 잔을 심문하는 만큼 잔이 마녀 혹은 이단임을 어렵지 않게 증명해낼 것이라 예상했다. 그러나 뜻밖에도 나이 어린 시골 소녀에 문맹자인 잔은 함정으로 파놓은 질문들 앞에서 당당하고 지혜롭게 답변했다.

네가 하느님의 은총을 받고 있느냐?
만약 제가 은총 아래 있지 않다면 하느님께서 제게 은총을 베풀어 주시기를 바랍니다. 그리고 만약 제가 이미 은총 아래 있다면 하느님께서 제게 계속 은총을 주시기를 바랍니다.

자신을 마녀로 몰아가려는 종교재판관들을 상대로 이런 대답을 할 수 있다니, 이거야말로 글도 모르는 19세 소녀가 일으킨 기적이라 할 만하다. 이처럼 쉽게 꼬투리를 잡히지 않는 잔의 대응으로 종교재판은 길어졌고 별의별 질문이 다 쏟아졌다.

성 미카엘의 몸에 털이 나 있더냐?
그럼 밀어버리기라도 해야 한다고 생각하시나요?

천사의 목소리를 얼마나 자주 듣는가?
제가 필요한 때에 못 들은 적은 한 번도 없습니다.

그대가 목격했다는 천사들이 옷을 입고 있던가?

주님께서 천사들에게 옷을 입힐 능력이 없다고 생각하시나요?

성녀 마르가리타는 프랑스어로 말하던가?

성인들이 잉글랜드 편도 아닌데 왜 영어를 쓰겠습니까?

그분께서 잉글랜드를 미워하신다는 말인가?

저로서는 하느님께서 잉글랜드인을 미워하는지 사랑하는지는 잘 모르겠으나, 그분께서 잉글랜드인들을 프랑스에서 쫓아내시리란 것만은 압니다.

잔의 예언대로 프랑스의 샤를 7세는 1453년까지 잉글랜드에 빼앗겼던 대부분의 프랑스 땅을 되찾았고 이로써 100년 전쟁은 117년 만에 막을 내린다.

5. 마녀로 화형당한 잔

1431년 5월 30일 잔은 마녀라는 죄목으로 화형을 당했다. 그녀가 마녀인 증거는 남자 옷을 입었다는 것, 이미 잔은 "옷보다 중요한 것은 주님의 일을 하는 것"이라고 답변한 바 있었다. 그러나 재판관들은 달리 잔에게서 이단성을 찾지 못했고 결국 당시 가치관에 어긋나는 남장을 문제 삼아 마녀라고 판정했다. 5개월간의 감옥생활과 심문으로 잔은 허약해질 대로 허약해진 상태였다. 잔이 이대로 감옥에서 병사라도 하게 되면 그녀는 프랑스의 국민 영웅으로 숭앙받을 것이었다. 이를 두려워한 잉글랜드 측은 잔의 화형식을 서둘러야 했으며 이에 코숑 주교는 다음과 같은 판결문을 작성했다. "잔은 이교의 사탄이 스며든 신체 부위와 같아 다른 부위에 독성이 퍼지기 전에 교회라는 몸체로부터 끊어내야 한다."

잔의 죽음이 전해지자 프랑스 전역이 슬픔에 잠겼다. 만약 잔이 종교 재판에서 그렇게 현명하고 다부지게 대응하지 못했다면 어땠을까? 잉글랜드 입장에선 잔이 어리숙하고 미숙했다면 굳이 잔을 죽이기까지 하진 않았을 것이다. 프랑스의 국민 영웅을 조롱하고 망신 주는 것이 프랑스와 샤를 7세에게 더 치명적일 테니 말이다. 그러나 잔은 잉글랜드 측의 예상과 달리 현명하고 지혜롭게 종교재판에 임했다. 신학 논쟁에서도 절대 밀리지 않는 잔, 글을 알지 못하는 소녀라고 상상할 수 없는 그녀의 답변에 종교재판을 연 주최자들은 도저히 잔을 살려둘 수 없게 된 것이다.

Ⅲ. 잔 다르크 영성의 특징

어떤 기억도 객관적이라고 말할 순 없겠으나 잔 다르크에 대한 기억은 특히나 더 그랬다. 그녀에 대한 기억은 1456년 명예 회복 재판에도 불구하고 그 기억이 극단적으로 엇갈린다. 샤를 7세는 백년전쟁을 프랑스의 승리로 끝내고 나서야 잔 다르크의 명예 회복을 시도했다. 그는 교황청에 잔의 복권재판을 요청했고 교황청은 몇 년간의 증거수집과 생존자들의 증언을 종합하여 잔에게 무죄라는 결론을 내렸다. 이후 교황청에 의해 1909년 복자로 시복되었으며 1920년 성인으로 시성되었다.

1. 사회적 영성

잔 다르크에 대한 평가는 프랑스 내에서 격하게 요동쳐왔다. 정치적 입장에 따라 시대의 변화에 따라 그녀는 변화무쌍하게 평가가 달라졌다. 외국인의 입장에서 보면 프랑스의 역사적 맥락을 잘 모르는 경우 적잖이 당황스럽다. 어릴 적 위인전의 그녀는 구국의 수호신이며 하느님의 부르심에 순명한 성녀 아니었던가? 그러나 막상 잔 다르크에 대한 연구논문들은 그녀가 시대의 풍랑 속에서 얼마나 많은 부침들을 겪으며 영웅과 성녀와 마녀를 오갔는지 그리고 그때마다 사회에서 요구하는 이미지가 어떻게 만들어져 왔는지를 말한다. 그러니까 역사적 실체는 묻힌 채 정치적 격변속에서 사회적 이미지만 남은 상징적 인물, 즉 신화의 주인공이 돼버린 것이다.

한편 그녀가 문맹이었다는 사실은 지식인, 특히 여성 지식인을 폄하하고 여아들에게 실용교육과 도덕교육을 강조하여 여성의 가정적 역할을 주입하는 데 이용되었다. 이때 잔의 처녀성이 유달리 강조되었는데, 문제는 모성, 다산, 가정의 가치와 잘 어울리지 않는 이 처녀성이 비시 정부(1940년 프랑스가 독일에 항복한 후 세운 친독 정권)의 교과서에서 충돌을 일으켰다는 것이다. 교과서 삽화에서 어린아이들에게 둘러싸인 자애로운 대모의 모습은 잔이라기보단 잔의 어머니 이사벨 로메를 연상시킨다. 5남매를 낳고 독실한 신앙심을 잔에게 길러준 이사벨 로메는 생전에 잔의 복권을 위해 교황청에 직접 호소하는 등 딸의 명예 회복을 위해 헌신적으로 노력했다. 그래서 잔의 고향인 동레미에는 이사벨 로메의 동상이 세워졌다.

2. 이중적 영성

잔의 이미지는 이처럼 이중적이었다. 조신하고 순종적인 현모양처로서의 잔이 있었고, 다른 한편으론 여성성과 모성마저 희생해가며 남장을 하고 무장한 채 용감하게 싸우는 슈퍼우먼 또는 남성화된 잔이 있었다. 잔에 대한 평가 역시 극과 극을 오갔다. 잔의 생존 시에도 "예언자를 자처하는 남장을 한 처녀가 우매한 민중을 현혹하여 마치 성녀처럼 떠받들어지고 있다."라는 평가가 있었다. 그녀의 진정성은 살아 있을 때부터 의심받았으며, 죽어서는 정권 내지는 시대적 조류에 따라 가공되었다.

성백용의 연구에 따르면 잔은 죽은 직후부터 맹랑한 동화의 주인공이 되었다고 한다. 예를 들어 잔이 독일 태생의 왕비 이자보와 시동생인 오를레앙 공작 루이의 간통으로 태어난 사생아라든가, 심지어 한 세기 뒤에는 오를레앙 공작의 사생아인 장의 정부였다는 풍문이 꼬리를 물었다. 더 극적으로는 잔이 불길 속에서 살아났다거나 실제로 화형당한 여자는 잔이 아니라는 소문까지 떠돌았고, 1436년에는 잔을 사칭하는 여인이 나타나

친형제들에게까지 진짜로 인정받고서 4년 동안이나 버젓이 사기행각을 벌이기도 했다니, 이 정도면 잔이 실존 인물인지조차 의심받을 만하다. 대체 왜 이렇게 되었을까?

3. 영웅적 영성

잔 다르크가 오늘날 우리에게 알려진 대로 프랑스의 국민 영웅이 된 시기는 1차 세계대전의 발발로 프랑스를 통합할 상징물이 필요해지면서이다. 시골 마을인 나자렛에서 목수를 양부로 둔 하찮은 신분의 예수가 유다 민족의 구원자일 리 없다고 생각했던 당시 이스라엘 백성을 생각하면 쉽게 이해된다. 잔이 전쟁에서 공을 세운 뒤 샤를 7세에 의해 잔의 가문이 귀족 신분으로 상승하지만, 잔의 출신 성분이 농부의 딸이라는 것과 그녀가 양치기 소녀였다는 과거가 바뀌지는 않는다. 그래서 교회나 프랑스 왕정은 잔의 활약상보다는 잔을 통해 프랑스를 구하신 신의 뜻을 부각했다. 이 연장선에서 잔의 체포 및 화형은 잔이 신의 뜻이 아닌 자신의 고집대로 전투를 벌이다 벌을 받았다는 논리를 성립시킨다.

그러나 적과 싸워야 하는 전쟁터에서 수호신의 역할은 간절하고 절대적인 것이었다. 잔은 목숨이 일각에 달린 최전선에서 신의 가호와 계시를 상징하는 수호신이었다. 병사들은 참호 속에서 대검으로 잔의 목각상을 만들며 전쟁의 두려움과 괴로움을 달랬다. 이처럼 잔의 이미지는 국가 간의 전쟁을 거치면서 그간 분분했던 내부적 평가를 딛고 프랑스 민족의 영웅으로 그리고 전쟁의 수호신으로 자리 잡는다. 잔이 교황 베네딕토 15세에 의해 성인으로 공포된 해인 1920년 6월 24일 프랑스 의회는 매년 5월 둘째 주 일요일을 잔의 기념일로 정해 국가적 축제를 개최한다는 법령을

선포했다.

4. 교회적 영성

베네딕토 15세는 1차 세계대전(1914~1918)이 발발한 지 1개월 뒤에 교황으로 선출되었다. 그는 교황 재위 기간의 대부분을 전쟁 문제와 교황청의 권위 회복 문제에 매진했다. 1919년 베네딕토 15세는 그간 교황청이 누려온 권위를 잃고 평화협상에서 배제되었다. 그는 전쟁 후의 영토 변화에 따라 교황청을 재정비했고 프랑스와의 공식 관계도 재개시켰다.

잔을 공식적으로 시성하려는 움직임은 잔의 사후 내내 존재해왔다. 그러나 지지 세력이 지엽적이라 큰 반향을 일으키진 못했다. 그러다가 19세기 나폴레옹 집권기를 거치면서 프랑스는 유럽 전역을 상대로 전쟁을 벌이게 되었고, 나폴레옹의 이미지를 높이는 데 잔 다르크의 구원자 이미지가 동원되었다. 잔은 농부의 딸이면서 프랑스 왕가를 위해 싸우다 순교한 인물이다. 이런 잔의 양가적 모습은 좌우가 함께 비난할 요소이자 동시에 찬양할 조건이었다. 즉, 잔이 평민 출신이란 사실은 좌파에 의해 옹호되는 지점이고, 왕권 회복을 위해 맹렬히 싸우다 순교했다는 사실은 우파가 지지하는 지점이다.

그리고 이 무렵 교회는 계몽주의 시대를 맞아 종교의 세속화와 싸우고 있었다. 광신의 역사를 경멸하는 계몽주의자들에게 잔 다르크는 무지몽매한 문맹자에 불과했다. 몽테스키외나 볼테르 같은 유명한 계몽주의자들은 잔을 어리석고 조종당하기 쉬운 광신도라고 조롱했다. 많이 봐줘야 정치적 음모 속에서 농간당한 순진한 시골 처녀의 이미지였다. 따라서 교회는 교권과 왕권의 회복을 위해서라도 잔 다르크의 명예 회복이 필요했다. 그렇게 잔은 가톨릭의 수호 성녀로 받들어지게 된다.

IV. 오늘날 재발견하는 영적 가치

앞에서 살펴본 바와 같이 잔 다르크가 프랑스 국민의 민족 영웅으로 자리 잡는 과정은 그리 녹록지 않았다. 신의 계시를 받고 이를 전하는 과정에서 지속적인 의심을 받았으며, 전투에서 성과를 올린 후에도 아군에게 배신당했고, 결국 이단이자 마녀라는 오명을 안고 적에 의해 화형당했다. 그리고 명예 회복도 신속하게 이뤄지지 않았다. 잔의 도움으로 프랑스 왕위에 오른 샤를 7세는 잔이 순교한 지 25년이 지나서야 교황청에 잔의 복권재판을 요청했다.

1. 고착된 여성 이미지

2020년 개봉작 영화 '뮬란'은 잔 다르크의 현대판 버전이었다. 뮬란은 가족과 나라를 지키는 성녀 역이고, 시아니앙은 압도적인 능력으로 전쟁에서 많은 공을 세웠으나 주류에서 배척당하는 마녀 역이다. 더욱이 시아니앙은 영화에서 시종일관 마녀라고 불리는데, 그 낯설고 특별한 힘이 범인들에겐 공포로 인한 혐오를 초래하기 때문이다. 이 영화를 통해 본 여성의 이미지는 아직도 여성이란 존재가 살아있는 실존형이 아니라 21세기에도 여전히 고전적인 이분법적 분류에서 벗어나지 못했다는 것이다.

뮬란은 타고난 무력과 지력을 지녔지만, 여자라는 이유로 전쟁에 참전하지 못했다. 이때 그녀가 선택한 방법이 남장이었다. 그것이 전쟁으로 다리를 다친 아버지를 대신해 아버지도 구하고 가문도 지키는 길이라 믿었다. 그러나 전쟁에서 큰 성과를 거뒀음에도 여자라는 사실이 들통나 군에서 쫓겨난다. 어려운 전쟁을 기적처럼 승리로 이끈 잔 다르크가 화형당한 죄목이 남장이었다는 사실을 연상케 하는 대목이다. 여자라면 긴 치마를 입어야 하는데 잔은 활동성이 좋은 남자 옷에 갑옷을 입고 전쟁터를 누볐다. 남성의 영역을 침범한 여자라니, 이건 용서받을 수 없는 일이다. 그래서 15세기의 잔은 마녀로 몰려 화형당했다. 잔이 남성이었다면 결코 물을 수 없는 죄목인 남장을 했다는 이유로.

2. 마녀와 성녀의 관계

현실의 잔은 생전에도 사후에도 마녀와 성녀라는 극단적인 평가를 동시에 받았다. 신의 계시를 받고 전장을 누빌 때는 성녀였고 화형당해 죽을 때는 마녀였다. 이후 교황청에서 명예 회복을 시켜주고 성인으로 시성되었으니 성녀이나, 세상의 평가는 민족의 영웅부터 무지한 광신도까지 그 스펙트럼이 상당히 넓다. 이처럼 일치되지 않는 세상의 평가는 잔이 실존적 여성이 아니라 신화 속에서 박제되었음을 증명해준다. 살아서 움직이며 꿈꾸는 한 인간으로서의 잔이 사라진 자리에 동상이 대신 자리 잡은 것이다.

성서에 등장하는 여성도 마녀 아니면 성녀인 것도 이와 유사한 맥락이다. 마녀 대신 창녀로 불리고 성녀 대신 모성으로 치환됐을 뿐 고정된 이미지의 여성상이 주를 이룬다. 실존적 개개인은 좋아하는 음식도 다르고 취향도 제각각이며 자신만의 특징을 지니는 존재이다. 그러나 이미지로 존재하는 여성은 남성들의 이상형이거나 적이거나 둘 중 하나이며 두 가지 유형 모두 판타지, 즉 상상 속의 인물유형이란 것이 공통점이다.

다시 영화 뮬란을 예로 들면 주인공 뮬란은 이상화된 여성상이고, 마녀로 불리는 시아니앙은 그 압도적인 힘으로 인해 남성에게 이용당하면서도 위협적인 존재로 그려진다. 전쟁에서 승리를 아무리 많이 이끌어도 시아니앙은 자신이 결코 남성들의 주류 권력에 포섭되지 못할 것을 알고 있다. 그래서 마녀로 폄하되는 자신의 처지를 비관하다가 이제 막 조직에서 인정받기 시작한 뮬란에게 새로운 희망을 보며 그녀를 살리기 위해 대신 죽는다. 가부장제 사회에서 여성의 공적 지위를 인정받지 못하는 불합리함, 이런 부당함에 저항하는 두 여성 간의 연대로 마녀와 성녀는 각기 다른 이질적인 존재가 아님을 보여준다.

3. 교회와 여성

브루지만(W. Brueggemann)은 그의 저서『The Bible Makes Sense』에서 "성서란 우리에게 매우 소중하다. 왜냐면 그것이 우리의 삶을 기쁨과 온전함으로 이끌어 줄 신선한 시각을 통해 세계를 이해할 방법을 제공하기 때문이다"라고 하였다. 지극히 온당하고 대단히 설득력 있는 주장이다. 왜냐하면, 그는 남성이고 민중 신학자니까. 응당 민중 속에는 여성도 포함되나 신학에선 애석하게도 여성은 상징적 존재에 머물러 있다. 성서가 쓰인 시대성을 고려해야겠지만 그간 성서는 여성들에게 해방과 구원을 위한 복음인 동시에 억압과 통제의 수단으로 악용돼온 것도 주지의 사실이라.

이러한 상황이 한국이라고 다를까. 간혹 하느님 아버지가 가부장제의 소산이라며 하느님 어머니로 기도하는 여성 신자들이 있다. 아버지는 안 되는데 어머니는 괜찮은가, 굳이 하느님이 부모여야 할까. 성서에 하느님 백성을 자녀라고 표현해서? 딸 대신 아내라거나 신부로 표현하기도 하는데 그럼 하느님 남편은? 하느님 신랑은? 로마보다 더 로마 같은 한국 가톨릭이란 명제에서도 보듯 순종과 노예근성을 구분하는 일은 까다롭기 그지없다. 잔은 이런 문제에 대해 명쾌하게 답변한 적이 있다.

프랑스 왕국은 왕의 것이 아니고 주님의 것이며, 주님께서 왕에게 맡기신 것에 불과하다.

대관식을 마치고 이제 막 왕의 권위를 세우려는 샤를 7세의 입장에서 이런 잔의 태도는 몹시 거슬렸을 것이다. 이 말은 해석에 따라 얼마든지 샤를과 그 측근들을 불편하게 만들기 충분했다.

4. 여성의 영성이 가리키는 곳

보편성의 영역이 점차 축소되는 시대에 영성이라고 예외일까. 게다가 교집합의 지대가 든든하지 못한 오늘날 남성을 배제한 여성만의 영성이 따로 존재하는지 이 지점부터 차근차근 물어 나갈 필요가 있다. 여성 신비가는 남성 신비가와 다른가? 다르다면 어디에서 차이가 발생하는가? 그리스도교가 선진문물이었던 시대가 저물고 있듯, 페미니즘이 진보였던 시대도 저물고 있다. 다수를 하나의 이론으로 묶을 수 없는 시대, 주류와 비주류의 경계가 수시로 넘나드는 시대, 주체와 대상의 구분이 애매하고 모호해진 시대, 한 치 앞도 제대로 예측되지 않는 이런 시대에 태생부터 고대의 유물 같은 여성의 영성이라니, 아니 그런 장르가 존재하긴 하는 것인가?

이에 대한 대답은 잔 다르크의 심문 과정에서 그 열쇠가 있다.

검과 깃발 중에 어느 것이 더 좋으냐?
사람을 죽이는 것을 피하고 싶어서 깃발을 들었으며, 한 번도 사람을 직접 죽인 적이 없습니다.

피고가 행한 일에 대해 교회가 내리는 결정에 승복하며 순명하겠는가?
저를 보내신 주님과 동정녀 성모 마리아와 천국의 모든 성인의 뜻에 순명하겠습니다. 저는 교회를 사랑하지만, 당신들은 저를 심판할 권리가 없습니다. 제 말과 행동은 모두 주님과 그분의 천사들에게만 호소할 뿐입니다. 오직 주님만이 저를 심판하실 수 있습니다.

교회의 결정에 불복하겠다는 말인가?

여러분, 제가 보기에 주님과 교회의 뜻은 하나입니다. 따라서 어렵게 생각할 필요가 하나도 없습니다. 이 문제를 어렵게 만들고 있는 것은 바로 당신들입니다.

대체 잔은 어디서 이런 답변을 구했을까, 그녀 안에 성령이 없다면 불가능한 답변들 아닌가. 용기와 지혜 없이는 닿을 수 없는 지점에 잔은 가 있었다. 어떻게 그게 가능했을까? 일단 그녀는 기득권이 아니기에 제도적인 사유로부터 자유로웠다. 그다음 그녀는 문맹자였기에 자신의 내면을 유일한 교재로 삼았다. 또한 그녀는 재물이 없었기에 지킬 것이 많지 않았다. 그리고 그녀는 그리스도인이었기에 죽음이 두렵지 않았다. 마지막으로 그녀는 소외된 여성이었기에 당시 주류문화에 지배되지 않을 수 있었다.

5. 오늘날 격변기를 살아가는 여성들이여!

세상의 변화 속도가 너무 빨라 도저히 따라갈 수 없는 오늘날 우린 가끔, 어쩔 땐 자주 나만 고립되어 있는 것은 아닌지 의심이 들 때가 있다. 가상의 세계와 현실이 뒤섞이고 있으며 주식도 모르는데 가상화폐로 누구는 떼돈을 벌고 누구는 재산을 탕진했단다. 만 원, 십만 원의 가치가 내게는 여전한데 기사에 나오는 돈 액수는 죄다 억 단위다. 열심히 사는 것만으론 계속 뒤처지는 느낌이다. 과거의 길은 가만히 있었고 내가 그 길을 성실히 따라 걸어가면 됐는데, 오늘날의 길은 컨베이어 벨트처럼 쉬지 않고 앞으로 움직이는 통에 그 속도에 맞추지 못하면 그 길에서 떨어질 것만 같다. 맙소사, 이런 시대에 영성이라니!
그런데 명상과 마음 챙김은 더 유행하는 현실을 어떻게 설명할까?

인류는 유사 이래 항상 내 안의 상위존재와 만나려고 노력해왔다. 그 상위존재에 어떤 이름을 붙이든 그건 그다지 중요하지 않을 수 있다. 그 존재가 절대자라면 또는 적어도 나보다 나은 존재라면 그 존재자는 언어 이전부터 있어 왔을 것이기에 그것에 특정 이름을 붙이는 것이 무슨 대수겠는가. 더불어 그 존재를 교회 안에서 만나든 교회 밖에서 만나든 내가 나를 성찰하고 지킬 수 있다면 그 또한 족한 일 아닐까? 그래서 잔 다르크는 본격적인 심문에 앞서 맹세를 서약해야 하는 단계에서 다음처럼 말했다.

법정에서 항상 진실만을 말할 것을 맹세하는가?
저는 언제나 진실을 이야기할 것이지만, 필요하지 않은 부분에는 대답하지 않겠습니다.

그렇다! 오늘날 우리 여성이 잔만큼 용기 있고 지혜로우며 담대하다면 무엇을 걱정하겠는가. 내 안에서 나를 이끄는 존재의 목소리에 귀를 기울이기만 하면 되는 것을.

잔 다르크 연표

1412년	프랑스 동레미에서 농부의 딸로 출생
1425년	13세의 여름에 성 미카엘에게 첫 계시를 받음
1429년	17세의 봄에 샤를 7세와 첫 대면
1429년 5월 4일	첫 전투를 승리로 이끎
1429년 7월 17일	샤를 왕 대관식 거행
1429년 12월 말	샤를 왕은 잔과 잔의 부모 및 오빠를 귀족에 임명
1430년 5월 23일	콩피에뉴 전투에서 부르고뉴 군에게 체포됨
1430년 7월 14일	파리대학과 보베의 코숑 주교는 부르고뉴 공작에게 잔을 넘겨줄 것을 요구함
1431년 1월 3일	잉글랜드 왕과 코숑 주교의 이름으로 1만 프랑을 받고 잔을 주교에게 넘김
1431년 2월 21일 ~3월 24일	12번의 심문이 이루어짐
1431년 4월 18일	병색이 완연한 잔에게 코숑 일행이 방문해 교회에 복종할 것을 권유
1431년 5월 29일	재판관들과 39명의 심문관은 잔을 세속법정으로 넘기는 데 만장일치로 결의
1431년 5월 30일	신앙고백과 성사를 받은 후 화형당함

화해와 평화의 사절로
새로운 변방을 찾아서:
성녀 로즈 필리핀 뒤셴

| 최혜영 |

로즈 필리핀 뒤셴(1769~1852)

화해와 평화의 사절로 새로운 변방을 찾아서
: 성녀 로즈 필리핀 뒤셴

최혜영
성심수녀회

I. 들어가는 말

2018년은 성심수녀회의 수녀인 성녀 로즈 필리핀 뒤셴(Rose Philippine Duchesne, 1769~1852, 이하 필리핀 뒤셴 혹은 필리핀)이 선교사로 미국 땅을 밟은 지 200주년을 경축하는 은혜로운 해였다. 같은 해 4월 27일은 한국인들에게는 잊지 못할 역사적인 순간을 경험하게 되었는데, 그것은 문재인, 김정은 남북의 최고 지도자들이 만나 비핵화와 종전을 꿈꾸며 분단의 상징인 판문점을 넘었던 놀라운 순간이었다. 남북으로 분단된 지 70년이 지난 시점에서 화해와 평화 공존의 길을 모색하려는 간절한 몸짓이기도 하였다. 그러나 3년이 지난 지금, 화해와 평화의 길이 얼마나 요원한가를 실감하며 인내의 길을 멈추지 않고 걸어가고 있다.

필리핀 뒤셴의 생애 역시 역경과 인내로 점철된 삶이었다. 그는 어린 시절부터 강한 열정으로 선교의 꿈을 꾸었으나 1818년 49세의 나이에 이르러서야 세계의 변방이었던 아메리카 땅을 밟았다. 필리핀은 당시 오지였던 미국 중부 미주리 주 세인트찰스(Saint Charles), 플로리상(Florissant), 세인트루이스(Saint Louis) 등지에서 교육 활동을 펼쳤으며, 1841년 71세에 이르러서야 평생의 꿈이었던 아메리카 원주민과 함께 하기 위해 포토와토미(Potawatomi) 부족이 살던 슈가 크릭(Sugar Creek) 지역에 가서 살게 된다. 낯선 땅에서 새로운 언어를 배우지 못해 겪어야 했던 한계 상황과 극심한 굶주림과 가난, 질병 등 온갖 역경 속에서도 하느님과 이웃을 향한 사랑으로 불타올랐던 그녀의 삶은 인간적인 안목에서는 결코 성공적이라고 말할 수 없겠으나 그런 역경이 있었기에 이미 생전에 성녀라고 일컬어질 만큼 큰 성덕에 나아갔다.

한반도와 동북아는 물론, 세계 곳곳의 화해와 평화가 절실한 이 시점에서, 화해 신학의 관점에서 필리핀 뒤셴의 생애와 영성을 소개하면서, 오늘날 한국의 그리스도인들에게 어떤 가르침을 주는지 살펴보고자 한다.

이 글의 구성은 먼저 필리핀 뒤셴의 생애와 업적을 소개하고(II), 화해 신학의 관점에서 필리핀 뒤셴의 영성적 특징을 살펴보면서(III), 오늘날 그리스도인으로서 어떻게 필리핀 뒤셴의 정신을 본받아 살아갈 수 있을지 그 방법을 모색하고자 한다.

II. 필리핀 뒤셴의 생애와 업적

필리핀 뒤셴은 83세라는 긴 인생의 여정을 걸었기에 현대인들에게도 긴 호흡으로 인생 여정을 걷는 데 좋은 모델이 되어 준다. 필리핀 생애의 족적을 크게 네 단계로 나누어 볼 수 있겠다.

1. 프랑스 그르노블에서의 젊은 시절(1769~1792)

필리핀은 1769년 8월 29일 프랑스 그르노블(Grenoble)의 부유하고 영향력 있는 부르조아 가문에서 8남매 중 둘째로 태어났다. 아버지 피에르 프랑수아 뒤셴(Pierre François Duchesne, 1743~1814)은 저명한 변호사이자 정치가였고, 어머니 로즈 외프로신 페리에(Rose-Euphrosine Périer 1748~1797) 역시 상류 부르주아 출신으로 신앙심 깊고 기품이 있었으며 내적 강인함과 깊은 사랑으로 가정을 돌보았다. 필리핀의 집안은 외삼촌 클로드 페리에(Claude Périer 1742~1801) 가족과 대가족을 이루며 살았는데, 필리핀의 어머니와 외숙모 사이의 친밀한 우정은 필리핀에게 인간적 사랑에 대한 중요한 본보기가 되었다. 필리핀 역시 외사촌 조세핀(Josephine 1770~1850)과 단짝 친구로 1781년 생트마리 당 오(St. Marie d'En Haut)의 방문수녀회 학교에서 함께 첫영성체 준비를 하였다. 조세핀은 필리핀의 가장 믿을 만한 친구이자 후원자로 큰 버팀목이 되어 주었으며, 생애 마지막 순간까지 편지를 주고받으며 우정을 나눴다.

필리핀은 어려서부터 가난한 이들을 돌보는 것을 자신의 일로 생각하였고, 성인전 읽는 것을 좋아하였다. 특히 순교자들에 대한 이야기를 좋아하였는데 선교사가 되어 머나먼 나라를 여행하는 꿈을 꾸었다.

필리핀은 수녀가 되어 생트마리에서 살기를 원했으나 부모님의 반대로 1783년 집으로 돌아온다. 그러나 수녀가 되고 싶은 열망을 가지고 가정 안에서 이미 수녀처럼 살기 시작했으며, 가족들의 반대에도 불구하고

1788년 생트마리 방문수녀회에 입회하여 수련자들이 입는 검은색 수도 복과 흰색 베일을 받았다. 이 시기에 선교에 대한 매력, 예수회에 대한 존경, 삶에 대한 적극적인 자세, 자기희생적 삶에 끌리는 등 미래 필리핀의 영성에 중요한 특징이 될 요소들이 크게 성장하였다. 그러나, 프랑스 대혁명의 여파로 1792년 8월경 모든 남녀 수도회, 심지어 학교와 병원을 맡고 있는 수도회조차 폐쇄되었기에, 필리핀은 어쩔 수 없이 방문수녀회에 입회한 지 4년 만에 그토록 사랑하던 수도원을 떠나 집으로 돌아오게 된다.

2. 필리핀이 겪은 혁명의 세월과 성심수녀회와의 만남(1792~ 1817)

수도 생활에 대한 열망이 컸던 필리핀은 수도 생활이 금지되자 어쩔 수 없이 1792년부터 1804년까지 12년이란 긴 세월 동안 다른 종류의 수도 생활 양식을 시도해야 했다. 필리핀은 가족과 함께 생활하면서도, 그르노블에서 자선사업을 시작하며 가난한 아이들을 돌보고 병들고 죽어가는 이들과 오랜 시간을 함께했고, 투옥 중이거나 은신 중인 성직자들을 돌보았다. 1794년 장티푸스가 유행하는 동안에도 필리핀은 생명의 위험을 무릅쓰고 이들을 돌보았다.

필리핀은 기도와 단식 등 수도적 관행을 실천에 옮겼는데, 뒤셴 가족들은 이러한 신심 행위와 금욕적 생활 양식을 이해하지 못하고 비난하여 이 일을 지속할 수가 없었다. 이때, 필리핀은 자신의 일과 기도를 끊임없이 조절해 나가는 탐색의 시간을 가졌는데, 이 기간 필리핀이 계발해 낸 방안은 미국 개척지의 개척 선교사로서의 미래의 역할에 더할 나위 없이 소중한 가치를 지니고 있었다.

필리핀의 종교적 추구와 자선사업은 가난한 이들 안에서 육화하신 그리스도를 보았기 때문이다. 그녀는 자신이 속한 계층의 전통에서 완전히 벗어난 방식으로 인간의 존엄성을 인식하였는데, 가난한 이들에 대한 자선은 영혼 구원을 위해, 곧 부유한 이들의 영혼 구원을 위해 필요했다. 필리핀은 거리를 떠도는 가난한 소년들을 모아 15~20명의 그룹을 만들어 교육하기도 하였다.

1801년 드디어 혁명의 기운이 잦아들고 수도회들이 문을 열기 시작하였을 때, 필리핀은 생트마리 수녀원 건물을 다시 찾고자 백방으로 노력하며, 흩어졌던 수녀들을 모아 방문회 수녀원을 재건하려고 하였다. 그러나 필리핀이 자기 방식대로 수녀원을 재건한다고 대다수의 수녀들이 필리핀과 그 수녀원을 버리고 떠났으므로 다른 수녀원과 합치기로 결정하였다. 필리핀의 엄격하고 철저하고 강인한 기질이 거부감을 준 것이다.

그러던 중, 조셉 바랭(Joseph Varin) 신부의 지도 아래 갓 조직된(1800년) 신덕수녀회(오늘날의 성심수녀회)[1]에 대해 듣고 필리핀과 그녀의 동료들은 그 수녀회에 합류할 수 있기를 간절히 바랐다. 1804년 12월 13일 프랑스 아미앵에 있는 작은 수도공동체의 원장이었던 마들렌 소피 바라(Madeleine Sophie Barat 1779~1865)가 생트마리에 도착하여 두 사람의 첫 만남이 이루어졌다. 필리핀은 소피 바라의 영적 지도를 받으며 성심수녀회의 수도자가 되었다. 열 살의 나이 차이에도 이들의 우정은 각별하였는데, 주고받은 방대한 분량의 서신에서 그들의 깊은 애정과 상호 존중의 정신을 볼 수 있다.

---

1 1800년 '예수의 사랑받는 자매회'(Dilette di Gesù)라는 이름으로 시작한 이 수도공동체는, 1802년 '신덕수녀회', 1806년 '예수 성심의 딸들'이라는 명칭으로 변경되었다가, 1815년에 이르러 마침내 '성심수녀회'라는 이름을 갖게 된다.

필리핀은 성심수녀회 수녀가 되어 생트마리에서 장상의 비서직, 기숙학교의 교장, 교사, 양호실 간호사, 학교와 수녀원에 필요한 물품 관리 등 다양한 직무를 수행하게 된다. 필리핀은 진취적이고 독립적이며, 강한 기질의 소유자로서 행동주의자의 전형적 면모를 보여주는데, 언제나 필리핀의 마음을 사로잡은 두 가지는 기도 시간과 자신이 하는 일에 대한 헌신이었다.

1815년 필리핀은 총장 비서로 선출되어 그르노블을 떠나 파리에서 지내게 된다. 필리핀은 해외 선교의 꿈이 실현되기를 늘 갈망하고 있었는데 드디어 기회가 왔다. 1816년 북미의 루이지애나 교구 주교인 윌리엄 뒤부르그(William DuBourg 1766-1833)가 파리를 방문하여 수녀들의 파견을 요청한 것이다. 신생 수녀회에서 멀리 아메리카 변방으로 선교사를 파견하는 것은 큰 결단이 필요한 일이었는데, 용기 있는 소피 바라 총장 수녀는 신대륙 진출을 결정하고, 선교 일행의 책임자로 필리핀을 임명하였다. 필리핀은 장상의 책임을 맡는 것을 매우 두려워하였으나, 그것이 힘든 고행이 될 것임을 알고 수락했다. 본국에서 멀리 떨어진 개척지의 장상에게는 새 수녀원의 설립, 입/퇴회자 결정, 각 수녀들에게 맞는 소임을 결정하는 일 등, 총장 수녀만이 행사할 수 있는 많은 권한이 위임되었다.

3. 아메리카 변방에서의 삶(1818~1840)

1818년 49세의 필리핀은 네 명의 동료 수녀와 함께 3월 21일 프랑스 남부 보르도(Bordeaux)에서 레베카호를 타고 출항하여 70여 일이 지난 5월 29일에야 루이지애나 주 뉴올리언스(New Orleans)에 도착했다. 필리핀과 그 일행은 아메리카 대륙에서의 첫 6주를 우술라회 수녀회 수녀들의 극진한 환대를 받으며 건강을 회복한 후 증기선을 타고 목적지인 세인트루이스로 떠났는데 당시 뉴올리언스에서 세인트루이스(Saint Louis)까지 6주가 걸렸다. 8월 21일 세인트루이스에 도착해 보니, 뒤부르그 주교는 파리에서 합의한 것과 달리 세인트 찰스(Saint Charles)에서 영어를 말하는 미국 어린이들과 프랑스어를 말하는 크리올(Creole)[2] 어린이들의 교육을 하라는 것이었다. 필리핀에게는 인디언들 가운데서 일할 수 없게 된 것이 무엇보다 큰 실망이었다. 그런 가운데서도 필리핀 일행은 세인트 찰스에 도착하자마자 9월 14일 가난한 아이들을 위한 첫 번째 학교를 열었고, 10월 3일 세 명의 아이들로 기숙학교를 시작하게 된다. 선교지의 삶은 극단적인 가난 자체였다. 세인트 찰스에서의 첫해는 음식 부족과 과도한 직무, 극심한 추위로 수녀들에게 가혹한 고난의 시기였다. 인구도 적고 가난한 지역이어서 기숙학교와 주간학교의 수입은 미미하고, 유일하게 '무상학교'만이 번창하였다. 또한 새로운 문화 속에서 오는 외로움과 새로운 언어 때문에도 좌절감을 느꼈다. 영어가 아메리카 대륙에서 점점 우세해져 영어를 잘하지 못하는 것이 필리핀에게는 일생에 걸친 괴로운 부담이 되었다. 그럼에도 필리핀은 엄격한 현실주의자로서 포기하거나 프랑스로 돌아가겠다는 생각은 하지 않고 자신의 능력에 더 적합하다고 생각한 일들을 찾기 시작했다.

일 년 후(1819년) 미주리강 동편 작은 마을인 플로리상으로 이동하라는 요청을 받게 되는데, 필리핀은 무상학교만을 위해서라도 일부는 세인트 찰스에 머물기를 바랐으나, 어쩔 수 없이 세인트 찰스의 수녀원과 학교를 닫고, 플로리상으로 학교와 수녀원을 옮기게 된다. 필리핀은 확고한 재정

---

2 아시아나 아프리카에서 유럽인 가정에서 태어나 그곳에서 계속 사는 유럽인 2세나 3세를 가리킴.

적 토대 위에 수녀회를 설립해야 한다는 당위성과 가난하고 소외된 이들에게 철저하게 헌신해야 한다는 소명감 사이에서 균형을 유지하려고 애썼지만, 필리핀은 재정적 투자와 정서적 에너지, 인원이라는 측면에서 볼 때 기꺼이 가난한 이들을 위한 선택에 우선권을 두었다.

1821년 뒤브르그 주교의 강력한 권고로 남부, 루이지애나의 오펠루사스(Opelousas, '그랑 코토'라고도 함)에 두 번째 학교와 수녀원을 세우게 된다. 1825년에는 세인트 마이클스(St. Michael's)에 세 번째 학교를 세우게 되는데, 이 학교를 맡은 외제니 오데(Eugénie Audé) 수녀는 큰 성공을 거두고 번창하여, 필리핀이 맡은 북부 학교들과는 큰 대조를 보였다.

플로리상의 경제적 상황은 나아지지 않았지만, 1823년 벨기에 출신의 예수회원들이 도착하면서 영적 활기를 얻게 된다. 마침내 필리핀은 1825년 4월 인디언 소녀들을 교육할 기회를 얻게 되는데, 일행의 책임자였던 반 퀴켄본(Van Quickenborne) 신부가 두 명의 인디언 어린 소녀들을 기숙 학생으로 데려왔기 때문이다. 그러나 인디언 소녀들을 위한 학교는 번창하지 않아, 1831년 폐쇄하게 된다. 원주민 어린이들은 가족으로부터 멀리 떠나 학교에 있고 싶어 하지 않았고, 유럽식으로 오랜 시간 동안 가만히 앉아 있는 것은 불가능하다고 여겨, 자주 도망을 쳤던 것이다.[3]

1827년 세인트루이스에 네 번째 학교와 도시수녀원(City House)을 설립하고, 1828년에는 10년 만에 다시 세인트 찰스 수녀원을 열었지만, 필리핀이 책임진 북부 수녀원과 학교는 늘 경제적으로 쪼들리고 필리핀의 지도력에 대해서도 반대가 많았다.

---

3 필리핀은 인디언들을 성공적으로 회심시키기 위해 이들이 지닌 대부분의 문화적 양식을 변화시켜야 한다는 당시 예수회의 철학에 완전히 동의했는데, 만일 부모들이 자녀들을 포기하지 않을 경우, 직접 가서 그들 사이에서 사는 것이 유일한 대안이라고 믿었다.

4. 포타와토미 부족 사이에서 지낸 노년과 마지막 삶(1841~1852)

필리핀은 원장직을 수행하는 동안 자신이 원장으로서 적합하지 않다고 생각하여 원장직에서 물러나기를 간절히 원했다. 그러나 22년이 지난 1840년에야 원장직에서 완전히 물러나게 되었다. 71세에 이른 1841년, 원주민 선교를 시작한 예수회 사제들을 따라 캔사스 주 슈가 크릭(Sugar Creek) 지역의 포타와토미 부족이 사는 지역으로 떠난다.[4] 필리핀은 너무 병약해서 언제라도 죽음에 이를 수 있다고 여겨졌지만, 선교단의 책임자인 피터 J. 베르하겐(Peter J. Verhaegen) 신부는 "뒤셴 수녀님이 우리를 위해 드리는 기도가 분명 선교를 성공적으로 이끌어주는 보장이 되어 줄 것입니다. 수녀님은 바로 존재 그 자체로서 하늘의 모든 은총을 우리 일에 끌어다 주실 것입니다."라고 말하며, 그녀를 선교단에 초대하였다. 슈가 크릭의 생활 조건은 믿을 수 없을 정도로 열악했고 필리핀은 원주민들의 언어를 익힐 수 없어 의사소통이 불가능했지만, 그들은 그녀가 오랫동안 기도하는 것을 보고 그녀를 존경하며 "늘 기도하는 여인"(Quahkah-ka-num-ad)으로 불렀으며 그녀의 수도복 자락에 입 맞추려고 정중하게 다가오곤 하였다.

1842년 6월 19일 필리핀은 건강이 악화되어 슈가 크릭에 도착한 지 일년이 조금 안 되는 때에 세인트 찰스로 돌아와 마지막 시간들을 보내게 된다. 개인적 실패와 쇠약해져 가는 건강, 종종 느꼈던 고독감에 많은 영향을 받았다는 것을 알 수 있는데, 특별히 플로리상 수녀원의 폐쇄와 오랜 친구인 소피 바라와의 오해로 아무 서신을 받지 못한 데서 오는 고통을 감

---

4 1838년 9월, 800명 이상의 원주민 남녀 성인들과 어린이들이 군부의 통제를 받으면서 인디애나 주로부터 소위 "죽음의 행렬"을 이루며 행진하여 캔사스 주까지 와 있었다. 그 가운데 병약자와 노인들이 40명 이상 사망했다. 캐롤린 오식/박정미 역,『성녀 로즈 필리핀 뒤셴: 변방을 가로질러 불타오르는 마음』(서울: 성심수녀회, 2018), 49.

수해야 했다.

그러나 세인트 찰스에서 보낸 노년의 삶은 하느님과 일치하여 지낸 거의 성녀와 같은 삶이었다. 조용하지만 활기 있게 집안일이나 남을 돕는 일, 특히 선교사들을 위한 작은 일에 힘썼다. 1852년 11월 18일 베르하겐 신부가 병자성사를 주고 정오가 지나 바로 얼마 뒤 필리핀이 숨을 거두게 되는데, 그녀의 마지막 말은 "저는 제 마음과 영혼과 삶을 당신께 드립니다. 오, 네. 저의 삶을, 아낌없이"였다.[5]

필리핀 뒤셴의 시복 운동이 1895년 세인트루이스에서 시작되어 1909년 '가경자'라는 호칭을 얻었고, 1940년 5월 12일 비오 12세 교황이 시복하였다. 그러나 1960년대에 이르러 성심수녀회가 필리핀의 시성을 추진하지 않기로 결정하였는데, 이는 필리핀의 성덕을 의심해서가 아니라 제2차 바티칸공의회 이후 교회의 새로운 요구에 응답하기 위해서였다. '소박함'이라는 초창기 정신을 재발견하고 가난한 이들을 섬기라는 교회의 새로운 요구에 귀 기울이면서 시성을 추진하는 데 드는 시간과 비용이 필리핀의 정신과 일치하지 않는다고 여겼기 때문이다. 그러나 그 후 세인트루이스 교구의 신자들이 시성 운동을 다시 확대하여 마침내 1988년 7월 3일 교황 요한 바오로 2세에 의해 시성되어 성녀품에 오르게 된다. 필리핀 뒤셴의 철저한 가난 정신과 개척적인 교육, 무엇보다 기도로 하느님과 일치를 이룬 삶이 공으로 인정된 것이다.

---

5 캐서린 무니/안은경 역, 『필리핀 뒤셴의 영성: 선교의 부르심을 가난 속에 꽃피운 삶』(서울: 나이테미디어, 2015), 416.

III. 화해와 평화의 사절로서 필리핀 뒤셴의 영성적 특징

그래서 누구든지 그리스도 안에 있으면 그는 새로운 피조물입니다. 옛것은 지나 갔습니다. 보십시오. 새것이 되었습니다. 이 모든 것은 그리스도를 통하여 우리 를 당신과 화해하게 하시고 또 우리에게 화해의 직분을 맡기신 하느님에게서 옵 니다. 곧 하느님께서는 그리스도 안에서 세상을 당신과 화해하게 하시면서, 사람 들에게 그들의 잘못을 따지지 않으시고 우리에게 화해의 말씀을 맡기셨습니다. 그러므로 우리는 그리스도의 사절입니다. 하느님께서 우리를 통하여 권고하십 니다. 우리는 그리스도를 대신하여 여러분에게 빕니다. 하느님과 화해하십시오 하느님께서는 죄를 모르시는 그리스도를 우리를 위하여 죄로 만드시어, 우리가 그리스도 안에서 하느님의 의로움이 되게 하셨습니다(2코린 5:17-21).

그리스도교적 관점에서 화해는 하느님과 올바른 관계를 바탕으로, 자 기 자신, 이웃, 만물(자연)과의 관계를 창조 질서에 맞게 "하느님께서 보시 니 모든 것이 참 좋았다"(창세 1:31) 하는 모습으로 만드는 것이다. 따라서 화해를 위한 영성은 곧 관계의 영성이라고 하겠다.

개인의 영성은 그가 하느님, 다른 사람, 세상과 맺었던 관계의 총합으 로서 드러난다. 하느님의 선물인 한 개인은 세상에 유일한 존재로서 현존 한다. 그러나 다른 한편으로 개인의 존재 안에는 그가 속한 가족에게서 물 려받은 유산과 그가 살았던 시대의 종교, 사회, 정치, 경제적 배경 등이 복 잡하게 얽혀 있어, 선천적인 요인과 환경적 요인 등 낱낱의 요소들을 구별 해 내기가 쉽지 않다. 또 한 인물의 특성은 그를 바라보는 시각에 따라 다 르게 나타날 수 있다. 따라서 한 인물의 다양한 요소 중 무엇이 가장 중요한 부분인지는 특정하기 어렵다. 영성이란 인간 삶의 총체로서 내면으로 부터 우리를 움직이는 추동력이기 때문이다.

화해는 진정 하느님 앞에 굴복하여 하느님의 부르심을 듣고 응답할 수 있는 힘을 하느님에게서 받을 때 가능하다. 화해가 원칙적으로 하느님의 일이라면 우리는 '그리스도를 대리하여 사절(使節) 구실을 하는 것'(2코린 5:20 참조)이다. 결국 화해의 영성은 자기 자신과 타인과 지구에 대한 존경심에 바탕을 두며, 진리와 정의 안에서 이루어지는 것이다.[6] 필리핀 뒤셴을 '화해와 평화의 사절'이라고 부르는 것은 사도 바오로에게서 유래하는 표현으로 하느님께서 우리에게 '화해의 직분'을 맡기셨고, 우리는 '그리스도의 사절'로서 그 사명을 다해야 한다는 화해 신학에 근거한 해석이다. 필리핀은 하느님의 도구로서 자신의 삶을 통하여 하느님, 자기 자신, 이웃, 만물과의 관계를 통하여 화해를 이루어갔으며, 그 관계 안에서 필리핀 영성의 특징들이 드러난다. 화해 신학의 관점에서 필리핀 영성의 특징을 살펴보도록 하겠다.

1. 굳셈과 강인함

필리핀 뒤셴의 이름은 강인함과 인내심과 고행, 시련과 실패에도 영혼들을 위한 뜨거운 열정과 참을성, 엄격한 행동과 자세, 그리고 대부분의 사람들이 그토록 강하게 집착하는 것들에 완전히 초연한 모습을 각인시켜 주었다.[7]

---

6 "화해: 하느님과 함께 하는 여정"에 대하여, 임마누엘 카통골레, 크리스 라이스 공저,『화해의 제자도』, 안종희 역 (IVP, 2013), 59-70 참조.

7 루이즈 캘런/안은경 역,『하느님의 등불 성녀 필리핀 뒤셴』(서울: 나이테미디어, 2013), 19.

많은 사람들은 그녀가 참나무라는 의미를 지닌 '뒤셴 가'의 강인하고 성실한 기질을 타고났다고 말한다. 한 사람의 특징적인 덕목들은 인간적인 노력만으로 주어진 것은 아니며, 타고난 것, 하느님으로부터 선물로 주어진 것이라고 말할 수 있다.

강인한 인간적 성품과 하느님께 대한 투철한 믿음은 한 뿌리에서 나온 두 개의 나무처럼, 하느님과의 관계와 인간관계 사이의 조화와 성실한 균형을 보여준다.

필리핀의 강인함과 끈기 있는 성품은 어린 시절부터 간직했던 선교사의 꿈과 잘 맞았고, 그는 실패를 두려워하지 않는 용맹한 개척자가 된다. 그러나 선교사의 꿈은 단시간 내에 이루어지는 것은 아니었다. 필리핀은 1806년 주의공현축일에 동방박사처럼 낯선 땅을 향해 떠나는 비전을 떠올렸으나, 1818년까지 기다려야 했다. 설립된 지 20년도 안 된 수도회 출신의 수녀가 머나먼 아메리카 신대륙으로 진출했다는 사실 자체가 원대한 하느님의 꿈을 실현하고자 했던 성심수녀회의 역동성을 보여준다. 이렇듯 성심수녀회의 국제성은 하느님의 꿈에 해당하는 것이었다.

필리핀은 우리에게 가난한 과부의 끈기 있는 기도와 용기 있는 행동을 연상하게 해 주며(루카 18,1-8), "하느님께는 불가능한 일이 없다"(루카 1,37)라는 말씀을 깨닫게 한다. 필리핀은 실패를 경험하면서도 좌절하지 않았고, 그것을 자신에 대한 하느님의 계획이라고 이해했다. 그녀가 끊임없이 다시 일어설 수 있는 용기는 그녀의 믿음과 관상적 안목에서 생겨났다고 볼 수 있다.

필리핀은 오랜 기다림을 통하여 성급한 천성을 단련하였고, 기도로써 하느님의 사랑과 자비에 의탁하며 자기 자신을 넘어 하느님과의 일치를 향해 나아갈 수 있었다. 필리핀은 당시로선 장수에 속하는 여든 세 해를 살면서 생을 마칠 때까지 자신의 생명력을 불태웠으며 자신의 사명에 충실했다. 필리핀은 원대한 꿈을 간직하면서도 일상을 소홀히 하지 않았다. 바느질 같은 아주 작은 일에 충실했고 고된 노동을 마다하지 않았는데, 이 일의 위대함은 교황 프란치스코가 말하는 이냐시오 성인의 비전과도 잘 연결된다.[8]

2. 겸손과 자기비움

자기 자신과의 화해 역시 화해의 근본 요소이다. 하느님의 도우심 없이는 있는 그대로 자신을 받아들이고 사랑하기가 쉽지 않다. 인생의 각 단계에서 변화를 받아들이고 통합해 가는 일이야말로 화해를 살아가는 길이다.

필리핀에게 겸손의 덕은 자신의 고집스럽고 완고한 성품을 극복하고 하느님의 사람으로 성장하게 해주는 도구였다. 마치 금이 불로 단련되듯, 그녀는 스스로를 온전하게 새로운 자아이자 하느님의 도구로 만들어낸다.

필리핀이 자기보다 10세 아래인 소피 바라 수녀를 만나자마자 "얼마나 아름다운가, 산 위에 서서 기쁜 소식을 전하는 이의 저 발!"(이사 52:7)이라고 외치며 무릎을 꿇고 인사했다는 일화는 연령의 질서를 엄격하게 따지는 동양인의 눈에는 큰 충격이 아닐 수 없다. 그녀는 끝까지 소피를 자신의 장상으로 존경했다. 소피는 필리핀을 '친애하는 딸'(dear daughter)이

---

8 "이냐시오의 비전을 묘사하는 그의 다음과 같은 좌우명이 항상 저에게 감명을 주었지요. '가장 큰 것에 압도당하지 않고, 가장 작은 것 안에 담기기. 그것이 신적인 것이다.' Non coerceri maximo, contineri tamen a minimo, divinum est 저는 통치의 차원에서, 장상의 입장에서 이 문장에 대해 많이 숙고했습니다. 가장 큰 공간에도 압도당하지 않고 가장 제한된 공간에도 머물 수 있기. 큰 것과 작은 것에 대한 이 덕은 우리가 처한 위치에서 항상 지평선을 바라보게 하는 큰 도량이지요. 매일의 작은 일들을 커다란 마음으로 하느님과 다른 사람들에게 열린 마음으로 하는 것입니다. 작은 일들을 커다란 지평 안에서, 곧 하느님 나라의 지평 안에서 하는 것이지요"(교황 프란치스코/안토니오 스파다로와의 대담/국춘심 역,『나의 문은 항상 열려있습니다』(서울: 솔, 2014), 36-37.

라고 불렀는데, 필리핀의 강한 성격과는 대조적으로, 그녀의 순명 정신은
놀랄 정도였다.

필리핀의 성직자들에 대한 깊은 존경과 순종의 모습 역시 그녀의 놀랄
만한 겸손의 모습을 보여준다. 성직자와 갈등을 겪어 예수성심 축일 미사
에 참예하지 못하고 아픈 척하고 누워있었다는 일화는 현대 여성들로서
는 이해하기 어려운 일이겠지만, 그녀가 성직자들에게 보인 순명 정신은
철저했다. 그녀는 가난하고 모욕당하는 예수님, 십자가에 달려서 죽기까
지 순명하신 예수님을 닮으려는 자세를 견지했다. 강한 자존심을 굽히고,
필리핀이 성직자들에게 용서를 청하고 무릎을 꿇는 모습은 겸손의 덕을
닦기 위해 스스로를 얼마나 단련시켰는지를 상상하게 해준다.[9]

필리핀은 선교지에서 그녀의 열정과 사랑에도 불구하고 선교를 위해
가장 필수적이라 할 수 있는 현지 언어를 배우는 데는 성공하지 못했다. 이
런 필리핀의 약점은 "내가 자만하지 않도록 하느님께서 내 몸에 가시를 주
셨습니다"(2코린 12:7), "그리스도의 힘이 나에게 머무를 수 있도록 더없이
기쁘게 나의 약점을 자랑하렵니다"(2코린 12:9)라는 바오로 사도의 말씀을
연상하게 해준다. "다른 수녀들이 저보다 더욱 사랑받는 것이 기쁩니다. 저
는 그들을 도울 뿐입니다. 하느님은 저에게 말솜씨를 주시지 않으셨습니
다", "너는 성공이 아니라 실패를 견딤으로써 나를 기쁘게 할 것이다"[10]라
는 필리핀의 말을 통해서도, 필리핀이 개인적인 성취를 목적으로 하지 않
고, 오직 하느님께 의지하며 하느님의 일을 추구하는 모습을 볼 수 있다.

필리핀은 아메리카 공동체를 창설한 다섯 선구자 중 나이가 가장 많았

---

9 "필리핀과 반 퀴켄본 신부 그리고 또 다른 성직자들과의 관계에 대하여", 캐서린 무니,『필리
  핀 뒤셴의 영성: 선교의 부르심을 가난 속에 꽃피운 삶』, 268-275 참조.
10 1824년 바라 수녀에게 보낸 편지, 캐서린 무니, 349.

으며 총장으로부터 전권에 가까운 권한을 위임받았다. 그러나 그녀는 기회가 있을 때마다 자신은 원장으로서 적합하지 않다며 원장직에서 물러나게 해 달라고 청원했다. 70세가 되어서야 장상의 자리에서 물러났지만, 그는 하느님의 영광을 드러내는 일에서 방해가 될까 늘 노심초사했던 것 같다. 옳다고 생각하는 것을 결코 포기하지 않는 그녀의 성격을 고려하면, 겸손의 덕을 살기 위해 무척이나 애썼다는 것을 짐작할 수 있다.

필리핀은 극도의 절제와 극기, 고행 등으로 자기학대의 모습을 보이기도 하였는데, 당대 영성의 특징인 자기 절제와 자기부정도 한몫했으리라 생각된다. 필리핀은 스스로 썩어 없어져 한 알의 밀알이 되는 모습을 자신의 사명으로 삼았다(요한 12:24 참조).

3. 가난 정신과 가난한 이들에 대한 연민

필리핀이 명망 있는 가문에서 태어나 부모와 많은 형제들의 사랑 속에서 자랐지만, 어린 시절부터 세속의 행복을 추구하지 않고 가난한 이들을 도우며 소박한 생활을 추구한 것을 보면, 하느님의 사랑에 대한 갈망이 훨씬 더 컸던 것으로 보인다. 그녀는 가난을 두려워하지 않았고 어려서부터 가난하고 소박한 삶을 추구했다. "불행하고 가난한 이들 안에 계신 내 구세주 하느님을 섬기는 것이 제 행복이요 영광입니다."[11] 그녀는 가난한 이들 안에 있는 육화된 예수님을 만났다.

세인트 찰스, 플로리상 등 신대륙에서의 삶은 가난 그 자체였다. 늘 물질적인 빈곤 속에서 생활하며 누군가의 도움을 필요로 했다. 하지만 그녀

---

11 루이즈 캘런, 『하느님의 등불 성녀 필리핀 뒤셴』, 92.

는 낙심하거나 절망하지 않고 하느님께서 도와주시리라는 믿음을 저버리지 않았다. 또한 가난한 이들을 돌보는 것이 하느님의 일이라는 확신이 있었다.

　가난한 이들, 변두리에 있는 사람들에 대한 그녀의 특별한 사랑은 그녀가 미국에 도착하자마자 무상학교를 열고, 혼혈아들을 차별 없이 받아들이고, 아메리카 원주민을 위한 학교를 열고, 혼혈아를 수녀로 받아들이도록 여러 차례 청원하는 모습에서 잘 나타난다. 그녀는 시대를 앞서 노예 제도를 거부하거나 구조적 모순을 타파하는 데 기여한 사상가 혹은 혁명가적 존재는 아니었지만, 그녀에게서 어떤 권위 의식이나 우월감을 발견하기는 어렵다. 시대의 한계 안에 머물렀지만, 하느님을 첫째 자리에 두고 섬기는 여성으로서 매우 자연스럽게 다양한 인종의 사람들과 만나고 어울렸다.

　필리핀은 1841년(72세)에 이르러서야 비로소 슈가 크리이크(Sugar Creek)의 포타와토미(Potawatomy) 원주민에게로 갈 수 있었는데, 건강이 악화되어 1년 뒤 그곳을 떠나야 했다. 필리핀은 자신의 무익함을 깨달았을 때 "내가 죽으면 모든 것이 번창하는 것을 당신들은 보게 될 것입니다"라고 말하였는데, 그 예언은 곧 실현되어 북미에서의 급속한 팽창은 인디언 선교 사업의 착수에서 비롯한 것이다.[12] 우리는 필리핀에게서 자기 자신을 비우고 또 비워 그 자리에 십자가의 예수님으로 채우는, 무장해제 상태로 하느님을 증거하는, 존재 자체로 고귀한 한 영혼을 본다. '늘 기도하는 여인'이라는 호칭은 그녀가 모든 경계를 넘어 초월적인 존재로 서 있다는 것, 그래서 우리를 하나로 모을 수 있는 가능성을 제시한다. 그녀의 태도는 '예

---

12 마리온 바스콤/심현주 역,『성녀 로즈 필립핀 뒤셴: 성심수녀회 개척선교사』(서울: 성심수녀회, 1988), 36.

수 성심의 영광을 위하여'라는 성심수녀회의 목표를 충분히 증거한다.

4. 내면의 평화: 모든 것을 넘어 일치로

필리핀의 일생을 돌아볼 때, 그녀는 자신의 강인한 성품만큼이나 흔들리지 않는 신뢰를 바탕으로 한, 항구한 인간관계를 보여준다. 든든한 후견인으로서 가족의 끈끈한 유대를 보여준 사촌 조세핀과의 우정은 평생 이어졌고, 마들렌 소피와의 우정은 필리핀의 인간에 대한 깊은 신뢰와 다정다감함을 보여준다. 마들렌 소피와 소통이 두절된 상태에서도 그는 한결같은 우정으로 소피를 그리워했다. 이것은 고집스러움과 지나친 엄격함 같은 그녀의 약점을 보완해 주는 인간미라고 말할 수 있다. 그녀가 보여준 안정감, 항구함, 자존감의 뿌리는 분명히 하느님께 대한 믿음과 성실한 인간관계에서 오는 것으로 생각한다.

필리핀은 고향 그르노블과 자신이 몸담았던 집, 생트마리 당 오에 대한 강한 애착을 지녔지만, 선교사의 꿈을 버리지 않고 미국 땅에서 34년을 살다가 선종(善終)하였다. 그녀는 끝내 고향에 돌아가지 못했다.

유럽에서 진출한 많은 수녀회들이 물리적인 거리 때문에 그들의 모원과 분리되어 미국에서 독립한 수녀회가 많았지만, 필리핀은 '예수 성심 안에 한마음 한뜻'이라는 모토를 가지고 성심수녀회가 하나로 유지될 수 있도록 전력을 다했다. 필리핀의 충성심은 뿌리 깊은 나무처럼 성심수녀회라는 하나의 단체를 이끄는 강한 유대가 되었다. 하느님이 인도하시는 곳, 새로운 땅은 하느님의 사랑이 필요한 자리였으며, 곧 하느님의 자리였다.

세계 지도 앞에서 기도하는 모습으로 묘사된 필리핀의 모습은 요한복음서 17장, 일치를 위한 예수님의 청원을 담고 있는 것처럼 느껴진다. "그들이 모두 하나가 되게 해 주십시오. 아버지, 아버지께서 제 안에 계시고 내가 아버지 안에 있듯이, 그들도 우리 안에 있게 해 주십시오. 그리하여 아버지께서 저를 보내셨다는 것을 세상이 믿게 하십시오"(요한 17:21).

필리핀이 하느님과 깊은 일치에서 길어왔던 내면의 평화는 그로 하여금 어떠한 역경 속에서도 흔들리지 않고 항구하게 머물게 해주었고, 모든 것을 통합하여 일치에 이르도록 이끌었다. 특히, 노년기 필리핀의 모습은 자기 자신을 있는 그대로 받아들이고 모든 것을 내려놓고 평온해진 모습 그대로이다. 고독과 무능함, 기다림, 가난과의 싸움, 끊임없는 영적 투쟁을 거쳐 승화된 성인의 모습을 보여준다. 각고의 노력으로 성화의 과정을 통해 모든 관계에서 통합과 온전한 일치를 이루어낸 모습이다.

이제, 화해의 체험은 시야가 넓혀져 전 우주, 즉 '하늘과 땅의 만물' 일체가 하느님과 화해하는 것으로 확장된다. "그분 십자가의 피를 통하여 평화를 이룩하시어 땅에 있는 것이든 하늘에 있는 것이든 그분을 통하여 만물을 기꺼이 화해시키셨습니다"(콜로 1:20).

온 우주가 하느님에 의해 창조되었다는 것은 우리 지구의 공동연대의 가장 깊은 근거가 된다. 이 공동연대는 인간 사이에서뿐만 아니라 다른 모든 살아 있는 것들과 함께 나누어야만 한다. 존재를 부여받은 그 존재 자체로서 의미를 갖게 되는 우리 모두가 이 지구의 일부가 되는 것이다. 창조 질서를 지킬 때 만물이 제 자리를 찾아간다.

필리핀 뒤셴의 영성의 특징인 굳셈과 강인함, 겸손과 자기비움, 가난 정신과 가난한 이들에 대한 연민, 모든 것을 넘어 일치를 이룬 내면의 평화는 변방을 찾아 하느님 사랑을 전파하고 교육을 통해 복음의 정신을 아메리카 대륙에 전파하는 역할을 했을 뿐 아니라, 그리스도교 역사상 중요하게 간직해야 할 선교 사명의 위대한 유산을 오늘의 우리에게 새로운 변방을 찾아 떠나라고 부추긴다. 필리핀은 그녀의 이미지인 참나무가 상징하듯이 하느님과의 관계에서나 인간관계에서 항구함을 보여주었고, 철저한 가난 정신과 겸손을 무기로 어떤 역경도 헤쳐나갈 용기를 보여주었으며, 인류가 모두하나 되기를 원하신 예수님의 꿈(요한 17:21)을 꾸도록 초대하고 있다.

이제 우리는 새로운 땅을 찾아서 출항하기로 결심한 한 배의 이미지에 비유될 수 있다. 일찍이 레베카호를 타고 예수 성심의 사랑을 전파하기 위해 출항했던 뒤셴의 첫 마음을 기억하며, 우리는 지금 새로운 항해를 꿈꾸도록 초대한다. 하느님과의 관계, 자기 자신과의 관계, 이웃과의 관계, 만물과의 관계를 회복하며 '화해와 평화의 사절'이 되라는 부르심이다. 부활하신 예수님께서 우리에게 보내시는 소명이다. "평화가 너희와 함께! 아버지께서 나를 보내신 것처럼 나도 너희를 보낸다"(요한 20:21).

Ⅳ. 나가는 말

화해의 여정은 하느님의 사랑에 대한 깊은 신뢰, 인간의 선의에 대한 깊은 믿음 없이는 불가능한 일이다. 성녀 필리핀 뒤셴은 자신의 언어와 문화가 주는 안락함을 버리고, 신세계를 향해 떠나 그곳에서 젊은 여성들의 교육에 헌신하였다. 필리핀은 "너희는 온 세상에 가서 모든 피조물에게 복음을 선포하여라"(마르 16:15)는 성경의 명령을 자발적으로 받아들였고, 이를 통해 거룩함에 대한 부르심은 인류 보편적인 것이며, 여기에는 민족, 정치제도, 문화, 인종 등 어떤 경계선도 허용되지 않음을 우리에게 상기시켜 주었다.

필리핀은 자신이 속한 시대적 사상의 한계와 개인적인 약점에도 불구하고 하느님 사랑을 전파하고자 하는 열정에 불타올랐으며, 가난한 이들을 돌보아야 한다는 복음적 삶에 충실하였다. 젊은 시절의 이상이었던 선교사로서의 삶을 49세가 되어서야 시작하였고, 언제라도 죽음에 이를 수 있는 71세의 나이에 아메리카 원주민에게 다가가 "늘 기도하는 여인"으로 현존하며 그들 안의 하느님을 만나고자 하였다. 그래서 필리핀 뒤셴의 삶은 선교 사명을 목말라 하는 사람, 가난한 사람들을 사랑하는 사람들에게 계속 영감을 불어넣어 준다.

화해 신학의 관점에서 볼 때, 필리핀 뒤셴은 화해와 평화의 사절로서 하느님, 자신, 이웃, 만물과 관계 속에서 성덕을 닦아 나갔다고 할 수 있다. 필리핀의 영성적 특성인 굳셈과 강인함, 겸손과 자기 비움, 가난 정신과 가난한 이들에 대한 연민, 모든 것을 넘어 일치로 나아간 데서 오는 내면의 평화는 필리핀 자신뿐만 아니라 그리스도를 따라 화해와 평화의 사절로 부르심을 듣는 모든 이들에게 중요한 덕목이 될 것이라고 생각된다.

하느님 사랑에 바탕을 두고 어떠한 역경 속에서도 복음의 기쁨을 전달하고자 했던 필리핀의 선교적 열정이 시간과 공간을 넘어 오늘날에도 희망의 등불이 되어 우리 마음 안에서 사랑의 불길로 타오르기를 고대한다. 실패로 점철된 삶 안에서 희망을 잃지 않고 하느님의 도구로서 살았던 필리핀의 험난한 삶은 개척지의 교육자로서 오늘날 우리에게 새로운 변방을 찾아 하느님의 정의와 평화를 실천하라고 부르신다. 친교의 여인으로서 어떠한 역경 속에서도 자신의 꿈을 이룬 그녀의 굳은 의지와 지치지 않는 열정은 우리가 앞으로 일궈야 할 평화 공존의 길에 큰 희망을 주리라 생각한다. 오늘날 우리의 시대적 사명인 한반도의 평화적 공존과 동북아 평화, 나아가 세계의 화해와 평화를 위한 노력은 보이지 않는 손의 도움이 없이는 불가능한 일이기 때문이다.

성녀 로즈 필리핀 뒤셴 연표

1769년 8월 29일	프랑스의 그르노블에서 출생
1781년	사촌 조세핀과 첫영성체 준비를 위해 생트마리 당 오의 방문수녀회로 보내짐
1783년	생트마리에서 집으로 돌아옴
1788년	생트마리의 방문수녀회 입회, 1792년 혁명으로 수녀원 해산
1793~1801년	필리핀이 그르노블에서 자선사업을 시작. 짧은 기간 동안 가족과 함께 그리고 할머니와도 시골에서 생활하고, 생마르셀랭 수녀원에서 수녀들과 함께 지냄
1801-1804년	필리핀이 생트마리 수녀원을 다시 되찾았으나, 생트마리로 돌아온 대다수의 방문수녀회 수녀들이 필리핀과 그 수녀원을 버리고 떠남. 필리핀이 생트마리와 다른 수녀원을 합치기로 결정
1804년	애덕의 자매회 [후에 "예수 성심 수녀회"가 됨]와 합치기로 하여 장상 마들렌 소피 바라가 생트마리에 도착하여 일 년간 머묾
1805~1815년	필리핀이 생트마리에서 장상의 비서직, 기숙학교의 교장, 교사, 양호실 담당, 학교와 수녀원에 필요한 물품 관리자 등 많은 직무를 수행함
1815년	총비서로 선출되어 파리로 이동
1818년 3월 21일	필리핀이 네 명의 동료들과 함께 프랑스 보르도를 출발하여, 5월 29일 미국 뉴올린즈 도착, 6주간 우르술라 수녀회에 머묾. 9월 14일, 미주리 강 서쪽의 세인트찰스에서 첫 번째 성심학교 개교
1819년	수녀들이 세인트찰스를 떠나 미주리 강 동쪽 플로리상으로 공동체와 학교 옮김
1821년	루이지애나 주 오펠루사싀그랑 코토에 두 번째 학교 설립
1825년	필리핀이 원주민 소녀들을 위한 학교를 열었으나 학교가 번창하지 않아 1831년 폐쇄. 루이지아나 주 세인트마이클에 세 번째 학교 설립
1827년	세인트루이스 남부에 네 번째 학교인 시티하우스 설립
1828년	라 푸르슈 수녀원 설립. 1832년 이 수녀원과 학교가 폐쇄됨
1828년	뤼실 마트봉이 수녀원장이 된 가운데 세인트찰스 수녀원이 다시 문을 엶

1834년	필리핀이 세인트루이스 수녀원장직에서 물러나, 플로리상 수녀원장이 되어 1840년까지 머묾
1840년	필리핀이 수녀원장직을 내려놓고, 공동체의 일반 구성원으로서 세인트루이스 수녀원으로 이동
1841년	캔사스 주 슈가 크릭에 포타와토미 선교 공소가 설립되고 필리핀이 다른 세 명의 수녀와 함께 함
1842년	필리핀이 건강 악화로 세인트찰스로 돌아와 생애 마지막 10년을 이곳에서 지냄
1843~1847년	필리핀이 총장 소피 바라 수녀로부터 오랜 시간 아무런 편지를 받지 못함. 조카인 아멜리 주브를 통해 다시 소식을 받고 필리핀과 소피 바라 사이에 서신 왕래가 재개되었으나, 이따금씩 이루어짐
1852년 11월 18일	세인트찰스에서 선종
1940년 5월 12일	필리핀 뒤셴 시복
1988년 7월 3일	성녀 필리핀 뒤셴 시성
2018년	성심수녀회 미국 진출 200주년

생태 신비가
성녀 엘리사벳 씨튼

| 김승혜 |

엘리사벳 씨튼(1774~1821)

생태 신비가 성녀 엘리사벳 씨튼

김승혜
사랑의씨튼수녀회

I. 엘리사벳 씨튼의 생애와 작품

엘리사벳 앤 베일리 씨튼(Elizabeth Ann Bayley Seton, 1774~1821)은 미국이 독립되기 2년 전 뉴욕시의 의사인 리처드 베일리의 둘째 딸로 태어났다. 성공회 집안에서 어려서부터 시편을 암송하고 성경을 읽고 묵상하는 법을 배웠다. 세 살 때 어머니가 동생을 낳다가 세상을 떠났고 그 후로 엘리사벳은 하늘을 쳐다보는 습관을 들이기 시작했다. 새어머니와의 관계가 원만하지 못한 엘리사벳과 언니 메리는 아버지가 의학 연구를 위해 영국으로 떠날 때마다 뉴로셀에 있는 삼촌 댁에 맡겨졌다. 이곳에서 음악과 프랑스어를 공부했고 당시 여성이 받을 수 있는 최고의 교육을 습득했다. 또한 산림이 무성하고 바닷가에 자리 잡은 뉴로셀에서 엘리사벳은 해변을 산책하고 자연의 아름다움을 만끽할 수 있었다.

19살 때 무역회사를 운영하는 씨튼 집안의 맏아들 윌리암과 결혼하여

10년 동안 행복한 생활을 하며 다섯 아이의 어머니가 되었다. 그러나 프랑스혁명 후 해적들의 상선 나포로 집안의 무역업이 파산하고 남편의 결핵이 악화되었다. 엘리사벳은 쇠약해지는 남편을 살리려는 일념으로 남편의 친구 필리치 가문의 초대를 받아들여 기후가 좋은 이탈리아 여행을 결심한다. 맏딸 안나를 데리고 남편과 한 달 반의 항해를 끝내고 레그혼/리보르노 항에 도착했을 때 마침 뉴욕에 퍼진 황열병 소식이 들어왔다. 병자인 남편이 황열병 감염자로 의심을 받아 한 가족이 차가운 라자렛토 검역소에 한 달 동안 갇혀있을 수밖에 없었다. 죽어가는 남편을 간호하고 위로하면서 시누이 레베카에게 쓴 "라자렛토 일기"(1803년 11월 19일~12월 18일)는 엘리사벳이 극한 상황에서 한 신비체험과 그 영성의 깊이를 잘 드러내고 있다.

결혼(1794년) 무렵의 엘리사벳 앤 베일리와 윌리엄 매기 씨튼
(뉴욕, 마운트 성 빈첸시오의 사랑의 수녀회 고문서실 제공)

안나 마리아(안니나) 씨튼

윌리엄 씨튼

리처드 베일리 씨튼

레베카 메어리 씨튼

캐더린 샬턴(조세핀) 씨튼
(뉴욕 자비의 수녀회의 마더 메어리 캐더린)

살바토르 부르기오 전교회 신부가 그린 엘리사벳 씨튼의 자녀들 초상화
(에미츠버그, 사랑의 딸회 성 요셉 관구 본부 고문서실 제공)

검역소에서 풀려난 지 8일 만에 남편 윌리암이 세상을 떠났다. 엘리사벳은 윌리암의 친구 필립보와 그의 동생 안토니오 필리치의 호의로 미국으로 돌아갈 선박을 기다리는 몇 달 동안 가톨릭 신앙을 접하게 되었다. 안토니오와 부인 아마빌랴의 집에 머물면서 무엇보다 그리스도께서 성체 안에 현존하신다는 가톨릭 신앙에 마음이 끌렸고 성체를 모시는 필리치 가문의 살아있는 신앙이 엘리사벳의 영혼을 감동시켰다. 어려서 어머니를 잃은 엘리사벳은 아마빌랴의 기도책에서 베르나르도 성인의 '성모님께 드리는 기도'를 읽고, 성모님께 자신의 어머니가 되어달라고 간구했다. 1804년 4월, 이탈리아를 떠날 때 엘리사벳의 마음은 가톨릭 신앙으로 기울어져 있었다.

뉴욕에 돌아와 1년 동안 고뇌의 시간을 거친 후 가족들의 반대와 경제적 후원이 끊기리라는 사실을 알면서도, 1805년 3월, 개종을 선언하고 첫 영성체를 모시는 기쁨을 만끽했다. 다섯 아이의 양육으로 힘겨워하는 가난한 과부 엘리사벳에게 당시 미국에서 유일한 가톨릭 문화를 지닌 볼티모어로 와서 여학교를 시작하라고 초대한 것은 프랑스 선교사들인 슐피스회 사제들과 미국 최초의 주교인 존 캐롤(John Carroll)이었다. 1809년 7월, 에미츠버그(Emmitsburg)에 있는 땅을 기부받아 수녀회를 창설하고 다음 해 2월에 무료 일반 학교를, 5월에 유료 기숙학교를 시작하여 미국 가톨릭 여성 교육의 문을 열었다. 1821년 엘리사벳이 세상을 떠날 때 60명의 수녀는 200년 전 프랑스에서 성 빈첸시오 드 폴이 성녀 루이즈 드 마리약과 함께 시작한 사랑의 딸회 회헌을 채택하여 캐롤 주교의 인준을 받았을 뿐만 아니라 필라델피아와 뉴욕에서 고아원을 시작해서 사랑의 사도직을 실천하고 있었다. 엘리사벳의 영적 지도자였던 브루떼(Gabriel Bruté) 신부가 엘리사벳이 남긴 모든 기록을 하나도 버리지 말고 보존하라고 당부한 덕분에 상당량의 편지와 일기, 묵상문 등이 남아 있다.

엘리사벳의 글을 모은 세 권의 전집은 편집위원회의 철저한 고증을 통해 2000년부터 2006년 사이에 출판되어 엘리사벳의 영성을 정확히 파악하는데 필수적인 자료가 되었다. 이 세 권의 자료에 기초를 두고 엘리사벳 씨튼의 신비가로서의 면모를 특히 현대 생태철학과 생태신학적인 시각에서 조명해 보고자 한다. 물론 엘리사벳은 '생태'라는 현대 용어를 사용한 적이 없다. 그럼에도 불구하고 그의 글 안에서 자연과 인간세계가 창조주이신 하느님의 생명과 질서와 아름다움 안에 밀접하게 연결되어 있다는 한결같은 통찰을 발견할 수 있다. 엘리사벳은 인간인 우리는 특별한 소명을 받아 마치 바닷속 산호처럼 고통과 역경을 통해 하느님의 모습을 닮아간다고 확신했다. 엘리사벳 씨튼의 생태적 예민성을 통해 우리는 자연과 인류의 삶 사이에 담겨 있는 섭리적 상호 의존성을 보다 잘 이해하게 된다.

II. 평신도의 삶 속에서 생태적 신비체험을 한 엘리사벳 - 전집 1권에 기초를 두고

전집 1권에 나오는 19세부터 34세까지의 편지와 일기를 생태적 시각에서 살펴보면, 네 가지 특징이 나타나는데 이는 엘리사벳의 생태적 영성을 구성하는 기본구조라고 하겠다. 첫째, 아름다운 자연은 엘리사벳이 하느님과 친구들을 만나는 공간이었다. 둘째, 버림받았다고 느낄 때 엘리사벳은 주위의 자연환경과 자신을 일치시키면서 위로를 받고 하느님의 자비를 체험했다. 셋째, 자연 질서 안에서 하느님의 공평(equity)을 발견하고 생명과 죽음, 기쁨과 고통을 받아들이는 생태적 균형을 배웠다. 넷째, 자연의 흐름을 보면서 시간의 리듬을 인식하고 현재의 중요성을 깨달았고, 절제와 조화의 덕을 쌓음으로써 모든 상황에서 만족하는 법을 배웠다. 엘리사벳의 생태영성 네 가지 특징의 예들을 살펴보겠다.

1. 자연 속에서 만난 친구들과 하느님

자연의 아름다움, 일출과 일몰, 잔잔히 흐르는 강물, 맑은 공기, 지저귀는 새소리를 들으며 엘리사벳은 위로와 행복을 발견했다.

1) 아버지 리처드 베일리 박사에게 쓴 편지(1801년 3월 1일): 엘리사벳은 남편이 재정 위기에 처했을 때도 자연에서 많은 위로를 찾았다. 아버지에게 보낸 편지에서 "봄철의 꽃들과 산들바람, 부드러우면서도 생동감에 넘치는 자연의 빛깔들이 말 걸기와 사랑의 미소로 아름다움을 더 하고 있어요. - 이것이 현재 제 삶의 무대 한 편이고 다른 편은 제가 감히 바라볼 용기가 나지 않습니다"(1.107 전집 한글본 1권 하, 273쪽)라고 쓰고 있다.[1] 봄꽃의 아름다움과 환한 미소를 통해 생명을 주는 자연 풍경을 가족에 닥친 엄청난 폭풍에 나란히 배열하고 있다.

2) 시누이 레베카에게 쓴 편지(1.123 전집 한글본 1권 상, 296쪽): "바로 반 시간 전 일인데, 내가 기뻤던 만큼 아가씨도 기뻤을 거예요. - 한번 상상해봐요. 어린 울새가 새장에 갇혀있고 새장 꼭대기에 앉은 어미는 녀석에게 먹이를 날라다 줄 뿐 떠나려 하지 않고, 수컷은 새장 근처 나무에서 쩍

---

1 전집 1권과 2권은 한글로 번역되어 나와서 한글본 페이지를 명시했으나 번역을 원문에 더 가깝게 고친 부분이 있음. 괄호 안에 처음으로 소개된 번호는 사료 정리 번호로 원문을 볼 때 사용하기 바람. 전집 3권은 아직 한글본이 나오지 않았으므로 원문이라는 표기와 함께 영어본의 페이지를 표기함.

찍거리고 있는데 녀석의 주인은 넬리였어요. 내가 아이를 달래서 새들이 행복해지게 새장 문을 열어주게 했더니, 문이 열리는 순간 어린 새가 날아갔고 어미 아비 새 모두 그 뒤를 따라 날았어요."

3) 자연에 대한 사랑의 생태적 가치: 엘리사벳의 자연에 대한 사랑이 어떤 생태적 가치가 있는지 살피기 위해 노르웨이 철학자로서 심층생태(deep ecology) 운동의 창시자인 아르네 네스(Arne Naess)의 생태철학을 소개하고자 한다. 그는 우리가 자연의 아름다움을 직접 체험할 때만 생태적 삶을 살 수 있다는 사실에 주목했다. "인간은 주변의 다양성을 인식하고 보살필 수 있다. 우리의 생물학적 유산은 이렇게 놀라울 정도로 얽혀 있고 살아있는 다양성 안에서 기쁨을 발견할 수 있는 능력을 부여했다. 이렇게 기뻐할 줄 아는 우리의 능력은 더 완전해질 수 있을 뿐만 아니라 주위의 가까운 생명체들과 창조적인 상호작용을 할 수 있다."(Ecology, Community, and Lifestyle, 23) 우리는 사랑하고 기뻐할 때 비로소 자신을 통제하고 희생할 수 있기 때문에 자연의 아름다움을 체험하는 것이 중요하다. 사실 행복해지는 데 자연이 필수불가결한 요소임을 깨달을 때 우리는 비로소 생태적 삶을 살 수 있다.

2. 자연과의 일치를 통한 위로

버림받았다고 느낄 정도로 외롭고 힘들 때, 엘리사벳은 자연과의 일치를 통해 위로를 받고 다시 일어서는 힘을 얻었으며, 고통의 가치를 꿰뚫어 자연 세계와 인간세계에서 일어나는 변모를 인식했다.

1) 라자렛토에서 쓴 일기(1803년 12월 1일): 엘리사벳은 목자호가 리보르노 항구에 다다랐을 때 종소리를 들으며 기뻐했지만, 곧 라자렛토 검역소로 끌려갔다. 한 달간 구치된 검역소에서 쓴 일기 전체가 우리에게 영감을 주지만, 특히 첫 열흘간의 정화를 거친 후 1803년 12월 1일 자 일기에 두 개의 신비체험이 잘 묘사되어 있다. 엘리사벳은 뉴욕 뉴로셀에서 어느 아름다운 봄날에 했던 강한 하느님 체험을 회고했다. 1789년이었는데 아버지는 의료연구를 위해 영국으로 유학을 떠났고 15살 된 엘리사벳은 삼촌 집에 머물고 있었다. 이때의 체험과 현재 라자렛토 검역소에서 자신이 처한 상황을 병치하면서 그는 하느님 창조의 아름다움 안에서 얼마나 가깝게 하느님을 체험했는지 다음과 같이 적고 있다.

> 6시와 7시 사이에 일어났는데, 날이 밝기 전이라 우리 창문 맞은편에 떠 있는 달빛이 여전히 환하기 이를 데 없었다. - 바람 한 점 없었고 – 지금껏 줄곧 보아온 거칠게 날뛰는 바다가 이제는 그토록 오랫동안 후려치던 바위를 향해 살금살금 조용히 기어 오는 것처럼 보였다. - 모든 것이 고요한데 두 마리 흰 갈매기가 하늘을 향해 날아갔다
> 열 시에 윌리엄과 안나와 함께 독서를 했다. - 그이는 열두 시에 휴식에 들어갔고 – 안나는 옆방에서 놀고 있다. - 온 세상에서 홀로, 몸이 망각상태에 들어간 듯싶을 때 영이 누리는 그 행복한 멈춤one of those sweet pauses in spirit이 내게 밀려왔다
>
> 내 아버지가 영국에 계시던 1789년에 난 집에서 1마일가량 떨어진 숲으로 잡목들을 실으러 가는 사륜마차에 뛰어올랐다.] 마차를 몰고 온 젊은이가 나무를 자르기 시작했고 나는 숲속으로 들어갔다. - 이내 목초지로 가는 출구와 여러 어린

나무 그루에 둘러싸인 밤나무를 찾아냈는데 그곳에 앉고 싶도록 나를 매혹시켰다. 막상 가보니 그 아래에 이끼가 짙게 깔려 있고 따사로운 햇살이 비치고 – 바로여긴 이끼가 멋진 침대처럼 펼쳐져 있고, 대기는 잔잔하고 위로는 맑고 푸른 창공이 펼쳐져 있으며, 무수한 봄의 기쁨과 선율들이 퍼져나고 있었다. – 내가 도중에꺾은 전동싸리와 야생화들이며, 인간이 지닐 수 있는 만큼 순진무구해진 마음은하느님을 향한 열렬한 사랑과 그분의 작품에 대한 찬탄으로 넘쳐흘렀다. – 그 당시에 내 영혼을 관통했던 온갖 감동은 지금도 느낄 수가 있다. – 그때 난 내 아버지가 날 보살피지 않는다는 생각이 들었다. – 그래 하느님이 내 아버지셨다. – 나의전부셨다. 나는 기도하고 – 찬송가를 부르고 – 울고 – 깔깔거리며 그분이 나를 온갖 슬픔 너머 까마득히 높은 데까지 끌어올리실 수 있구나 하고 혼자서 중얼거렸다. – 그런 다음에 가만히 누워서 내 영혼에 넘쳐흐르는 천상의 평화를 만끽했다; 그렇게 즐긴 두 시간 동안 난 내 영성생활 면에서 10년은 성장했다고 확신한다 (2.7 전집 한글본 1권 상, 446-447쪽).

엘리사벳은 "그렇게 즐긴 두 시간 동안 난 내 영성 생활 면에서 10년은 성장했다고 확신한다"라고 말했는데, 하느님을 체험한 수많은 신비주의자들에게 이런 확신에 찬 말을 발견한다. 이냐시오 로욜라 역시 만레사 근처 카르도넬 강가에서 받은 은총이 아주 강렬해서 62년간의 그의 삶 전체를 통해 알게 된 것과 하느님께 받은 것을 모두 합해도 그때 한 번에 받은 것에 미치지 못하리라고 생각했다.[2] 앞에 인용한 엘리사벳의 이 두 하느님 체험이 신비체험이었는지를 확인하기 위해서 윌리암 제임스가 <종교체험의 다양성>에서 제시한 신비체험의 네 가지 특성을 적용해보겠다.

---

2 *St. Ignatius' Own Story as told to Luis Gonzalez de Camara with a sampling of his letters*, tr. William J. Young (Chicago: Loyola University Press, 1980), 24.

말로 표현하기 어려운 불가언성(不可言性, ineffability), 깊은 통찰을 가져오는 직관적 앎(noetic quality), 보통 30분에서 1시간, 길어도 2시간 정도만 지속되는 잠정성(transiency), 자신의 의지는 사라지고 더 높은 힘에 의해 붙잡힌 수동성(passivity)이다.[3] 1803년 12월 1일 엘리사벳의 일기는 이 네가지 특성을 모두 지니고 있다.

2) 이탈리아에서 고향으로 돌아오는 배 안에서 쓴 일기(1804년 5월 12일): 엘리사벳은 바닷속의 산호를 비유로 들어 인간이 겪어야 할 변화를 설명하고자 했다. "큰 바다 밑의 산호는 연녹색 가지다. 그것을 자라난 자리에서 떼어내면, 단단해져, 더 이상 구부러지지 않고, 돌과 거의 비슷해진다. 옅은 색깔도 반짝이는 붉은색으로 바뀐다. 우리도 마찬가지여서, 이 세상이라는 큰 바다에 빠져, 끊임없이 파도에 시달리다 보면, 매번 파도와 유혹의 압력에 굴복하기 마련이다. 하지만 우리 영혼이 솟아오르자마자, 하늘을 향해 호흡하게 되고, 우리의 허약한 희망이라는 밋밋한 녹색이 한없는 신적 사랑이라는 찬란하기 그지없는 붉은색으로 변한다"(2.14 전집 한글본 1권 상, 512쪽). 이 산호의 비유는 엘리사벳 자신의 하느님을 향한 갈망과 내적 변모의 비전을 제시하고 있다.

3) 시누이 세실리아 씨튼에게 쓴 영적 일기(1807년 9월 18일): 엘리사벳의 영혼은 뉴욕에서 개종을 하기까지 숱한 갈등을 통해 정화되고, 역경을 통해 산호처럼 변모되고 있었다. 성공회 목사로서 자신의 영적 지도자였던 존 헨리 호발트 목사가 개종을 반대하자 그와의 관계가 끊어졌고 재정적인 후원을 해 줬던 부유한 개신교 친척들과도 그러했다. 이 당시 엘리사

---

3 William James, *The Varieties of Religious Experience*, Lectures 16 & 17 "Mysticism"; 김재영 역, 『종교체험의 다양성』(한길사, 2000), 461-516.

벳은 자신을 완전히 비움으로써 온전히 정화되길 바랐다. 세실리아 씨튼에게 쓴 영적 일기에서 깊은 이기심의 뿌리를 묘사하기 위해 '썩은 나무'의 이미지를 사용했다.

> 주님의 손안에 있는 타락한 마음을 상상하면서 이 영혼은 당신의 사랑이 들어오는데 방해되는 것은 무엇이든 자르고, 벗겨내고, 제거해주시도록(겪어야 할 고통이 어떻든 상관없이), 온 힘을 다해 당신께 빌었습니다. - 그리고 또다시 애원하오며, 당신의 크신 자비를 간청합니다. - 속까지 자르시고, 온갖 뿌리를 뽑아내어, 피 흘리게 하시고, 온갖 일로 고통당하게 하시되, 오직 당신께 맞갖게 하시고, 그 자리에 당신의 사랑만을 넣어주소서. 그런 후에 겸손을 파수꾼으로 세우시면 제가 무엇을 두려워하겠습니까?… 주님 저는 먼지에 불과합니다(4.55 전서 한글본 1권 하, 276-277쪽).

4) 의사소통의 윤리(Communicative Ethics)와 엘리사벳 씨튼: 엘리사벳은 자연과 인간의 호혜성을 이해했으며, 산, 숲속의 생명체들, 파도, 산호초, 썩은 나무뿌리와도 소통하고 그들이 지닌 삶의 의미를 깨달았다. 자연과의 소통 능력이 생태적 가치를 가진다는 사실을 명확하게 하기 위해 포스트모던 생태철학자인 엔서니 웨스턴(Anthony Weston)을 소개하고자 한다. 웨스턴은 우리에게 친숙한 인간 중심적 세계관을 초월해서 인류와 자연의 호혜성이 보장받을 수 있는 장소로 우리를 안내하고자 했다. 그래서 웨스턴은 한 종(種)의 독백을 넘어 자연과 인간의 상호 대화로 이루어지는 새로운 '의사소통 윤리'를 제안했다("Multicentrism: A Manifesto," 38쪽). 물론 엘리사벳이 했던 자연과의 소통이 현대의 소통윤리처럼 의도적으로 이루어진 것은 아니었다. 하지만 엘리사벳은 웅대한 자연 안에서 창조주

를 찬양하는 소리를 들었고 자신도 하느님을 찬미함으로써 그들에게 응답했다. 모든 창조물을 초대해서 하느님을 찬양하는 시편을 지속적으로 읽고 묵상한 것이 우주 만물과 소통하도록 엘리사벳을 훈련시킨 것이 아닌가 한다.

3. 생태적 균형에 대한 엘리사벳의 자각

현대 생물학은 지구상 모든 것이 하나의 거대한 과정, 지속적인 세분화, 변화, 새로운 형태로의 출현에 참여한다는 것을 인정했다. 이를 통해서 우리는 죽음이 생명 주기의 필수불가결한 요소임을 알게 되었다. 죽음이 없다면 생태계는 유지될 수 없다. 엘리사벳이 친구와 가족에게 보낸 편지에서 우리는 상실과 불행 안에도 하느님의 공평함이 깃들어 있음을 보았고, 온 창조물이 온전하게 되는 과정에 고통이 가지고 있는 역할을 이해하고 있었음을 발견할 수 있다.

1) 줄리아 스콧에게 보낸 편지(1798년 5월 16일): 엘리사벳은 남편을 잃고 필라델피아로 돌아간 줄리아에게 편지를 써서 고통에서 선을 끌어오는 법을 익히라고 권고했다. "내가 언니에게 바라는 건 자연이 제 길을 가게하고, 고통에서 선익을 얻으라는 것뿐이야 – 고통은 마음을 평화롭게 하는 힘이 있고, 미래를 평온하게 해주니까"(1.19 전집 1권 상, 96쪽).

2) 일라이자 새들러에게 보낸 편지(1807년 10월 6일): 친구 일라이자에게 엘리사벳은 생태 균형적인 세계관이 무엇인지 명백히 밝히고 있다: "그래 더없이 사랑하는 친구야 – 우린 그렇게 사는 거야 - 바퀴는 돌아가고

있어 - 헤아릴 수 없을 만큼 귀중한 특전, - 그동안 내내 위를 바라볼 수 있기를 ˮ(4.54 전집 1권 하, 262쪽) 엘리사벳은 기쁨과 고통의 수레바퀴는 공평하게 돌아가며 우리를 성숙하게 하고 변모시킨다는 것을 알고 있었다.

3) 사회생태학의 시각에서 본 엘리사벳 씨튼의 공평과 균형에 대한 통찰: 하느님은 모든 인간과 창조물을 공평하게 다루신다는 엘리사벳의 생태적 신념은 현대 생태 사상가인 머레이 북친(Murray Bookchin)의 사상과 비교할 때, 그 의미가 더욱 드러난다. 북친은 생태 위기의 뿌리는 위계 개념에 있고 이로써 인류 역사 안에 온갖 차별과 억압이 생겼다고 보았기 때문에 위계(hierarchy)를 타파해야 한다고 주장한다. 그는 위계는 사회적 조건일 뿐만 아니라 우리의 모든 경험에 민감하게 영향을 미치는 의식상태라고 지적했다. "내가 말하는 위계란 문화적, 전통적, 정치적 시스템으로서 계급제도와 국가조직이 가장 적절한 예이다"(Ecology of Freedom, 68). 그의 사회적 생태학은 인류 공동체 안에서 위계 구조를 극복하고, 그 후에 자연과 인간이 평화롭게 공존하며 역동적 조화를 이뤄나가도록 하는 데 있다.

4. 현재에 초점을 맞추고 절제와 조화를 중시하는 생태적 통찰

1) 현재·지금의 중요성: 줄리아 스콧에게 보낸 편지(1798년 6월 9일): 시아버지가 세상을 떠나고 재정적 위기뿐만 아니라 어린 시동생들을 돌보는 책임까지 지게 된 어려운 상황에서 줄리아에게 편지를 썼다. "누가 감히 장래를 들여다볼 수 있겠어요.… 어쩌면 사라질 수도 있고… 그러기에 최선을 바라고 현재를 감사하는 것이 내가 세울 수 있는 유일한 계획이에요"(1.29 전서 1권 상, 123쪽). 엘리사벳은 어려운 상황을 견뎌냈을 뿐만 아

니라 '현재에 감사'했다. 그래서 지금 다가오는 어려운 도전을 이겨낼 수 있는 순간의 은총을 받을 수 있었던 것이다.

2) 절제의 생태적 의미: 레베카 씨튼에게 쓴 편지(1799년 8월 3일과 10월 2일): 엘리사벳이 어떻게 자신을 절제했는지가 잘 드러나 있다. "나의 레베카. 내가 아가씨에게 자주 말했듯이 '절제'의 범위를 벗어난 애정은 무엇이든 다시는 절대 허용하지 않겠노라고 결심했었어요"(1.61 전집 1권 상, 186-187쪽). 레베카에게 쓴 또 다른 편지에서 "난 편지를 받으면 거기에서 느끼는 첫인상이 가시지 않는 동안에는 절대 답장을 하지 않는다는 걸 원칙으로 정해두었어…"(1.68 전집 1권 상, 199쪽)라고 쓰고 있다.

3) 자연의 질서에서 조화를 배운 엘리사벳: 친구들에게 보낸 편지(1796년과 1805년): 일라이자에게 쓴 편지에서 조화를 신앙적 삶의 열매로 중요시했다. "내 생각에는 종교의 첫째 주안점이 기쁨과 조화일 텐데, 이를 실천하는 사람들은 분명히 옳은 길을 가고 있다고 볼 수 있어"(1.8 전집 1권 상, 61-62쪽) 엘리사벳은 다섯 자녀를 둔 가난한 과부로 다른 이들의 도움을 받을 수밖에 없었는데, 필요할 때마다 도와주는 줄리아에게 자신의 담담한 심정을 고백했다. "의존상태보다 더 나쁜 것은 없지만, 만일 그것이 내가 감당해야 할 몫이라면 진정한 우정의 손길에서 받을 때 이상으로 더 좋은 것이 없겠지요"(4.1 전집 1권 하, 126쪽) 엘리사벳은 하느님께서 적절한 질서 안에 모든 것을 마련하신다는 사실을 이해했다.

4) 대지 윤리(Land Ethics)의 시각에서 본 엘리사벳의 절제와 조화의 덕: 알도 레오폴드(Aldo Leopold)는 우리가 인간 이외의 다른 자연물에 대해서

도 양심적 행동을 해야 할 도덕적 책임이 있다는 '생태적 양심'의 문제를 제기한 최초의 학자이다. 레오폴드는 "자연보호는 대지의 일반적 건강을 보존할 책임이 내게 있다는 개인적 자각에서 시작한다"라고 주장했다(『모래郡의 열두달: 그리고 이곳저곳의 스케치』, 174). 지금까지는 인간만이 공동체의 회원이라고 생각했는데, 대지 윤리는 공동체의 경계선을 넓혀 흙, 물, 식물, 동물과 대지 전체를 포괄한다. 생물학적 관점과 대지 공동체의 생태적 역동성을 고려하면서 레오폴드는 대지 윤리의 원칙을 제안했다. "어떤 것이든 그것이 생명 공동체의 순수성(integrity), 안정성(stability), 아름다움(beauty)을 보존할 때 도덕적으로 옳은 것이다. 그러나 위의 세 가지를 파괴할 때 그것은 도덕적으로 잘못된 것이다"(같은 책, 224-225).

순수성, 안정성, 아름다움, 이 세 가지 대지 윤리의 규범은 엘리사벳 씨튼의 생태 영성을 이해하는 데 크게 도움이 된다. 레오폴드와 엘리사벳의 자연에 대한 주의 깊은 사색을 살펴보면서 이들이 절제라는 현실적 지혜를 강조하고 있음에 주목하게 된다. 『모래郡의 열두달』에서 레오폴드는 절제가 생태적으로 살기 위한 최고의 덕목이라고 중시했다. 자연이 성장하는데 기다림과 절제가 필요하다는 자각은 엘리사벳의 영성을 성숙시켰고 고유한 생태적 특성을 지니게 했다.

III. 생태공동체를 이루며 신비적 일치에 도달한 엘리사벳 - 전집 2권에 기초해서

엘리사벳이 뉴욕을 떠나 볼티모어에 도착한 1808년 6월 15일로부터 에미츠버그에서 세상을 떠나기 직전인 1820년 말까지의 편지와 일기가 포함된 『엘리사벳 베일리 씨튼』 전집 2권은 13년(34세~46세) 동안 교육자와 수도회 창설자로서 살아온 공적 삶을 다루며 공동체 지도자의 면모를 보여준다. '마더 씨튼'(Mother Seton)이라고 불리던 이 시기의 엘리사벳이 에미츠버그 성 요셉 계곡에 위치한 사랑의 수녀회를 양성하고 사도직인 학교를 운영하는데 자신의 모든 에너지를 쏟았다고 생각할 수 있다. 그러나 자세히 들여다보면 다섯 자녀와 두 시누이를 돌보고 친구들과의 우정뿐만 아니라, 학부모, 졸업생, 은인, 사제, 교회 지도자들과의 사회적 관계도 키워가는 것을 볼 수 있다. 동시에 이루어간 세 원의 공동체 즉, 수도공동체, 가족 공동체, 사회적 교회공동체를 어떻게 생태적으로 조화롭게 키워갔는지 살펴보고자 한다. 이 세 공동체는 엘리사벳이 1818년 존 히키 신부에게 보낸 편지에 썼듯이 "지상에서 우리가 짜는 거미줄(spider web of earthly weaving)"(7.147 전집 2권 하, 42쪽)처럼 서로 긴밀히 연결되어 있다. 이런 사회활동의 풍부함은 엘리사벳의 신비체험이 실제 생활 속에서 열매를 맺고 있음을 확인시켜 준다. 엘리사벳이 이 세 원의 공동체를 타고난 생태적 렌즈를 통해 바라보고 형성한 것은 현대 생태철학자들인 표트르 크로포트킨, 헨리 소로우, 머레이 북친의 생태공동체의 특징들과 공유되는 점이 있다.

1. 활동 수도공동체에 대한 마더 씨튼의 생태적 비전

에미츠버그의 성 요셉 계곡에서 형성하는 공동체는 숲과 목초지, 산으로 둘러싸여 있었다. 엘리사벳은 친구 줄리아에게 주변의 자연에 대한 친밀감을 드러내며 다음과 같이 묘사했다. "우리의 산악은 아주 거무스름하지만 아래로 보이는 풍경은 밝고 화사하며, 초원들은 아직도 푸르고 내 사랑하는 아이들은 양과 함께 그곳에서 뛰놀곤 해"(6.14 전집 2권 상, 190쪽) 또 다른 친구 일라이자의 건강을 걱정하면서 공동체와 함께 소풍을 나간 어느 일요일에 대해 쓰고 있다. "우리 산의 공기를 마시고 깊은 숲과 냇물이 주는 휴식을 맛볼 수만 있다면 좋으련만. 어제 우리 모두가 - 스무 명가량의 수녀들과 아이들이 식사했는데, 우리가 일요일이면 가서 성무일도를 바치는 산속의 우리 동굴에서 차가운 햄과 크림 파이를 먹은 거지 … 내 마음은 지금 기울고 있는 석양만큼이나 환한 느낌이며 너와 함께 이 자연을 나누었으면 싶구나"(6.41 전집 2권 상, 247-248쪽). 마더 씨튼은 아름다운 자연 안에서 항상 친구들과 하느님의 현존을 느꼈다. 그는 공동체의 원장이자 지도자의 역할을 담당하면서 생태공동체를 이루어가고 있었다.

1) 엘리사벳은 친구 캐더린 듀플리에게 보낸 편지에서 자신이 맡은 원장의 역할에 대해 다음과 같이 이야기했다. "가엾고 연약하고 파선 당한 네 친구가 한 수녀원의 원장 수녀라는 낯설고 어색한 명칭으로 생을 마감하고 있어 … 내가 책임 맡은 작은 공동체는 오로지 아이들을 가르치고, 병자들을 간호하고, 우리 자신과 가난한 이들을 부양하기 위해 일할 목적으로 결합되어 있기 때문에, 너도 알다시피 내 기질에는 이게 모든 행복을 다 합해 놓은 거나 같단다"(6.45 전집 2권 상, 254쪽). 성 요셉 사랑의 수녀들

은 아이들을 가르치고 가난한 이들을 섬기는 사도직으로 일치되어 있었으나, 그들의 활동적 삶을 뒷받침하는 것은 사랑이 깃든 공동체의 행복이었다.

2) 엘리사벳은 규칙이 공동생활에 지침을 제시함으로써 진정한 자유를 보호한다는 가치를 알고 있었다. "신심이 우울함과 싫증을 불러일으킨다는 생각은 얼마나 잘못된 것인지 - 시선이 본질적으로 다른 차원에 쏠려 있는 영혼의 직감을 알지 못하면, 그 영혼이 어떤 자유를 누리고 있는지 짐작조차 할 수 없는 법이야"(6.7 전집 2권 상, 176쪽; 줄리아 스콧에게). 마더 씨튼은 모든 신앙인이 자유를 누리기를 원했으며 원장으로서 자신의 역할을 수녀들의 친구가 되는 것이라고 생각했다.

3) 일라이자에게 쓴 편지에서는 수도공동체 안에서 이루어지는 상호보조를 생생하게 묘사하고 있다. "내년 5월에 우리 산을 보러 오면 사랑스럽게 정돈된 나의 나무들을 볼 수 있을 거야. 분명히 뿌리는 거의 마르고 썩어버린 것 같지만 바람이 심하게 불면 작은 나무들이 그것을 둘러싸고 그 뿌리를 보호하지"(6.26 전집 2권 상, 213쪽). 오래된 나무를 보호하기 위해 둘러싸고 있는 어린나무들을 묘사한 이 아름다운 자연의 이미지는 엘리사벳이 주위의 젊은 수녀들을 통해 활기를 얻고 있는 자신의 모습을 반영한다.

4) 활동수도공동체를 통해서 드러나는 엘리사벳의 생태적 비전은 러시아의 지리학자이자 철학자인 표트르 크로포트킨의 관점을 통해 더 분명해진다. 그는 시베리아 답사를 통해 동물들 사이에서 상호보조와 지원이 공동체 생명을 지속시키는 데 주요한 역할을 한다는 것을 발견했다

(Mutual Aid <상호보조>, 6쪽). 인류의 발전 역시 인간 본성에 내재하는 협력적 정신의 직접적인 결과이다. 엘리사벳의 활동수도공동체에는 크로포트킨이 설명한 모든 생태적 특징들, 조화, 상호보조, 자유와 자유로운 합의에 대한 존중, 자치, 사유재산이 없는 평등을 누리고 있었다. 한 가지 주목할 만한 차이는 엘리사벳의 생태적 공동체는 창조물을 통해서 일하시고, 삶의 고통으로부터 선을 이끄시는 하느님의 섭리에 대한 신앙에 기반을 두고 강화되었다는 사실이다.

2. '생태공동체'로서 가족을 보는 엘리사벳의 비전

1) 가족이 함께하는 단순한 기쁨: 엘리사벳은 죽기 얼마 전에 자신의 삶을 되돌아보며 쓴 '소중한 추억들'(Dear Remembrances)에서 볼티모어로 이사한 후 파카 스트리트의 작지만 아름다운 집에서 다섯 자녀와 함께 처음으로 모였던 순간을 회상했다. "조지 타운에서 공부하고 있는 나의 사랑스럽고 착한 아들들 - 2년이나 떨어져 있다가 엄마 품에 안겼구나. - 부유한 아이들아 즐거워해라. 그러나 그 아이들은 우리 서로들 외에는 가진 것이 없는 우리가 누리는 이 기쁨을 조금이라도 상상할 수가 없을 거야"(전집 원문 3권a, 520쪽). 엘리사벳은 다섯 명의 자녀들이 아버지도 재산도 없다는 현실을 받아들였을 뿐 아니라 가난한 가족만이 누리는 서로를 보배로 여기는 가치와 순수한 즐거움을 발견했다.

2) 에미츠버그에서 수도공동체를 이루는 동안에도 가까운 성 메어리 산 학교로 전학한 아들 둘을 불러, 다섯 명의 자녀들이 일주일에 한 번 즐거운 시간을 보내려고 노력했다. 줄리아에게 보낸 다음 편지에서 아이들

과 보낸 어느 눈부신 봄날을 묘사하고 있다. "혹시 바로 이 순간에 언니가 언니의 사랑하는 친구와 다섯 아이가 밝은 햇살 아래서 주위의 온갖 환상들을 연출해내며, 우리 눈앞 풀밭 위를 스치듯이 날아다니는 종달새들처럼 즐거워하고 있는 모습을 볼 수 있었다면 어땠을까 … 난 현관에 나와 앉아, 아이들 못지않은 관심을 가지고 어린 송아지들이며, 돼지와 닭 등을 돌아보고, 이 아이들은 두 형제, 세 자매 그리고 늙은 어머니가 함께 나설 때면 좋아서 어쩔 줄을 몰라 하는군"(6.72 전집 2권 상, 317-318쪽).

3) 엘리사벳이 자녀들에게 끊임없이 전해주고자 했던 교훈은 세상을 있는 그대로 바라보라는 것이었다. 아들 윌리엄에게 보낸 편지에 이 교훈을 반복적으로 충고하고 있다. "이제 어엿한 사내로서 사물들을 참된 빛 안에서 그대로 보기를 바란다. 그리고 나는 네가 지상의 온갖 상황과 장소에서 모순과 다툼이 발견되기 마련임을 잘 알고 있으리라 믿는다"(6.194 전집 2권 중, 129쪽). 그는 이 가르침을 자녀들뿐만 아니라 자신도 항상 모든 것을 전체로서 있는 그대로 바라보고자 했다. 헨리 데이빗 소로우는 월든 호수가에서 홀로 소박한 삶을 추구했고, 마더 씨튼은 100명으로 이루어진 공동체에서 소박한 생활 속에 기쁨과 만족을 찾았다. 하지만 둘 모두 생태적 삶을 살았는데, 그들은 자신들이 더 큰 자연의 일부임을 잘 인식했고 또 그 안에서 조화를 발견했기 때문이다.

3. 사회적 공동체에 대한 엘리사벳의 생태적 비전

엘리사벳이 만든 관계망, 곧 '지상에서 우리가 짜는 거미줄'은 에미츠버그의 성 요셉 계곡보다 훨씬 더 넓어서 다음의 세 그룹 그 너머로까지 넓혀졌다. 첫째 그룹은 이탈리아의 필리치 가문, 필라델피아의 세실리아 오콘웨이 수녀의 아버지인 마티아스 오콘웨이, 볼티모어의 목수이자 건축가인 조지 와이스와 같은 지인들이었다. 평생을 함께한 세 친구, 줄리아, 일라이자, 듀에도 이 그룹에 속한다. 둘째 그룹은 당시 가톨릭교회 지도자들인 존 캐롤 대주교, 시몬 브루떼 신부, 존 히키 신부와 그 외 술피스회 사제들이었다. 셋째 그룹은 성 요셉 학교 졸업생과 학부모들이며 특별히 엘리사벳이 세상을 떠난 후 셋째 딸 캐더린 씨튼이 함께 살게 된 하퍼 가족도 포함되어 있다. 엘리사벳은 서로를 풍요롭게 한 이 세 그룹과의 관계를 계속 키워나갔다. 이들은 머레이 북친이 묘사한 '생태적 사회'와 같이 서로를 지배하려 하지 않고 예민한 공감과 이해로 서로를 자유롭게 하는 생태적 특징을 지니고 있다.

1) 레그혼/리보르노에서 사귄 필립보 필리치, 안토니오 필리치와 아마빌랴: 엘리사벳은 안토니오가 자신을 가톨릭으로 인도했고 미국으로 돌아오는 여행길에 동반했으며 가톨릭교회로 입교할 때까지 함께했기 때문에, 그들의 관계가 하느님의 섭리로 정해진 것이라고 확신했다.

한때 내가 겪어 온 모든 것을 함께 한 이만이 우리 사이의 애정이 얼마나 깊은지, 그리고 거기에 얼마나 깊은 까닭이 담겨있는지 알 수 있을 것입니다. 그리고 내 삶의 양식에서 과거와 현재에 얼마나 현격한 차이가 있는지를 알아차릴 수 있을 것입니다. - 이것을 이해하고 계시는 분은 당신을 내게, 그리고 우리를 당신에게 주신 그분뿐이십니다. - 그런 까닭에 나는 우리가 영원토록 사랑하고, 찬양하고 경배하리라 믿습니다(6.39 전집 2권 상, 244-245쪽).

2) 엘리사벳과 함께 굳건하고 상호적인 영적 관계를 맺은 또 다른 평신도는 마티아스 오콘웨이다. 그는 스페인어와 프랑스어 통역사였으며 그의 딸 세실리아는 사랑의 수녀회 첫 번째 수녀가 되었다. 마티아스와 엘리사벳은 서로에 대해 깊이 신뢰했다. 엘리사벳은 수도회 지도 스타일의 차이로 생긴 다비드 신부와의 갈등으로 빚어진 자신의 깊은 아픔을 마티아스에게 털어놓을 수 있었다.

> 내가 온통 역경으로 점철된 지난날의 내 인생 35년보다 더 실질적인 역경과 비애를 이곳으로 이사한 후 열 달 동안 여기서 겪어왔노라고 당신께 말씀드리면 당신은 웃으실 겁니다. 거듭 말하지만, 당신은 그 열매가 결코 헛되지 않으리라는 걸 아시기 때문에 웃으시겠죠. 저 역시 어떤 때는 몸서리치기도 하지만 적어도 그 열매가 소멸되지는 않으리라 희망하고 있습니다. 당신께 말씀드릴 필요도 없지만, 사실 이것은 '거룩한 알'이기 때문이지요(6.46 전집 2권 상, 260-261쪽).

엘리사벳은 고통의 신비를 볼 수 있는 눈이 있었고 섭리 안에서 선으로 바뀌리라는 것을 믿고 있었다.

3) 마더 씨튼이 세상을 떠나기 전까지 존 히키(John Hickey) 신부와 시몽 브루떼(Simon Bruté) 신부를 어떻게 영적으로 도와주었는지 살펴보면, 그가 맺은 사회적 관계가 생태적 특성, 즉 상호보조성을 지녔음을 알 수 있다. 존 히키 신부는 성 메어리 산에서 서품을 받은 첫 미국인 술피시안 회원이었다. 그가 젊은 사제였을 때 준비 없이 강론하는 것을 들은 마더 씨튼은 조용히 그를 질책했다. 그 후에도 계속 그에게 편지를 써서 관심을 보였고 동생들을 온유하게 대하라고 충고하면서 '당신의 작은 어머니'라고

서명했다. "신부님을 언제나 기억하는 저를 위해서 기도해 주십시오. 신부님의 관심사는 모두 내 관심사이기도 합니다"(7.147 전집 2권 하, 42-43쪽).

프랑스에서 태어난 브루떼 신부는 의사로 교육을 받은 후에 사제 서품을 받았다. 그는 1810년, 수천 권의 장서를 미국으로 가져와 에미츠버그에서 엘리사벳과 책들을 공유했으며 엘리사벳의 마지막 10년 동안의 영적 지도 신부였다. 엘리사벳의 영성이 높은 경지에 이르도록 도와주었고 마더 씨튼 역시 선교사로서 그가 겪어야 하는 희생을 이해함으로써 사제 성소에 대한 기쁨을 누리도록 그를 이끌어 주었다. 그들은 깊은 영적 관계를 맺었으며 영성적으로 성숙하도록 서로를 격려했다. "위탁(Resignation) 속에 온전히 맡긴 내 마음 전체를 잘 읽고 계십니까. … 그러나 신부님도 아시다시피, 유일한 안전과 천상적 평화는 이 근본적인 포기(abandon)에 전적으로 달려있지요"(7.47 전집 2권 중, 297쪽). 포기와 위탁이 엘리사벳의 마지막 시간들의 표어가 되고 있음을 볼 수 있다.

4) 머레이 북친은 제도적 종교가 사회생태학에 기여한 바가 없다고 보기 때문에 종교에 대해 비판적이었다. 그러나 상호의존성, 보살핌, 평등과 자유가 얼굴과 얼굴을 맞대고 엮어지는 사회를 열망한 북친의 사회적 생태 공동체와 매우 가까운 예를 엘리사벳의 사회적 관계망에서 찾을 수 있다. 엘리사벳은 가톨릭 신앙인이자 수도회 창설자로서 세 개의 원으로 구성된 생태적 공동체를 키워나갔고, 이 관계는 진실한 대화, 건강한 상호의존, 상호 존중과 하느님 섭리의 질서에 대한 신뢰로 깊어졌다.

5) 어느 지인에게 쓴 편지에서 발췌한 다음의 글은 엘리사벳이 활동수도회, 가족, 친밀한 사회관계라는 세 원으로 이루어진 생태공동체의 어머

니로서 하느님과 일치하는 신비체험을 했음을 보여준다.

오늘 오후 바위 위에서 홀로, 더없이 아름다운 경관으로 둘러싸여, 그분의 장엄하심과 영광을 기리고 찬양하는데, 눈꺼풀은 무거워 아무런 기쁨도 얻을 수 없었습니다. 내 영혼은 부르짖었지요. "오 하느님! 오 하느님! 저에게 당신을 주십시오. 그것으로 충분합니다." 고요한 사랑의 목소리가 대답했지. "나는 너의 것이다." "그렇다면 지극히 사랑하는 주님! 제가 살아있는 동안 저를 지금 있는 그대로 지켜주십시오. 이것이 참된 만족입니다. - 아무것도 바라지 않고, 아무것도 원하지 않고, 아무것도 기대하지 않으며, 아무것도 두려워하지 않는 것. 죽음! 영원! 십자가 발치에서 눈앞에 보이는 건 이 두 가지인데, 아! 바쁘게 허덕이며 불안해하고 눈이 멀어 잘못 생각하고 있는 존재들이 바라는 일들은 얼마나 하찮은 것인가요!"(7.324 전집 2권 하, 303쪽).

하느님 외에는 아무것도 바라지도, 원하지도, 기대하지 않으며, 아무것도 두려워하지 않는 평정의 마음으로 주위의 아름다운 자연에 싸여 하느님과 사랑의 일치를 이룬 것이다. 성 메리 산 위 바위에 앉아서 경험한 이 세 번째 신비체험의 기록이 하느님을 향한 순례의 종결점을 이룬다는 것은 엘리사벳의 생애 마지막 10년 동안 영적 지도자였던 시몽 브루떼 신부에게 보낸 편지 43통과 15개의 메모를 통해서 확인할 수 있다.

IV. 우주와 인간 안에서 하느님 현존을 체험한
엘리사벳 - 전집 3권에 기초를 두고

전집 3권은 엘리사벳이 17살부터 세상을 떠나기까지 한 묵상 기록과
기억하고 싶어서 여러 영성 작가에게서 베낀 글들, 및 22%에 달하는 양의
번역문을 담고 있다. 전집 3권을 모아주는 한 가지 중심주제가 있다면, 그
것은 엘리사벳 씨튼의 생애 전체를 유지해준 신비이며 자연세계와 인간
세계를 하나도 묶어주는 것, 곧 하느님의 현존일 것이다.

1. 생명과 생기의 원천으로서 창조세계 안에 머무는 하느님의 현존

1) 엘리사벳은 이탈리아에서 뉴욕으로 돌아오는 배 안에서 쓴 "피아민
고 묵상"(Pyamingo Reflection)에서 온 우주 안에 계신 하느님의 현존을 가
장 분명하게 그렸다.

> 그리스도인의 모든 영적 수련 중에 하느님 현존의 그침 없는 기억보다 성인들이
> 더 중요하게 생각하고 우리에게 추천한 것이 없다. 이 수련을 실천해야 할 우리의
> 의무는 두 가지 신앙 원칙에 기초하고 있다. 하느님은 어디나 계시고 모든 것을
> 보신다는 사실이다. … 그 현존의 장엄함이 우주의 각 부분을 성화시키고, 내가
> 어디에 있던지 성조 야곱처럼 "이 장소가 거룩한 곳이었구나!"라고 말할 수 있다
> (전집 원문 3권a, 189).

2) 엘리사벳은 "천상에 대한 묵상"(Meditation on Heaven)에서 예수님
이 우리의 인성을 취하심으로써 모든 물질적 창조물을 영적인 차원으로

끌어올리셨다고 썼다.

하느님 자신이 우리의 낮은 물질세계로부터 우리의 찬미가 되셨다. … 끝없는 사
랑과 조화, 성모님의 노래 … 내가 지닌 이 작은 원자(atom) 같은 존재가 끝도
한계도 없는 복락을 영원히 누린다는 것이 가능하다니(전집 원문 3권a, 314).

3) 엘리사벳은 온 우주가 영광스럽게 되는 날을 고대했다. 세상의 구원은
인간의 구원뿐만이 아니라 자연세계의 구원까지 포함하고 있기 때문이다.

그렇지. 나는 대천사들의 소리가 울려서 하늘이 변화되고, 땅이 새롭게 되며, 우주의
자연적 요소들이 자유롭게 변하는 날을 고대하고 있다. 그 때에는 내 안나나와 레베
카도 더 이상 무덤 안에 묻혀있지 않는 것을 볼 수 있겠지(전집 원문 3권a, 494).

4) 빙엔의 힐데가르트의 생태 영성에 비추어 본 창조세계 안의 하느님
현존─힐데가르트는 비전을 통해 모든 생명이 살아있는 빛이신 하느님의
현존 안에 살고 있음을 보았다. 하느님으로부터 생겨난 모든 것은 그 안에
생명에너지를 지니고 있기 때문이다.

물은 태양의 열기로 온 땅을 적시는데, 태양은 궤도를 순회하면서 습기가 있는
공기에 의해 촉촉하게 되는 형상을 취한다. 결국 물과 태양의 열이 서로 합해져서
살아있는 모든 식물을 생겨나게 한다. 그래서 물은 태양의 거울이 되어 태양이
지나친 열로 땅을 태우지 않도록 억제하고, 태양은 물을 억제해서 땅이 지나친
비로 범람하지 않게 한다(힐데가르트의 편지들 3권, 170-171쪽; 이단들의 잘못된
교리에 대한 설교).

생태적 성인 힐데가르트는 자연 안에서 실천되는 서로 간의 견제와 조화를 가장 중요한 덕으로 보았다. 엘리사벳 역시 창조세계의 생명이 절제와 조화로 유지된다고 보았다.

2. 인류 안에 머무는 하느님 현존

엘리사벳은 온 우주가 하느님 현존으로 차 있음을 통찰하고 특히 인간은 이 현존을 인식하고 순수하고 소박한 삶을 통해 성화되어야 한다고 믿었다. 그래서 "하느님 현존은 내게 가장 귀중한 보배"이며, "당신의 현존 안에 기쁨의 충만함이 있습니다"라고 고백했다.

1) 에미츠버그의 작은 마을에서 살아가는 수도 생활의 생태적 의미: 침묵과 조용함, 하느님과의 규칙적인 통교와 세상의 소란함에서 격리되어 있음. 행동의 질서와 하느님께 대한 순명의 정신으로 모든 것을 하고 그분의 뜻을 이룸⋯ - 하늘은 그의 영광의 어좌이고, 땅은 그의 발판, 인류는 그의 섭리를 실천하는 사절(使節)들, 부유는 그의 너그러움의 결과, 재앙은 그의 정의의 채찍. - 이것이 모든 것 안에서 어디서나 하느님을 발견하는 비밀이다(전집 원문 3권a, 191).

하느님의 섭리를 실천하는 사절들"로서 인간에게 맡겨진 역할이 잘 드러나 있다.

2) 성체는 이 지상의 지성소이며 하느님 현존의 초점 - St. Chrysostom의 성체축일 강론

이 거룩한 성사는 온 우주를 장식하고, 그 안에 담긴 그리스도의 피는 우리를 구속하고 아름답게 변화시킨다(전집 원문 3권a, 543).

3) 샐리 맥파그는 『하느님의 몸: 생태신학』에서 인간을 비롯해 살아있는 모든 것은 몸을 지니므로 살 수 있는 공간이 필요하다는 사실에 주목했다. 공간은 생태 문제와 정의 사이의 관계를 밝혀 각 생명체가 자신의 거주지를 가질 권리가 있음을 알려준다. 맥파그는 우리가 땅에 소속된다는 사실을 망각하고 그 합당한 위치를 받아들이지 않는 것이 '생태적 죄'라고 했다(The Body of God: An Ecological Theology, 111). 가난하고 압박받는 사람들뿐만 아니라 동물과 지구 자체가 새로운 빈자로 대두된 오늘의 생태적 현실을 인식하고, 엘리사벳이 죽음과 고통이 자연세계와 인간세계를 어떻게 이어주고 죽음 자체가 생명의 한 부분이라고 인식했는지 살펴보겠다.

3. 죽음과 고통 속에 함께 하는 하느님의 현존

엘리사벳 씨튼은 죽음과 고통이 생명을 지닌 인간이나 자연물 모두에게 공통되는 삶의 한 부분임을 자각하고 있었다. 더 나아가 죽음을 하느님 현존이 가장 드러나게 경험되는 추수의 때로 간주했다. 그래서 "고통의 복된 사슬"(blessed chain of suffering)이라고 불렀다.

1) "빨리빨리 오라, 복된 순간이여 내가 너를 부르니. 영원으로 나를 일깨우고 이 몸은 죽으라고 말해다오. 한없는 선함이신 예수님, 고리와 고리를 이어서 복된 사슬을 만들자"(전집 원문 3권b, 108-109쪽).

2) "성체 안에 계신 우리 주님을 받아 모시는 것보다 더 큰 행복이 있을 수 없지만, 그분의 십자가와 일치함으로써 또한 그분을 모십니다"(전집 원문 3a, 419쪽).

3) 현대 가톨릭 생태신학을 대표하는 엘리사벳 존슨은 삶의 역사 자체가 죽음에 의존하고 있는데, 이것은 죽음이 없이는 한 세대에서 다음 세대로 이어지는 진화적 발전이 불가능하기 때문이라고 했다. 십자가와 부활의 형태가 우주의 모습 안에서도 그대로 발견된다는 것이다: "이런 새로운 사고는 하느님의 성령에 중심을 두고 있다. 계시하시는 인격적 하느님의 경험을 광활한 우주론적 배경과 통합시키면서, 생태 신학은 사회정의와 생태 여성적 통찰을 충분히 반영해서 또 하나의 새로운 지도를 그리고 있다"(Quest for the Living God, 187). 엘리사벳 씨튼은 삶의 체험으로부터 이러한 새로운 지도를 자연스럽게 그리고 있었다.

V. 오늘날에 재발견하는 영성적 가치

프란체스코 교황의 회칙 <찬미받으소서>는 자연생태(natural ecology)와 사회생태(social ecology)를 분리된 두 개의 분야로 볼 것이 아니라 자연계와 사회체계가 상호작용하는 통합적 생태(integral ecology)로 살펴야 함을 분명히 했다. "우리는 환경 위기와 사회 위기라는 별도의 두 위기가 아니라, 사회적인 동시에 환경적인 하나의 복합적인 위기에 당면한 것입니다. 그 해결책을 위한 전략에는 빈곤퇴치와 소외된 이들의 존엄 회복과 동시에 자연보호를 위한 통합적인 접근이 요구됩니다"(139). 우리가 살펴본 엘리사벳

 씨튼의 생태영성에는 놀랍게도 이 두 가지 시각이 자연스럽게 결합되어 있다. 『엘리사벳 베일리 씨튼 전집』 세 권을 하나씩 따로 분석해 보았는데, 3권 전체를 종합해서 보면 오늘날 <찬미받으소서>의 시각과 같게 통합적인 형태를 취하고 있다.

엘리사벳이 수도회 창설자와 교육자로서 공인으로 살면서 쓴 일기와 편지들을 모아 놓은 전집 2권에서 이끌어낸 '생태공동체'라는 주제는 상호보조, 연대, 자치, 조화, 균형 등 사회 생태적인 문제들을 다루고 있다. 엘리사벳이 이루어간 인간관계를 가족공동체, 수도공동체, 사회공동체라는 세 가지 원의 연결망을 아우르며 살펴볼 때, 사회생태에서 가장 중요한 상호 존중과 조화 속에 공동체 회원 각자가 성장하고 협력하는 사랑의 영성을 구체화하고 있었다. 엘리사벳의 묵상과 다양한 글들을 모아놓은 전집 3권에서는 자연생태를 주제로 해서 창조세계 안에 계신 하느님의 현존과 모든 생명체의 죽음과 고통 속에 계신 하느님의 현존에 대한 엘리사벳의 통찰을 살펴보았다. 그 결과 엘리사벳이 성령에 중심을 두고 인격적인 하느님과 광활한 우주론적 배경을 통합시키려는 최근의 생태신학적 지도를 이미 그리기 시작했다는 사실을 깨닫게 되었다. 엘리사벳이 평신도로서 생활할 때 쓴 일기와 편지들을 모은 전집 1권은 인간과 자연을 연결하고 아우르는 통합적인 시각을 제공해서, 2권의 사회생태와 3권의 자연생태에 기초가 되는 생태 영성을 제공하고 있다. 엘리사벳은 자연의 아름다움 속에서 친구들과 하느님의 사랑을 발견했고, 절망적 상황에 처했을 때는 자연 안에서 하느님의 위로를 발견했으며, 시편을 통해 자연과 소

통하는 법을 배웠고, 자연의 흐름 속에서 현재의 중요성과 생태적 절제, 균형, 조화를 익혔다. 한마디로, 엘리사벳은 통합적인 생태학을 삶 속에서 실천하며 생태적 덕을 쌓아가고 있었다.

이제 신비가로서 엘리사벳 씨튼의 삶을 좀 더 넓은 범주 안에서 살펴보면, 엘리사벳은 부정신비주의(apophatic mysticism)보다는 긍정신비주의(kataphatic mysticism)의 길을 걸었다. 윌리암 제임스의 신비주의 연구가 신비가의 개인적 신비체험에 치중해서 신비가가 속한 종교 전통과 공동체의 영향을 간과했다는 현대 학자들의 지적에 따라[4] 엘리사벳의 삶 전체 안에서 그의 신비주의를 조명하면, '어머니'라는 이미지가 엘리사벳의 전 생애를 포괄한다. 3살 때 어머니를 잃은 슬픔을 가톨릭교회 안에서 성모 마리아에게서 찾았고, 다섯 아이의 어머니로서의 책임을 무엇보다도 중요시해서 수도자로서의 소명도 어머니의 책임을 다할 수 있는 조건 안에서 받아들였다. 에미츠버그에 자리를 잡은 후 엘리사벳은 모든 이에게 '마더 씨튼'(Mother Seton)이라고 불렸다. 수녀회의 창설자이고 원장이기 때문만이 아니라 수녀들과 학생들은 물론 성 메리 산의 신학생들과 사제들에게도 어머니의 사랑을 베풀었기 때문이다. 신학생 때부터 알던 존 히키 신부에게 편지를 쓸 때는 '성 요셉 계곡의 작은 어머니'라고 서명을 했고 가족을 대할 때 필요한 충언을 아끼지 않았다. "처음에 너무 많은 것을 요구하면 결국 아무것도 얻지 못합니다. 마음을 잃어버리면 모든 것을 잃는 것이니까요. 가족에게 그런 언어를 사용하시면, 그들이 신부님을 사랑할 수 없게 됩니다. 그들에게는 사물을 있는 그대로 들여다보는 우리와 같은

---

4 Ninian Smart, "The Purification of Consciousness and the Negative Path," in *Mysticism and Religious Tradition*, ed. by Stephan Katz (New York:Oxford University Press, 1983), 117-129. Stephan Katz, *Mysticism and Philosophical Analysis* (New York: Oxford University Press, 1978), 47-48.

현미경이 없으니까요"(전집 2권 하, 41). 영적지도자였던 브루떼 신부도 엘리사벳보다 5살 아래였을 뿐이지만, 엘리사벳을 '나의 미국 어머니'라고 지칭했다. 신부로서의 소명을 기쁘게 살도록 도와주었기 때문이다.

1820년 9월, 엘리사벳은 지역의 가난한 학생들을 위해 독립된 무료 학교 건물을 짓고 있는 뒤봐 신부의 안내로 건축 현장을 돌아보고 온 후, 결핵이 악화되어 병석에 눕게 되고 다음 해 1월 4일에 세상을 떠났다. 이 상황에서도 엘리사벳은 브루떼 신부에게 "모든 것 안에 하느님의 무한한 선을 보여주는 지금의 섭리 안에서 말할 수 없는 기쁨을 느낀다"(전집 2권 하, 247)라고 썼다. 수신인의 이름과 날짜가 적혀 있지 않은 어느 사제에게 보낸 편지에도 "저는 원자(atom)! 당신은 하느님! … 내 영혼은 신비의 혼돈(the chaos of mystery) 속에 묻혀있어서 … 모든 필요에 응하면서도 자유를 누리고 있습니다"(전집 2권 하, 297). 한 마디로, 엘리사벳이 세상을 떠나기 전 6년간은 그전에 겪던 내적 어두움과 알력을 벗어나서 평화와 고요와 침묵, 하느님의 것으로 그분의 영원성을 미리 맛보는 평온한 기쁨의 시기였다. 엘리사벳 씨튼은 하느님의 창조세계를 전체로 바라보고 그 안에서 관계성을 이해하고 키웠다. 자연과의 관계가 영성의 형성과 성숙의 바탕이 되었고, 다른 인간관계만큼 친밀하고 돈독했다. 자연과 인간의 창조주이신 하느님을 그 마음 중심에 모셨으며 이런 하느님의 현존이 다른 창조물에 대한 예민성에 생명을 불어넣었고 모든 것을 일치시켰기 때문에 우리는 성녀 엘리사벳 앤 씨튼을 생태신비가라고 부를 수 있다. 생태신비가인 엘리사벳 씨튼이 남긴 삶과 글은 통합적 생태 위기에 직면하고 있는 우리 세대에 가난하고 소외된 이웃과 피폐된 자연을 되살릴 수 있는 사랑의 영성을 보여준다.

성녀 엘리사벳 씨튼 연표

~~~~~~

1774년 8월 28일	Elizabeth Ann Bayley 출생
1794년 1월 25일	William Magee Seton (1768-1803)과 결혼
1795년 5월 3일	Anna Maria Seton 출산. 안나는 1812년 3월 12일 사망
1796년 11월 25일	William M. Seton 출산. 윌리암은 1868년 1월 13일 사망
1798년 1월	시아버지의 죽음과 재정적 문제가 드러나고 남편의 결핵이 악화됨
1798년 7월 20일	Richard Bayley Seton 출산. 리차드는 1823년 6월 26일 사망
1800년 6월 28일	Catherine Charlton Seton 출산. 캐더린은 1891년 4월 3일 사망
1800년 12월 7일	파산 선언과 집이 차압됨
1802년 8월 20일	Rebecca Seton 출산. 레베카는 1816년 11월 3일 사망
1803년 10월 2일	남편 윌리암과 안나와 뉴욕항을 출발하여 이탈리아로 항해
1803년 11월 18일	리보르노 항구에 도착하자마자 황열병을 우려해서 검역소에 구치됨
1803년 12월 19일	검역소에서 풀려나 피사에 있는 빌린 아파트로 이사
1803년 12월 27일	윌리암이 피사에서 사망. 리보르노에 있는 영국묘지에 다음날 매장됨
1804년 4월 8일	과부가 된 엘리사벳이 안니나와 함께 피아민고호로 뉴욕으로 향함
1804년 6월 4일	엘리사벳과 안니나가 동반한 안토니오 필리치와 함께 뉴욕항에 도착
1805년 3월 14일	뉴욕의 Barclay Street에 있는 성 베드로 성당에서 가톨릭 신앙선서를 함
1805년 3월 25일	뉴욕의 성 베드로 성당에서 첫 영성체
1806년 5월 25일	뉴욕의 성 베드로 성당에서 존 캐롤 주교님에게서 견진을 받음
1808년 6월 9일	엘리사벳과 딸 세 명이 뉴욕항을 떠나 볼티모어로 항해
1808년 6월 15일	Grand Sachem호가 볼티모어에 도착했으나 엘리사벳 일행은 다음날 내림
1808년 6월 16일	성 메리 신학교 성당미사에 참석, 엘리사벳은 파카가에서 학교 시작
1808년 6월 29일	워싱톤으로 가서 아들 윌리암과 리차드를 볼티모어 학교로 데리고 옴
1808년 12월 7일	사랑의 수녀회 첫 지원자 Cecilia Maria O'Conway가 필라델피아에서 옴
1809년 3월 25일	엘리사벳이 캐롤 주교 앞에서 정결과 순명의 개인서원을 발함
1809년 6월 9일	엘리사벳과 동반자들이 성체축일에 수도복을 착용함
1809년 6월 21일	엘리사벳과 첫 그룹이 볼티모어를 떠나 에미츠버그로 감
1809년 7월 31일	성요셉의 사랑의 수녀회가 Stone House에서 수도회로 발족
1810년 2월 22일	성요셉 학교 시작 - 미국에서 수도자들이 시작한 첫 무료 가톨릭 여학교

1810년 5월 18일	성요셉 아카데미 시작 - 유료로 수도자들이 시작한 가톨릭 여학교
1812년 1월 17일	빈첸시오 드 폴과 루이즈 드 마리악이 시작한 사랑의 딸회 회칙 채택
1812년 3월 12일	사랑의 수녀회 첫 서원자이며 엘리사벳의 맏딸인 안나의 사망
1813년 7월 19일	18명의 첫 그룹이 새로 채택된 회원에 따라 White House에서 첫 서원
1814년 9월 29일	사랑의 수녀회가 필라델피아로 파견되어 고아원을 운영
1816년 11월 3일	엘리사벳의 막내딸인 레베카 사망
1817년 8월 28일	사랑의 수녀회가 뉴욕으로 파견되어 고아원을 운영
1821년 1월 4일	마더 씨튼이 White House에서 세상을 떠남
1975년 9월 14일	교황 바오로 6세가 엘리사벳 앤 씨튼이 성인 반열에 든 것을 선언함

레이첼 카슨의
우주적 생태사상

| 유정원 |

레이첼 카슨(1907~1964)

레이첼 카슨의 우주적 생태사상

유정원

가톨릭대학교 강사

누이이며 어머니인 대지가 우리에게 울부짖습니다.

그동안 우리가 그녀에게 입힌 상처(의 고통) 때문입니다.

우리는 하느님께서 그녀에게 맡겨주신 것들을 무책임하게 사용하며 남용하고 있

습니다.

— 프란치스코 교종 생태회칙 <찬미받으소서>(2015) 중에서

이미 기후변화와 지구온난화라는 말에 익숙해 있고 생태계 파괴로 말미암은 피해가 세계 곳곳에서 발생하고 있지만, 그저 남의 이야기일 뿐이었다. 그러나 2020년을 맞으며 전체 지구인은 '코로나19 팬데믹' 앞에 속수무책 서 있다. 마스크에 이어 수돗물 유충에 대비한 필터를 각자 마련해야 할 형편에 이르렀다. 알다시피 이 모든 것은 인간의 자업자득이다.

본 고에서는 『침묵의 봄』을 통해 미국인뿐 아니라 전 세계에 환경 운동을 일으킨 레이첼 카슨(1907~1964)의 생태사상을 살펴볼 것이다. 산업문명과 과학혁명에 기초하여 세계대전을 치르고 패권을 장악한 미국이 자본주

의적 경제 성장에 골몰하던 시대를 살면서, 카슨이 과학과 문학과 영성을 통합하여 피워 올린 자연에 대한 사랑과 겸손한 인간상을 조명해 보겠다.

I. 20세기 정치경제 상황

카슨은 20세기 정치경제적 격변기를 살았다. 19세기 서구 제국주의의 식민통치로 곪아있던 상처가 두 차례 세계대전으로 터졌고, 이어진 냉전 시대에는 자유주의 진영과 공산주의 진영이 첨예하게 대립하며 자본축적과 무기 경쟁에 골몰했다.

1. 세계 정치: 세계대전과 미소냉전

1) 1차 세계대전(1914. 7. 28.-1918. 11. 11.)

1914년 7월 28일 오스트리아가 세르비아에 선전 포고를 하면서 시작되었고, 1918년 11월 11일 독일의 항복으로 끝난 이 전쟁은 영국-프랑스-러시아 등의 협상국(연합국)과 독일-오스트리아의 동맹국 진영이 맞섰다. 그간에 축적된 과학기술을 바탕으로 새로운 무기인 장거리 대포, 전차, 기관총, 수류탄, 저격용 소총, 독가스, 전투기, 잠수함이 등장했고 육지뿐 아니라 하늘과 바다에서도 치열한 전투가 벌어졌다.

유럽이 전쟁에 휩싸여 있는 동안, 미국은 군수 물자를 팔아 엄청난 이윤을 챙기면서 세계 최강대국으로 떠올랐고 막강한 군사력으로 전쟁 상황을 바꾸어 놓았다.

2) 2차 세계대전(1939. 9. 1.-1945.9.2.)

1939년 9월 1일 독일의 폴란드 침공과 이에 대한 영국·프랑스의 대독 선전포고로 발발하여, 1945년 8월 15일 일본의 항복으로 종결되었다. 독일·이탈리아·일본의 3국 조약을 근간으로 한 추축국과 영국·프랑스·미국·소련·중국 등을 중심으로 한 연합국이 대립했고, 1941년 독일의 소련 공격 및 일본의 진주만 공격으로 인한 태평양 전쟁 등을 거쳐 세계대전으로 확대되었다.

이 전쟁으로 수천만 명의 인명 피해가 났으며, 세계의 정치·경제·사회·문화 등 모든 영역에서 커다란 변동이 나타났다. 전승국인 미국·영국·프랑스·소련·중국을 중심으로 1945년 10월 24일 국제연합이 창설되고, 전후 경제질서 회복을 위해 달러가 세계기축통화가 되어 미국 중심의 경제체제가 세워졌다. 소련 군대가 주둔한 동유럽-외몽고-북한 등에 공산주의 정권이 들어서고 중국은 공산당이 내전에서 승리하면서, 세계는 미국-서유럽 중심의 자본주의 진영과 소련-동유럽-중국 중심의 공산주의 진영으로 재편되었다. 또한 1960년대까지 패전국의 식민지였던 나라들도 상당수 독립하여 국제 관계에 큰 변화가 생겼다.

3) 철의 장막과 냉전 시대(1945~1989)

2차 세계대전은 끝났지만, 1945년 가을부터 전 세계는 '철의 장막'을 경계로 미국의 자유주의와 소련의 공산주의로 나뉘어 대립이 심화되고, 1989년까지 냉전체제가 이어졌다.

레이첼 카슨이『침묵의 봄』을 집필하던 1958~1962년에는 냉전주의적 긴장으로 원자폭탄 실험이 잦았고[1] 핵무기를 경쟁적으로 비축하려는 분위기가 팽배했다. 특히 소련의 쿠바 미사일 기지 건설로, 1962년 10월

16~28일 동안 핵전쟁이 일어날 뻔했다.

따라서 당시 미국 정부는 반공주의 정책에 합법적인 비판을 하는 것조차 위험시했고, 모든 국민은 국가 체제에 순응해야 하는 분위기였다. 첨단 무기 개발에 기여하는 과학기술 종사자는 자유세계의 구세주이자 번영의 수호자로 존경받았으며, 방사능 낙진(스트론튬 90)으로 인한 복잡한 환경 문제는 무시되었다.

2. 미국 경제: 대공황과 자본주의

미국은 1920년경 전쟁 후유증으로 잠시 경기 침체기를 겪었으나 엄청난 자원과 기술력을 바탕으로 경제성장 정책을 추진하여 수년 만에 세계 경제의 중심이 되고 1927년에는 사상 최대 호황을 맞았다. 그러나 계층 간 심각한 소득 불평등과 성장 정체로, 자금이 투기시장으로만 몰려 1929년 10월 주가가 폭락하고 기업들은 연쇄 파산하여 경제 전체가 붕괴된다. 이렇게 울린 대공황의 서곡은 과잉생산과 수요 부족으로 계속 심해져갔다.

농민들은 농산물 가격 급락에도 적은 소득이나마 올리려 생산을 늘렸고 이는 가격 하락을 가져와 농가 소득은 더욱 떨어졌다. 도시에는 굶주리

---

1 1945년 이후 1963년 '부분적 핵실험 금지조약(Test Ban Treaty)이 체결되기 전까지 미국과 소련을 중심으로 지구 대기권 내 지표 및 해수표면에서 370회 이상의 핵실험이 있었다. 이로 인해 탄소-14와 같은 방사성 물질들이 대거 바다로 침투, 해저로 가라앉았다. 또 해수면을 떠다니다 해양생물들의 몸에 적체되고 농축되어 먹이사슬을 타고 더 큰 어류에게 먹히는 과정에서 더욱 농축이 심해졌다. 이 농축된 수산물들이 식탁 위에 올라올 위험성을 배제할 수 없다(아시아경제, '냉전시대 핵실험 잔존물질, 수심 1만m 심해에서 검출', 2019.5.15.). https://www.asiae.co.kr/news/view.htm?idxno=2019051510324333477).
   워싱턴포스트(2016.1.6.)에 따르면, 1945~2016년간 핵실험은 총 2055회(미국(1945~92년) 1032회, 소련(1949~90년) 715회, 프랑스(1960~96년) 198회, 영국(1952~91년) 45회, 중국(1964~96년) 45회 등. 인도, 파키스탄, 북한에서 실시) 있었고, 핵무기는 총 12,000발 있다.

는 사람들이 속출하는데도 농부들은 사료 살 돈이 없어 가축을 포기하는 기이한 현상이 벌어졌다. 결국 미국 사회는 공업-농업-금융-통화 공황에 빠져, 광범위하고 장기적인 대공황으로 치달았다. 거리에는 양복을 차려입은 거지 아닌 거지들이 즐비했고, 1932년 봄 실업률은 35%였고 대공황이 절정에 달한 1933년의 실업자는 1,500만 명이었다. 당연히 당시 여성이 과학 분야에서 일자리를 찾기란 참으로 어려웠다.

그러나 미국은 전 지구적 자본주의를 주도하는 나라가 되었고, 현재도 여전하다. 거의 모든 부분에서 자본주의화가 안 된 부분이 없고, 미국인의 부지런함은 미국 자본주의 발달과정에 큰 영향을 미쳤다. 이후 선진국 대다수와 개발도상국의 경영-산업 생산방식은 전부 미국에서 나왔을 정도다.

II. 카슨의 생애와 영향

미국 펜실베이니아 주 스프링데일에서 1907년에 태어난 레이첼 카슨은 1925~1929년에 펜실베이니아 여자대학(현 채텀 대학)에서 공부했다. 3학년 때 문학에서 생물학으로 전공을 바꿔 졸업한 후, 우즈홀 해양생물연구소의 연구자로 근무했다. 1932년 존스 홉킨스대학에서 해양동물학 석사학위를 받고 박사과정에 입학했으나 2년 후 중퇴하고, 메릴랜드 대학교에서 학생들을 가르치며 「볼티모어 선」(*Baltimore Sun*) 지에 자연사에 관한 기사를 발표하였다.

1937~1952년간 미국 어류-야생동물국(FWS-Fish and Wildlife Service)에서 해양생물학을 다루는 공무원으로 일했다. 첫해에 정확한 과학적 지식에

바탕한 '해저'라는 기사를 「에틀랜틱 먼슬리」에 기고(1937.9)하였다. 이 기사에서 카슨은 두 가지 중요주제인 '수억 년을 견뎌온 해양생명체의 생태학적 관계'와 '가장 미세한 생명체마저 포용하는 본질적 불멸성'을 다루었다.

카슨은 이렇게 바다를 둘러싼 생태계에서 자연의 통합성에 대한 비전을 보았고, 이를 발전시키고자 우즈홀 해양생물연구소에서 1940년 7월까지 해저 연구를 계속했다. 이때 비니어드 해협이나 버저즈 만을 매일 오가는 작은 고기잡이 준설선인 팰런스로프 호(Phalanthrop)에 규칙적으로 승선하여, 해저에서 찾아낸 갖가지 생물들이 어디에 살고 어떻게 생존하는지 '낯선 세상에서 살아가는 생물체의 삶'에 관해 상상력을 동원하며 탐색해나갔다.

또 카슨은 선창에서 시간을 보내면서 고등어 떼가 방파제를 따라 오가고, 오징어와 다른 포식자들이 고등어 떼 주위를 맴도는 것을 지켜보며 메모하는 습관을 들였고, 이는 평생 이어졌다. 카슨은 수첩에 바다 생명체의 목록만이 아니라, 그 존재성을 묘사한 소리와 색깔, 움직임까지 적었다.

대학의 전공 공부, 어류·야생동물국의 공무원으로서 행한 바다 연구서 집필, 사는 내내 이어진 자연과 생명체에 대한 섬세한 사랑. 이 모든 것이 숙성하여, 카슨은 시적인 산문과 정확한 과학적 지식이 독특하게 결합된 4권의 책을 저술하였다. 바다 3부작인 『바닷바람을 맞으며』(1941), 『우리를 둘러싼 바다』(1951), 『바다의 가장자리』(1955)를 발표하여 세계적으로 문학적 성과를 인정받았고, 핵폐기물의 해양 투척에 반대하며 전 세계에 그 위험을 경고하였다.

그 후, 20세기에 가장 큰 영향력을 미친 책으로 일컬어지는 『침묵의 봄』(1962)을 출판하여 무분별한 살충제 남용으로 파괴되는 생물계와 지구 생태, 인간이 처하게 될 위기 상황을 밝혔다. 그 영향으로 당시 미국 대통령인

존 F. 케네디는 대통령 과학자문위원회를 소집하게 하여 살충제 오용 문제 조사를 명했고, 1963년 5월 5일 카슨의 주장을 지지하기에 이른다. 또한 1963년 4월 'CBS 리포트' TV 뉴스 프로그램에 출연하고, 5월에는 법률 개정과 정부 후원의 연구가 필요함을 알리고자 미국 상원소위원회 증언대에서 발언하였다. 이를 통해 미국에 시민이 주도하는 환경단체들이 생겨났고, 야생동물과 인간의 건강에 어떤 영향을 주는지 정확히 밝혀질 때까지 살충제 사용을 제한하자는 법안이 제시되었다.

이처럼 카슨의 입장이 받아들여지면서 전 세계 학술, 문예, 과학단체로부터 수많은 상과 훈장을 받았지만, 그녀의 인생은 마지막을 향하고 있었다. 카슨은 『침묵의 봄』을 집필하던 1960년에 유방암에 걸렸다는 것을 알았고, 1964년 4월 14일 56세의 나이로 세상을 떠났다.

카슨의 책은 대중들의 커다란 호응을 받았고, 미국 환경 운동의 기폭제 역할을 했다. 1964년 의회는 야생보호법을 제정하여 무절제한 개발로부터 자연을 보호하는 정책을 시행했고, 수질·자동차 배기가스·대기 등에 관한 환경규제 법안을 마련했다. 1965년부터 생태학이 새로운 학문 분야로 주목을 받았고, 카슨이 제시한 천적 사용과 수컷 불임법 같은 생물학적 병충해 방제법도 적극 모색되었으며, 미국의 환경 정책법이 1969년 의회를 통과했다. 1970년 4월 22일 1회 지구의 날 행사가 열려, 2,000여 지역단체에서 2천만 명 가까운 시민들이 거리에 모였다.

III. 카슨의 작품 속으로

카슨의 글은 워낙 수려하고, 읽으면 자연과 생명에 대한 존중과 따뜻한 감성이 절로 우러난다. 이런 연유로 카슨의 바다 3부작 중 맨 처음 저술한 『바닷바람을 맞으며』(1941)와 『침묵의 봄』(1962)의 중요 내용을 짚어나가겠다.

1. 『바닷바람을 맞으며』(1941)

『바닷바람을 맞으며』는 불안한 미래와 끊임없이 변화하는 자연을 돌아보게 해준다. 집필 당시 세계는 2차 세계대전(1939.9.1.~1945.9.2) 중이었고, 죽음이라는 현실이 전 세계인에게 너무나 가까이 있었다. 이런 분위기속에서 카슨은 '물질과 생명의 불멸성과 진화'에 대한 지평을 열어준다.

특별히 카슨은 바다 생명체들에게 다가가기 위해 적극적으로 상상력을 발휘하고, 인간 중심의 척도를 잠시라도 포기하라고 요청한다. 시계나 달력으로 재는 시간 대신에 빛과 암흑, 밀물과 썰물이라는 우주적 움직임에 귀 기울이라고 초대하는 것이다. 이것은 먹이를 먹을 시간과 굶주릴 시간, 적의 눈에 쉽게 띌 시간과 비교적 안전한 시간을 의미한다. 인간 중심의 생각을 바꾸지 않는 한 바다 생활이 지닌 특징을 알 수 없고, 우리 자신을 그 속에 투영할 수도 없기 때문이다.

책 머리말을 보자. "바다 가장자리에 서서 넓은 염습지 위를 움직이는 안개의 숨결을 느끼며, 수백만 년 동안 조용히 파도가 밀려왔다 밀려간 모래톱

바다 3부작 중 첫 번째 책
레이첼 카슨 지음, 김은령 옮김,
에코리브르(2017)

위를 나는 새들의 비행을 지켜보는 것은 이 지구와 마찬가지로 영원히 존재하는 대상에 관한 지식을 얻는 일이기도 하다. 이런 것은 인간이 바닷가에 나타나 경이로 가득한 눈으로 대양을 바라보기 훨씬 전부터 있었던 일이다. 몇 세기와 몇 세대에 걸친 긴 세월 동안 수많은 왕국이 등장했다 사라지는 가운데 해(year)가 가고 또 다른 해가 오면서 계속된 일이다"(27쪽).

지구와 바다를 주인공으로 삼아, 카슨은 바닷속 모든 생명체가 삶과 죽음의 힘을 갖고 있음을 펼쳐 보인다. 1부는 '바다의 가장자리'라는 제목으로 모래 언덕, 넓고 염분기 있는 습지, 고요한 해협, 거친 해변 등 해안의 생태계 속에서 계절에 따른 철새들의 대이동 및 물고기와 새우를 비롯해 다른 수상 생물의 움직임을 묘사한다. 2부는 '갈매기의 길'이라는 제목으로, 드넓은 바다의 방랑자인 고등어(스콤버)의 성장에 관해 다룬다. 3부는 '강과 바다'라는 제목으로, 평생 바다와 육지에서 두루 서식하는 뱀장어(앤귈라)의 산란여행을 통해 심해 세계인 대륙붕과 대륙 사면과 해저로 안내한다.

카슨은 멀리서 들리는 바다의 소리는 마치 한숨처럼 나지막하고 리드미컬한 호흡 같지만, 그 속에서 살아가는 생명체는 아주 역동적이고 무정한 자연선택에 노출되어 있다고 밝힌다. 예를 들어 섀드는 한 번에 10만여 개의 알을 낳지만, 강과 바다에서 온갖 위험을 거치며 살아남아 다시 알을 낳기 위해 돌아오는 것은 고작 한두 마리뿐이다. 막 태어난 어린 게는 아무 도움 없이 태어날 때부터 내재된 자기 보호 본능만으로 활짝 열린 대양에 몸을 맡겨야 한다.

그러나, 계절에 따라 대이동을 하는 철새들은 자신의 목적지를 확실히 알고서 아무런 혼란 없이 북쪽 하늘을 가로질러 날아가는 내내 실패나 고난을 인식하지 않고 모든 욕망과 열정을 불태워버린다. 또 보름달이 하늘 높이 걸린 날, 바닷물이 밀물이 되어 작은 도랑과 연못을 덮치면 그 안에

간혀 있던 작은 물고기 수천 마리는 춤추는 파도와 깨끗한 모랫바닥, 차가운 푸른 물이 기다리는 거대한 대양으로 헤엄쳐 가며 생명의 끝없는 순환을 이어간다.

책 2부에서 카슨은 진짜 바다의 시작은 해안으로부터 얼마나 거리가 떨어졌는가가 아니라 깊이로 판단한다고 밝힌다. 완만하게 경사진 해저면으로부터 약 200미터 아래의 깜깜한 어둠으로 갑자기 바뀌는 심해의 암벽까지 여행하는 고등어를 따라가며 바다 이야기를 펼친다.

고등어 떼는 평방 미터당 수억 개의 알을 방출하고, 바다 전체의 산란 장소에 100조 개의 알을 흩뿌린다. 낯선 생물과 사냥꾼들로 가득하고 바람과 태양과 해류의 지배를 받는 바다에서 어린 고등어 떼는 마치 한 마리 물고기처럼 바다 자체의 리듬과 음파의 진동에 따라 움직이면서 다른 모든 동식물들처럼 주변의 이웃을 먹이로 삼아 살아야만 한다. 염분으로 인해 짜고 깨끗하고 차가운 바다로 간다는 것은 자신이 알 수 없는 곳, 죽음이 기다리는 곳, 깊고 차가운 바다로 향한다는 의미이기도 한 것이다.

3부의 주인공은 암컷 뱀장어(앤귈라)다. 10년 전 뱀장어는 손가락 길이 정도의 크기로 다른 뱀장어들과 같이 연못에 도착하여, 어둠과 따뜻함 속에서 살았다. 그러던 앤귈라는 날카로운 감각으로 낯선 맛과 냄새와 갈망을 감지하고, 굽이치는 물에 휩쓸려 배고픔도 잊은 채 기억이 존재하기 이전, 자신이 처음 태어나던 그 어슴푸레한 순간인 10년 전에 기어오른 연못 밖 물에 몸을 맡긴다. 이렇게 강으로 이동하는 뱀장어는 모두 알을 배고 있다.

수많은 지류를 타고 온 뱀장어 무리가 커지면서 그들이 느끼는 흥분도 커져간다. 날이 지날수록 쉬는 횟수가 줄고 열광적으로 서두르며 강 하구로 향한다. 물에서 쓴맛이 강해지고 조수의 맥박도 점점 더 세지면서, 모든 회유어에게 놀라운 외적 변화가 일어난다. 멀리 바다 여행을 할 수 있도록 몸통에 지방이 쌓여 단단하고 통통해졌고, 주둥이는 후각을 위해 높고 편평해졌으며 어두운 바닷길을 여행하기 위해 눈도 평소보다 2배나 커졌다.

카슨은 말한다. "뱀장어가 어떻게 공통된 목적지를 향해 여행하는지 아는 사람은 없다"(213쪽)라고. 다만 이렇게 귀향한 암컷 뱀장어들은 깊은 바다의 어둠 속에서 새끼 뱀장어들을 낳고는 죽어서 바다로 되돌아간다. 이렇게 생명이 태어나고 죽는 깊은 바닷속 뱀장어의 본향은 차갑고 메마른 푸른색과 자외선 파장만이 투과할 수 있는 곳이다.

시간이 흐르면서 잎사귀 같던 뱀장어 유생의 몸체가 점점 둥글어지고 굴곡이 생기자, 염분이 적은 얕은 물을 찾아가려는 본능이 발동한다. 그동안 사용하지 않던 잠재적인 근력을 발견하고 바다와 조류에 맞서서, 모든 뱀장어의 기억 속에 깊이 자리 잡은 부모가 살던 바로 그 해안을 향해 무의식적으로 주저하지 않고 나아가는 것이다.

이렇게 어린 뱀장어들이 해안으로 향할 때, 거의 자라서 검은색과 은색으로 빛나는 뱀장어들은 본향으로 이동한다. 어린 세대는 새로운 삶의 문턱을 넘고 어미 세대는 깊은 바다의 심연 속에서 생을 마감하기 위해서다.

어린 뱀장어들이 성장할 자리를 찾아 만 어귀에서 기다릴 때, 바다는 다시 한번 해안의 평원과 언덕과 산맥의 골짜기로 차올라 대지를 적시는 영원한 변화의 주기를 맞이하고, 바다와 해안과 산맥은 지질학적으로 극히 짧은 한 획을 긋는다. 물에 의한 끝없는 침식 작용으로 산이 모래와 흙으로 깎여서 바다로 흘러가면, 해안은 다시 바다가 되고 도시와 마을 또한 바다에 속하게 될 것이다.

2. 『침묵의 봄』(1962)

레이첼 카슨은 바다 3부작으로 전 세계적인 베스트셀러 작가이자 과학적인 지식을 갖춘 시적인 생태학자로 유명해진다. 그러나 카슨은 이 명예롭고 인기 많은 존재감에 연연하지 않고, 자본주의 사회를 지탱하는 경제 체제와 과학기술 및 자연생태를 망치는 인간의 무지와 생활방식에 경종을 울리고 도전장을 던지는 책을 저술한다. 그것이 바로 4년 동안 여러 질병(관절염, 비염, 위궤양, 유방암)에 시달리며 펴낸 『침묵의 봄』이다.

카슨은 이 책이 일으킬 파장과 몰고 올 공격을 예상했던 듯, 책머리에 세 유명인사의 말을 붙여 자신의 의견이 독선적인 비난 여론이 아님을 전제한다. 처음은 앨버트 슈바이처다. "인간은 미래를 예견하고 그 미래를 제어할 수 있는 능력을 상실했다. 지구를 파괴함으로써 그 자신도 멸망할 것이다." 두 번째는 영국 낭만시인 존 키츠의 '잔인한 미녀'의 시구다. "호수의 풀들은 시들어가고 새의 울음소리는 들리지 않네." 마지막은 미국 동화작가 엘윈 브룩스 화이트다. "나는 인간이라는 종(種)에 관해 비관적인 견해를 갖고 있다. 인간은 자신의 이익을 위해 너무나도 교묘하게 행동한다. 인간은 자연을 투쟁의 대상이자 굴복시켜야 할 상대로 인식한다. 인간이 지구를 무시하고 마구잡이로 대하는 대신 지구에 순응하고 감사하게 생각한다면 우리의 생존 가능성은 조금더 높아질 것이다."

카슨은 4년 동안 정확한 데이터와 실험 결과를 확보할 수 있을 때까지 거듭거듭 전문가와 학자들에게 사실 확인을 요청하고 도움을 받았으며, 총 583개의 참고문헌을 가지고 고심하며 이 책을 썼다. 그러나 그렇기 때문에 이 책이 아주 딱딱한 논문식의 글이라고 생각하면 오산이다. 오히려 '내일을 위한 우화'로 본문을 시작하는 바람에, 비판자들에게 '망상이 아니냐?'

는 핀잔을 들을 만큼 대중적인 문체를 구사한다. 그 우화 줄거리는 이렇다.

> 미대륙 한가운데쯤 모든 생물체들이 환경과 조화를 이루며 사는 마을이 하나 있
> 다.… 그런데 어느 날 낯선 병이 이 지역을 뒤덮어버리더니 모든 것이 변하기 시
> 작했다.… 이상한 질병… 죽음의 그림자… 잘 놀던 어린아이들이 갑자기 아파하
> 더니 단 몇 시간 만에 사망하는 일이 벌어졌다.… 낯선 정적이 감돌았다. 새들은
> 도대체 어디로 가버린 것일까?… 들판과 숲과 습지에 오직 침묵만이 감돌았
> 다.… 처마 밑으로 흐르는 도랑과 지붕에 이는 널 사이에는 군데군데 흰색 과립
> 이 남아 있었다. 몇 주 전 마치 흰눈처럼 지붕과 잔디밭, 밭과 시냇물에 뿌려진
> 가루였다.… 사람들 자신이 저지른 일이었다.

카슨은 이 우화를 통해 우리가 눈치채지 못하는 사이에 슬그머니 찾아
오게 될 비극적인 현실을 각성시킨다. 지구와 모든 생명체에 치명적인 위
험을 가져올 세상에서 살고 싶어 하는 사람은 아무도 없겠지만, 그런 세상
을 우리 인간이 만들고 있다고 지적한 후, 질문한다. "새가 죽는다면 나무
는 과연 살 수 있을까요? 자연의 섭리에 맡겨두면 새와 나무가 서로를 살
리지 못할까요? 자연의 균형을 파괴하는 것이 아니라 도와주는 일은 불가
능할까요?"(143쪽).

카슨은 2차 세계대전이 끝난 뒤 새로운 유기 살충제가 개발되고 비행기
들이 남아돌자, 해충이나 식물뿐만 아니라 인간에게도 유독물질을 무차별
적으로 살포하고 있으며, 모든 생명체가 생을 시작하는 순간부터 몸속에
화학물질들을 계속 고농축으로 축적하게 되었다고 밝힌다. 왜 그러한가?
카슨은 통합적인 지구 생태계에 근거하여, 그 전후 관계를 논증한다.

자연의 구성 요소들은 그 어떤 것도 독자적으로 존재하지 않는다. 토양

은 서로 연결된 생물들로 촘촘하게 짜인 거미줄과 같다. 생물은 토양에 의지해 살며, 토양 역시 공동체를 구성한 생물들이 번성할 때만 지구상에 존재한다. 당연히 인간은 자연의 일부다. 따라서 지구 곳곳에 만연된 공해로부터 도망갈 수 없기에, 새롭게 등장하는 환경문제는 복합적이다. 다양한 형태의 방사능, 끝없이 흘러나오는 살충제 등의 화학물질은 세상 전역에 퍼져 있고 우리에게 직간접으로, 또 개별적이거나 집합적으로 작용하며, 이 물질들에 평생 노출될 경우 어떤 일이 생길지 예측조차 할 수 없다.

또한 우리 몸속에도 생태계가 존재하고, 원래 상처를 입은 데서 한참 떨어진 곳에서 병의 징후가 나타나곤 한다. '어떤 지점, 설령 그것이 분자 하나라 할지라도 변화가 생기면 결국 전체 시스템에 영향을 주어 별 상관없는 기관이나 조직에 변화를 일으킨다'는 의학 연구 결과도 있듯이 인과관계는 절대 단순하지 않을뿐더러, 그 관계를 쉽게 설명할 수도 없다.

이런 예민하고 복잡다단한 생태계의 연결망을 고려할 때, 카슨은 살충제인 염화탄화수소류와 유기인산계 화학물질이 그저 해충을 없애는 데만 작용하지 않음을 강조하고, 결국은 인간의 신경계에 직접적인 손상을 입힌다고 밝힌다. "널리 사용되는 유기 살충제의 첫 번째 주자인 DDT는 주로 중추신경계에 영향을 미쳐 소뇌와 대뇌 운동중추에 손상을 입힌다. 독극물학 교과서에 따르면 대량의 DDT에 노출되면 찌르는 듯 타는 듯 피부가 아프고 가려우며, 몸이 떨리고 경련이 일어나는 등의 증상이 나타난다고 한다.[2] '피로감이 밀려왔고, 온몸이 무겁고 팔다리가 아팠으며, 정신상태도 혼미해졌다. 심한 흥분을 느꼈고 아무런 일도 하고 싶지 않았으며 가장 단순한 정신활동도 귀찮아졌다. 관절의 통증이 심해졌다'"(228-9쪽).

---

2 한국전쟁 당시 이를 없애려고 미군들이 DDT 가루를 한국인의 머리와 몸에 온통 하얗게 뿌렸다.

카슨은 더 나아가 살충제가 미래 세대에까지 돌이킬 수 없는 악영향을 끼칠 수 있다고 경고한다. "인간의 잘못으로 인한 유전자 변이는 이 시대에 대한 협박, 우리 문명의 마지막이자 가장 큰 위험이라고 할 수 있다."(235쪽) "우리 스스로 염색체에 문제를 일으키는 화학물질을 계속해서 만들어낸다는 사실을 무시해서는 안 된다.… 화학물질이 유전자에 어떤 영향을 미치는지에 대해서는 검사가 이루어지지 않고 있으며 그런 검사를 요구한다고 해도 사람들이 제대로 응하지 않을 것이다"(253쪽).

따라서, 더 이상 방관하지 말고 살충제를 방제하도록 결정하는 기관과 관리자들이 누구인지 확인하고, 이런 위험한 결정을 내리는 데 세금을 사용하지 않도록 조치해야 할 것이라고 설득한다. 또한 강력한 독성을 지닌 약제를 만드는 데 매년 지출하는 비용의 일부분만이라도 건설적인 연구로 전환하고, 화학 물질들을 안전하게 사용하는 방법을 찾고 조치를 취하도록 요구해야 한다고 주장한다.

카슨은 이렇게 비판과 고발과 도전을 하는 데서 그치지 않고, 어떤 생태 실천적 태도로 자연의 균형을 망가뜨리지 않고 살아갈 수 있는지 대안을 제시한다. 자연은 인간의 어리석고 무책임한 욕망과 이기심으로 빚어낸 위기에 속수무책 당하고만 있지 않고, 반격을 해오기 때문이다.

"이 세상이 곤충으로 뒤덮이지 않게 예방하는 가장 좋은 방법은 그 곤충들이 서로 싸우도록 만드는 것이다. 자기만족 때문에 자연을 일정한 틀에 꿰맞추려고 온갖 위험을 무릅쓰다가 결국 그 목적을 달성하지 못하는 것은 대단한 아이러니다. 하지만 이것이 바로 우리가 처한 상황이다. 자연은 결코 인간이 만든 틀에 순응하지 않는다"(280쪽). "자연의 균형이란 오늘날에도 분명히 존재한다. 절벽 끝에 서 있는 사람이 중력의 법칙을 무시할 수 없듯이 위험한 상황에 놓인 우리 역시 복잡하고 정확하며 고도로 잘

짜여진 생물계를 무시할 수 없다. 자연의 균형이 현재 모습 그대로 유지되는 '불변의 상태'를 의미하는 것은 아니다. 자연의 균형이란 유동적이고 계속 변화하며 조절과 조정이 가능한 상태를 말한다. 인간 역시 자연이 이루는 균형의 일부분이다. 가끔씩 인간이 이런 상태를 자의적으로 바꾸곤 한다. 그 결과 인간에게 불리한 방향으로 문제가 일어난다"(281~2쪽). "자연을 통제하기 위해 살충제와 같은 무기에 의존하는 것은 우리의 지식과 능력 부족을 드러내는 증거이다. 자연의 섭리를 따른다면 야만적인 힘을 사용할 필요도 없을 것이다"(298쪽). "'곤충의 저항 시대'가 본격적으로 시작된 것은 DDT와 다른 화학물질들이 등장한 이후였다. 곤충이나 동물 개체군의 역동성에 대해 아주 기초적인 지식을 지닌 사람이라면 수년 내에 흉측하고 위험한 문제가 생길 것이라는 사실을 잘 알고 있을 것이다. 곤충이 살충제에 반격을 취할 수 있는 효과적인 무기를 보유하고 있다는 사실이 서서히 나타났다"(299쪽).[3]

카슨은 지구 생태계가 너무나 연약해서 쉽게 파괴되는가 하면, 믿을 수 없을 정도로 튼튼하고 회복력이 강해서 예상치 못한 방식으로 역습해 온다고 지적한다. 우리의 욕망과 편리함을 위해 행한 어리석은 행동들이 감당할 수 없는 쓰나미로 덮치지 않도록, 새 생명이 움트고 피어나는 봄날들이 계속 이어지길 바라며, 카슨은 『침묵의 봄』을 마감한다.

---

3 UC 버클리 환경보건학과장이자 연구 수석저자인 저스틴 레마이스 교수는 "인플루엔자 바이러스에 대한 저항력을 감소시키는 다이옥신에서부터 코로나19 사망률을 증가시키는 대기오염 물질, 그리고 장내 바이러스 감염에 영향을 미치는 비소까지 환경오염 물질을 줄이는 것이 전염병으로부터 인류를 보호하는 중요한 방법이라는 사실을 이 연구를 통해서도 밝혀냈다"고 주장했다(사이언스타임즈, "살충제가 기생충 전염병 확산시켜", 2020.7.21. https://post.naver.com/viewer/postView.nhn?volumeNo=28852386&memberNo=30120665).

IV. 카슨의 생태사상이 현대인에게 주는 의미

1. 현대 문명 비판 : 무분별한 과학기술, 핵 개발

카슨은『침묵의 봄』을 발표하면서 "만물과 공유해야 하는 이 세상을 무모하고 무책임하게 오염시키는 인간의 행위에 가장 먼저 대항을 시작하고, 우리를 둘러싼 이 세상에서 결국 이성과 상식의 승리를 위해 수천 곳에서 전투를 벌이는 사람들이 있다. 개인적으로 잘 알지는 못하지만, 이 책이 의미 있는 것이 되도록 중요한 역할을 한 이들에게 큰 빚을 졌음을 밝힌다"(17쪽)라며 고마움을 표했다.

창의적인 작가이자 뛰어난 과학자였던 카슨은『침묵의 봄』을 집필하기 위한 연구 자료를 모으면서 점점 대담해지고 점점 분노했다. 장기적 결과에 대해서는 생각하지 않으면서 수십억 원의 화학 살충제를 곳곳에 뿌려대는 사람들의 무책임함을 확인했기 때문이다. 카슨은 전문지식을 지닌 행정공무원이자 생태주의자로서 정치적 문제에 민감했다. 과학기술 전문가들의 행태를 꼼꼼하게 조사하고 재차 검증하면서, 그들이 임무를 소홀히 하고 진실을 은폐했다고 대중에게 알리는 데 심혈을 기울였다.

카슨은 자기 만족적이고 부유해지는 미국의 전후 세대에게 "정부가 자신들을 보살펴 주리라 믿어서는 안 되고 시민 개개인이 정부 정책의 실효성을 살펴야 하며, 자신을 잘못된 길로 이끌려는 의도에 도전해야 한다"라고 주장한 최초의 인물 중 한 사람이다. 지구의 생태계를 보호하고 지키려면 오만함 대신에 겸손함이 필요하고, 인간이 자연의 일부임을 전하고자 했다.

자신이 사랑한 바다와 대지의 생태계를 구하려는 카슨의 노력은 고귀한 존엄성과 용기를 보여준다. 카슨은 자연을 통합적이고 유기적인 생명체로 이해하지 못하고 인간을 위한 일용품 정도로 생각하는 문화적 경향을 슬퍼했다. 어떤 결과가 나올지도 모르면서 바로 실행해버리는 거침없는 과학기술과 모든 문제의 신속한 해결책을 요구하는 우리의 문화도 두려워했다. 카슨은 이런 태도야말로 생명의 경이로움과 복잡한 생태계에 대한 이해와 통찰을 가로막는 무서운 세력이라고 생각했던 것이다.

카슨은 박사학위도 없고, 소속된 단체나 기관도 없었으며, 자신의 연구 성과를 지지하고 도와줄 동료뿐 아니라 네트워크도 없었다. 자신을 옹호할 토론회를 열 수도 없었다. 여성이 학문 분야에서 환영받지 못하고 과학자와 사회적 대변인으로 존경받지 못하던 당시에 드물게 공공과학 분야에서 일하던 카슨은 뭇매를 맞았다. 특별히 카슨에게 가장 불리하게 작용한 사실은 '대중을 위해 글을 쓴 과학자'라는 점이었다. 책이 너무 쉽게 읽히는 것은 복잡한 생물학과 화학을 부정확하게 설명했기 때문이라고 오해했던 것이다.

저널리스트와 평론가들은 카슨이 '감정에 호소하는 단어'를 사용하는 '히스테릭한 여성'이며 공산주의자이고, 그녀의 책은 '자신이 저주하는 살충제보다 더 독하다'고 혹평했다. 의학전문 평론가들은 카슨이 비과학적인 우화에 의존해서 책을 썼고 사람을 놀래주려고 소란을 피운다고 몰아붙였다. "고양이를 길렀고 새를 사랑한 자연의 여사제, 신비주의자, 낭만주의자이며 감성적인 여성이 자기 능력 밖의 책을 썼다." 화학업체 대변인은 "카슨은 비과학적인 주술사, 자연의 균형을 숭배하는 맹목적 옹호자"라고 비난했고, 전 농무부 장관은 공식적으로 "왜 아이도 없는 독신녀가 유전학에 그렇게 관심이 많은가?"라고 물었다. 농약 제조업체는 살충제가 인간의 생활에 큰 도움이 되고 미국 농업에 해가 되지 않는다고 주장하면서 "카슨의 잘못된 주장이 문명을 중세 암흑시대로 되돌려놓고 있다"

라고 강조했다.

이런 비난은 카슨이 과학자들의 명성과 도덕성, 남성 중심의 과학기술과 기업을 공격했기 때문이었다. 카슨의 죄는 살충제나 생태계 관련 논쟁에서 어느 한쪽 측면을 부각시킨 것이 아니라 여자로서 위치를 망각한 것이었기에, 당시 미국의 자본주의 체제와 과학기술 및 핵 개발을 주도했던 과학계와 정부 관리와 기업체의 남성들은 그녀를 용서할 수 없었던 것이다.

카슨은 상처받고 분노했지만, 이성과 평정을 유지한 채 살충제의 오용에 관한 새롭고 논박할 수 없는 증거들을 계속 제시했다. 그녀는 여기자 클럽의 연설에서 자신의 독립성을 강조하고 어떤 단체에도 가입하지 않았다는 사실을 적절히 이용하여, 진실을 밝혀야 할 과학이 '이익과 생산이라는 현대적인 신을 섬기기 위해' 타협한다고 지적했다. 또한 과학계와 산업계의 결탁을 설득력 있게 밝혔다. 카슨은 물었다. "과학단체가 무언가 이야기할 때, 우리가 듣는 것은 진정한 과학의 소리인가 혹은 기업체의 이익을 대변하는 소리인가?"

살충제 위험을 맨 처음 발견하고 고발한 것은 아니지만 대중에게 호소력 있게 사회적 흐름을 밝힌 카슨은 "역사상 처음으로 모든 인간이 태어나서 죽을 때까지 위험한 화학물질과 접촉하게 되었다"고 발언함으로써, 과학에 대한 미국의 맹신주의를 비판의 도마에 올려놓았고, 기술이 어떤 방향으로 진보해야 하는지 공적인 논쟁을 촉발시켰다. 그리하여 근현대에서 신봉하는 '진보'라는 이름으로, 우리가 지구와 생명계에 어떤 악행을 저지르고 있는지 직시하도록 일깨워준다.

2. 자연과 생명 중심적 지평

어린 시절 카슨은 자연을 사랑한 어머니와 함께 산책을 하곤 했다. 늦둥이였던 카슨은 학교에 간 언니와 오빠가 돌아오기 전까지 애견과 함께 들판과 숲을 탐험하고 개울 속을 질벅거리며 걷기를 좋아했다. 또 책을 좋아했고, "나 다시 바다로 가리. 쓸쓸한 그 바다와 하늘을 찾아서"로 시작되는 '바다의 열병' 같은 바다 시들을 어머니가 읽어주실 때 숨을 죽이고 귀 기울였다.

펜실베이니아 여자대학(현 채텀 대학)에 입학하여 영문학을 전공하며 작가의 꿈을 키우다가, 2학년 때 생물학을 접하면서 자연에 대한 사랑을 일깨우고는 3학년 때 전공을 변경하고 수석으로 졸업하였다. 바로 매사추세츠 주의 우즈홀 해양생물연구소 연구생으로 들어가, 해변과 조수가 빠진 후의 웅덩이와 바닷물을 채운 수족관에 사는 바다 동물들을 연구하며 바다와 생명의 신비로움에 빠져든다. 그 경험이 바다 3부작의 집필로 이어진다.

오랜 시간 과학적 연구와 정밀한 관찰을 한 후에 집필한 바다 3부작은 일관되게 '살아남고 번식하기 위해 분투하는 바닷속 생명체들'의 이야기를 들려준다. 이 바다 생명체들은 곳곳의 위험에 노출되어 있다. 지구에 생명체가 출현한 이후 진화 과정에서 생겨난 복잡다단한 생태 그물망은 오래되고 때로는 폭력적이기 때문이다. 카슨은 이처럼 쉴 새 없이 분투하는 생명체의 지속적인 흐름을 지켜보며 발견한 영속성을 차분히 인식하고, 죽음이 그저 하나의 사건일 뿐임을 담담하게 진실로 받아들인다.

특히 바다 3부작 두 번째 책인 『우리를 둘러싼 바다』에 이점을 잘 표현해 놓았다. "과거든 현재든 해안에서 살아가는 모든 생명체는 바로 거기

존재한다는 사실만으로 이들을 둘러싼 현실인 혹독한 바다에 성공적으로 대처하고 있고, 그들의 공동체와 맺고 있는 미묘한 관계에도 성공적으로 적응해왔음을 보여준다. 이러한 현실에 의해 탄생하고 만들어지는 생명들이 서로 얽히고 중첩되어 이들의 세계는 아주 복잡하다"(38쪽). "어떤 해안에서도 하나의 생명체와 그를 둘러싼 환경을 단순한 인과관계로 설명할 수는 없다. 모든 생명체는 수많은 경로를 통해 자신을 둘러싼 세계와 이어지면서 생명이라는 복잡한 옷감을 꾸미는 디자인의 일부다"(40쪽).

카슨은 바다 3부작의 마지막 책인 『바다의 가장자리』를 마감하면서 '영원한 바다'의 물질적이면서도 영적인 생명력과 진리성을 겸손하게 고백한다. "내 마음속에서는 해안들이 저마다 특성이 있고 거기 살아가는 거주민이 매우 다르긴 해도 바다의 손길에 의해 하나의 통합된 이미지로 떠오른다. 바로 이 특별한 순간에 내가 느낀 차이란 시간의 흐름 속에서, 긴 바다의 리듬 속에서 지금 서 있는 장소가 어디인지에 따라 결정되는, 오직 일순간의 차이일 뿐, 해안의 여러 형태가 끊임없이 변화하는 패턴 속에서 통합되고 뒤섞이는 광경이 보이는 듯하다. 지구는 바다 자체처럼 쉼 없이 변화하고 있다. 이 모든 해안에서는 과거와 미래를, 전에 있었던 일을 모두 지워버린 듯해도 여전히 어딘가에 간직하고 있는 시간의 흐름을, 조수와 부서지는 파도 그리고 밀려드는 해류처럼 형성되고 변화하고 지배하는 영원한 바다의 리듬을, 옛날부터 먼 미래까지 해류처럼 가차 없이 흐르는 연속적인 생명을 느낄 수 있다.… 해안의 풍요로운 생명력을 떠올리노라면 우리는 어설프게나마 우리의 이해를 넘어서는 보편적 진리에 얼마간 다가갈 수 있다"(323-4쪽). "작은 생명체… 가 나로서는 도무지 알 길 없는 무슨 이유에서인지 해안의 암석과 해조 속에서 무수히 살아가는데, 그 존재의 의미는 과연 무엇일까? 이런 질문이 우리를 괴롭히지만, 우리로서는 좀체 그 답을 알아낼 재간이 없다. 다만 그 의미를 파헤치는 과정에서 우리는 '생명' 그 자체의 궁극적인 신비에 한 발 더 다가갈 수 있을 따름이다"(325쪽).

3. 자연 앞에 겸손한 인간 추구

레이첼 카슨은 어떤 사람이었는가? 미국 영재교육의 석학인 조셉 렌줄리 교수(코네티컷대)는 레이첼 카슨을 가장 이상적인 과학영재로 꼽았다. 그녀가 훌륭한 연구자요 작가로서 환경의 심각한 훼손 문제를 고발하며 용기 있게 사회적으로 생태적인 가치를 알리고 실현하려 힘썼다고 보았기 때문이다. 카슨은 물리 세계를 관찰하고 측정하고 분석할 줄 아는 정확한 과학적 능력, 우주 진화와 자연세계의 생명의 흐름을 유기적으로 통찰하는 정신적이고 영적인 능력, 인문학적 감수성을 가지고 자신이 깨달은 바를 시적이고 은유적으로 표현하는 능력을 사용하였다. 그리고 비판적인 안목을 가지고 생태적 가치관을 밝히고 환경 운동에 투신하였다.

어류·야생동물국(FWS)의 생물학자로서 자연의 여러 작용에 대한 카슨이 이해는 일반인과 크게 다르지 않았다. 그러나 카슨은 자연에 대한 탁월한 감수성과 자연에서 발견한 경이와 기쁨을 생태사상으로 꽃피운다. 카슨은 바닷물이 차고 빠질 때, 보름달이 뜰 때 해안가를 찾았다. 바람이 얼마나 세게 불든 몇 시간이고 해변을 걸었다. 낮에는 바닷새가 오가는 모습을 메모하고 게와 모래벼룩 같은 작은 해안 생물체를 관찰하며 여러 가지 물체를 수집했다. 때로는 해안 사구에 누워 머리 뒤로 팔을 두른 채, 하늘에서 빙빙 돌며 울어대는 새들을 지켜보았다.

특히 밤이 되면 해변을 정처 없이 걷곤 했다. 손전등을 들고 낮에는 잘

볼 수 없는 야행성 생물이 은신처에서 나오는 것을 지켜보았다. 밤에 관찰한 내용을 작은 검은색 수첩에 적고 밤바다와 파도, 바람, 언덕 위 소나무의 소리와 냄새도 기록했다. 만조 때 연못의 고요함에 관해서도 적었다. 이런 이미지는 카슨이 글쓰기에 가장 특별한 모티프를 제공했다.

> 구렁을 통해 파도가 연이어 연못으로 밀려 들어와 지난해 봄 이후 갇혀 있던 수천 마리 작은 물고기를 풀어놓는 장면을 완전히 매혹된 채 몇 시간이고 앉아서 지켜보았다. 구렁을 통해 물고기가 넓은 바다로 헤엄쳐 가는 것을 지켜보며 생명의 신비가 주는 경외감에 큰 감동을 받았다. '바닷바람'이라는 단어는 하나의 시스템 안에 자리한 모든 생명체의 보호를 상징하는 약칭이다. 각각의 존재는 서로 연결되어 생명의 통합된 사이클에 의해 온전해진 생태계의 연결선을 유려하게 소개해준다"(『바닷바람을 맞으며』, 17쪽).

카슨은 깊이 고민하며 천천히 글을 쓰는 작가였다. 낮에는 정부 일을 해야 했으므로(1937~1951) 주변이 조용한 밤늦은 시간이나 아침 일찍 글 쓰는 습관을 들였다. 일상의 작은 소음에도 민감했던 카슨은 창의적인 작업을 위해 완벽한 고독을 필요로 했다. 아울러 조용한 것을 좋아했다.

그런 카슨에게 생물체 중에서 유독 혼자 암 유발물질을 만들어서 우리 환경의 일부가 되게 한 인간은 오만하고 무책임한 존재였다. 그리고는 가끔 희망에 차서 그녀에게 어리석은 질문을 던졌다. "만일 곤충들이 화학물질에 대해 내성을 지닌다면 인간 역시 그런 내성을 획득할 수 있지 않을까요?" 카슨은 "이론상으론 가능하지만 이를 위해서는 수백, 수천 년이라는 시간이 필요하기 때문에 가능성이 희박하다. 내성이란 개인별로 획득할 수 있는 것이 아니라, 수많은 세대를 거치고 오랜 시간이 흐르면서 얼어진다. 인간은 100년 동안 세대가 평균 세 번 정도 바뀌지만, 곤충은 며칠 혹은 몇 주 단위로 새로운 세대가 등장한다"(『침묵의 봄』, 310쪽)고 정확한 생물학적 지식에 근거하여 답변하였다.

카슨은 '인간이 자연을 통제할 수 있다'는 말은 생물학과 철학의 네안데르탈 시대에 태어난 교만한 주장이고, 응용곤충학자들의 사고와 실행 방식은 마치 석기시대로 거슬러 올라간 듯한 느낌을 준다고 비판하였다. 이런 인간의 욕망 중심적 자연관에 대하여, 카슨은 그동안 유지해온 철학을 바꾸고 인간이 우월하다고 믿는 태도를 버려야 한다고 말한다. 또 특정 생물체의 수를 조절하는 데 있어, 자연이 인간보다 훨씬 더 경제적이고 다양한 방법을 가지고 있음을 인정하라고 요청한다.

생명이란 인간의 이해를 넘어서는 기적이기에 이에 대항해 싸움을 벌일 때조차 도 경외감을 잃어서는 안 된다. 지금 우리에게 필요한 것은 겸손함이다. 과학적 자만심이 자리를 잡을 여지는 어디에도 없다(『침묵의 봄』, 312쪽).
바람과 바다와 움직이는 조수는 보이는 그대로입니다. 만약 거기에 경이로움과 아름다움과 장엄함이 있다면, 과학이 그러한 속성들을 발견해낼 것입니다. 만약 그러한 것들이 없다면, 과학이 그것을 만들어낼 수는 없습니다. 만약 바다에 관한 제 책에 시가 있다면, 그것은 제가 일부러 그것을 거기에 집어넣은 것이 아니라, 시를 빼놓고는 바다에 대한 글을 제대로 쓸 수 없기 때문입니다(1952년 봄 미국 도서상National Book Award 수상 소감에서).

레이첼 카슨 연표

————〰〰〰————

1907년 5월 27일 미국 펜실베이니아 주 서부 스프링데일에서 출생

1918년 「성 니콜라스」지 9월호에 〈구름 속의 전투〉 실림

1923년 파나서스 고등학교 입학

1925년 파나서스 고등학교 졸업. 펜실베이니아 여자대학(현 채텀대학) 입학

1929년 펜실베이니아 여자대학 수석 졸업. 존스 홉킨스 대학 대학원 입학

1932년 존스 홉킨스 대학 석사학위 마침

1935년 어업국에서 만든 라디오 프로그램 〈물 속의 로맨스〉 대본 집필

1936년 어업국 신입 수생생물학자 모집 시험 수석 합격으로 정식 공무원이 됨

1937년 「에틀랜틱 먼슬리」 9월호에 〈해저〉 실림

1941년 11월 『바닷바람을 맞으며』 출간

1951년 7월 『우리를 둘러싼 바다』 출간

1952년 채텀대학에서 문학박사 등 3개 명예박사학위 받음. 글쓰기를 위해
  어류·야생동물국 퇴직

1953년 메인 주 웨스트 사우스포트로 이사

1955년 가을 『바다의 가장자리』 출간

1956년 「위민스 홈 컴패니언」에 〈당신의 자녀가 경이를 느끼도록 도와주라〉
  실림. 10년 후 이 글은『센스 오브 원더』로 출간

1957년 「홀리데이」에 〈끊임없이 변하는 우리의 해안〉 실침

1962년 9월 『침묵의 봄』 출간

1963년 정부 청문회에서 환경파괴에 대해 증언. 동물복지연구소의 알베르
  트 슈바이처 메달 수상. 『침묵의 봄』을 다룬 토론 프로그램 〈CBS
  리포트〉 방영. 평생 꿈꿔온 캘리포니아 뮤어 숲 방문

1964년 4월 14일 메릴랜드 주 실버스프링에서 눈 감음

콜카타의 성녀 마더 데레사의 생애와 영성

| 권혁화 |

마더 데레사(1910~1997)

콜카타의 성녀 마더 데레사의 생애와 영성

권혁화
가톨릭여성신학회

I. 들어가는 말

나는 알바니아 태생이다. 그러나 지금 나는 인도 시민이다. 1929년 인도에 도착해 20년을 보낸 후 나는 인도 국적을 취득했다. 나는 가톨릭 수녀다. 나는 이 세상에 속한 시민이지만 내 마음은 완전히 그리스도께 속해 있다.[1]

이것은 마더 데레사가 1979년 노벨상 수상자로 결정되어 노르웨이의 오슬로 시상식장에서 밝힌 자기소개이다. 2002년 12월 10일 교황청은 복자로 선포하고 2003년 10월 19일 요한 바오로 2세에 의해 시복되었다. 프란치스코 교황이 2015년 자비의 특별 희년 선포하면서 2016년 9월 4일 콜카타의 마더 데레사로 시성됐다. 이렇게 짧은 기간에 성인으로 선포된 성

---

1 호제 루이스 곤잘레스 발라도 정리/송병선 옮김, 『마더 데레사 자서전』 (민음인, 2020), 17.

인은 드물다.

87년간 성인이 살다간 세상은 아직도 하느님께서 사랑하는 세상이며, 특별히 가난한 이들을 위한 성녀의 사랑이 식지 않는 곳으로 가난한 이들에 대한 우리의 마음이 온전히 동참하기를 바라는 세상이다. 또 1929년 콜카타에서 하느님의 소명을 시작한 그녀가, 가난한 사람들과 가난으로 죽어가는 사람들을 어떻게 사랑하고 그들을 위해 어떻게 봉사해야 하는지를 알려준 세상이기도 하다.

그러나 현재 세상은 코로나로 덮여 있으며 정치적 어둠의 시대이며 물질주의에 지친 세상은 교회로 돌아오는 것이 아닌 다른 것들을 찾아 떠나고 있는 상황이다. 이러한 시대에 우리가 찾는 진정한 영성은 무엇인지, 성인이 우리에게 주는 울림의 메시지를 통해 생각해 보고자 한다.

II. 역사적 배경과 성장배경

성녀 마더 데레사(Mother Teresia)는 1910년 8월 26일 동유럽 발칸반도의 당시 터키가 점령 중이던 알바니아(Albania)의 스코페(Skopje)-현재는 마케도니아의 수도-에서 알바니아계인 아버지 니콜라 보약스히야(Nikola Bojaxhiu)와 어머니 드라네 보약스히야(Drane Bojaxhiu)의 3남매 중 막내로 태어났다. 아녜스(어릴 때 세례명)의 가족은 민족적으로는 알바니아인이었으며 종교적으로는 가톨릭이었다.

그러나 아녜스가 9살 되던 해에 1차 대전 후 알바니아 독립운동에 투신해 있던 아버지가 사망했다. 아버지 사망 후에는 어머니가 가족을 책임져야 했다. 데레사의 가족은 주로 알바니아인으로 구성된 성당에 다니며,

가족 모두가 음악 재능이 뛰어났던 덕에 성당 합창단에서 활동했다고 전해진다. 12살 때 아녜스는 수도 생활과 선교사가 되고 싶다는 열망이 싹트고 있었는데, 1925년에 교구 주임사제로 부임한 예수회 소속 얌브렌코비치(Jambrenkovic) 신부와의 만남으로 마더 데레사는 구체적으로 선교사가 되겠다는 소명을 갖게 되었다. 여기서 아녜스는 구체적으로 성인들의 생애와 해외 선교사들의 활동을 공부하게 되고, 특히 유고슬라비아 출신으로 인도 벵골 지방에 파송된 예수회 선교사들의 편지를 접하면서 인도의 벵골 지방에 파견된 예수회 신부들의 활동을 알게 된다.

1928년: 아녜스가 스코페의 수호성인 재단 앞에서 기도하고 있을 때 그녀의 선교사에 대한 관심이 수도 생활로 이끄는 명백한 소명임을 깨닫는다. 그는 "우리의 성모님께서 나를 중재하시어 나의 소명을 찾도록 도와주셨습니다"라고 했다. 유고슬라비아 예수회의 지도와 도움으로 아녜스는 (아일랜드의 성모라고 불리는) 메리워드가 16세기에 설립한 로레토 성모수녀회에 입회를 신청한다. 그녀는 인도에서 하는 그들의 선교 사업에 큰 매력을 느낀다. 선교의 꿈을 키운 아녜스는 1928년, 18살에 스코페를 떠나 아일랜드 관구에서 관리하는 로레토(Loreto) 수도회에 입회한다.

1931년 5월 24일: 수련기 2년을 보내고 아녜스는 수도명을 데레사로 바꾸고 로레토 성모수녀회에 유기서원을 한다.

저는 수도서원을 할 때 데레사라는 이름을 택하였습니다. 그렇지만 그 이름은 아빌라의 대 데레사의 이름이 아닙니다. 나는 리지외의 소화 데레사를 택했습니다.

아일랜드 더블린 로레토 수녀원에 도착한 아녜스는 약 6주간 머물며 영어, 수도회 회헌 및 규칙을 배웠다. 이때부터 아녜스는 '벵골의 테레사'(Bengali Teresa)로 불렸다. 1929년 다르질링에서 수련 교육을 마친 테레사는 콜카타 동쪽의 엔탈리(Entally)에 소재한 로레토 수도원으로 파견되었다. 여기서 테레사는 지리, 역사, 가톨릭 교리를 가르치는 교사로 지냈다. 1937년 테레사 수녀는 종신서원을 한 후 성마리아 학교의 교장선생이 된다. 그녀는 이곳에서 행복한 수녀였으며 하느님을 위해 일하는 진정한 사도직이라고 믿고 있었다. 그런데 이 학교는 콜카타의 대표적 슬럼가 근처에 있었다. 이곳을 오가며 본 가난한 이들의 참상이 지속적으로 테레사의 마음에 자리 잡았다.

1946년 9월 10일, 새로운 소명이 테레사에게 찾아왔다. 이때 콜카타는 전역이 전쟁과 기근으로 더 비참해진 상태였다. 데레사 수녀는 다르질링에 있는 로레토 수녀원에서 연피정을 하기 위해 밤기차를 탔다. 그런데 기차가 히말라야를 향해 북쪽으로 방향을 바꾸었을 때 데레사 수녀에게 일생을 바꾸어 놓을 순간이 찾아왔다. 하느님께서 수녀원을 떠나 가난한 사람을 사이에서 살도록 부르시는 소리를 들은 것이다. 이 사건을 데레사 수녀는 '부르심 가운데 부르심'(영감의 날)이라고 묘사했다.

> 메시지는 분명했습니다. 나는 수녀원을 떠나 가난한 이들 사이에서 살며 그들을 도와야 했습니다. 그것은 명령이었습니다. 나는 내가 어디에 속해 있는지 알았지만 어떻게 그곳에 이르는지는 몰랐습니다.[2]

소명을 받았지만 로레토 성모수녀회를 떠나는 것은 테레사 수녀에게 힘들고도 어려운 일이었다. 그녀가 속한 수도회에서 승낙을 해야 했고 로

---

2 그레그 와츠 지음/안소근 옮김, 『마더 데레사 어둠 속 믿음』(바오로딸, 2010), 42.

마에서 특별한 허락을 받아야 했기 때문이다. 그 후 데레사의 영적 지도신부는 예수회 반 엑셈 신부였는데, 데레사는 신부에게 어떤 목소리를 들었다는 것과 다르질링에서 피정 중 메모한 쪽지를 보여주었다. 그는 데레사 수녀에게 이야기를 듣고 다시 한번 기도하기를 권했고, 1월까지도 계속 부르심을 느낀다면 프리에 대주교에게 이야기하겠다고 했다. 데레사 수녀는 전에는 경험한 적이 없는 하느님과의 강한 일치를 느꼈다. 하느님이 직접 하셨음을 의심하지 않았고 곧바로 새로운 사명을 시작하지 못하는 것을 초조해했다. 그러나 가톨릭교회는 이러한 일들에 대해 조심스럽게 움직인다. 특히 종신 서원한 수녀가 수녀회를 떠난다는 것은 큰일이며 11년 전 데레사 수녀가 로레토 수녀회에서 한 서원은 일생을 약속하는 것이어서 서원 해제는 대주교와 수녀회 총장, 교황청의 허락을 받아야 했다

데레사 수녀는 반 엑셈 신부의 권유로 장문의 편지를 썼다. 데레사 수녀는 자신이 들은 목소리에 대해 탄원했으나 대주교는 그녀가 수녀회를 떠나는 것이 옳은 일인지 확신이 서지 않았다. 가난한 이들을 위해 성 안나의 딸 수녀회와 연대하면 될 텐데 굳이 새로운 수녀회를 시작하는 것이 옳은지 또 그 도시의 정치 종교적 긴장 상황을 고려할 때 어떤 지역에서 적대감을 불러일으킬 수 있다고 생각했다. 게다가 가톨릭 신자들이 이 도시를 불안한 상황으로 몰아가는 비난을 받을 수도 있었기 때문이다. 주교는 결정을 내리기에 앞서 1년을 더 기다려 보자고 했다. 데레사 수녀가 진정으로 수녀원을 떠나 가난한 이들을 위해 일하도록 부르심을 받았다면 1년 동안 그 마음이 변하지 않으리라 생각한 것이다. 데레사 수녀는 실망했으나 주교에게 순명했고 그것이 하느님의 뜻이라면 반드시 이루어지리라 확신했다.

데레사 수녀는 프리에 주교에게 편지로 계속 새로운 공동체 이야기를

했으나 주교는 기다리라고만 할 뿐이었다. 그러면서 이 원의가 이기주의에서 나온 것은 아닌지 종교적 실망이나 로레토수녀회를 떠나기 위한 변명은 아닌지 숙고하기를 바랐다. 그러나 데레사 수녀는 프리에 대주교의 조심스러움에 절박한 심정으로 교황 비오 12세(1876~1958)에게 편지를 써줄 것을 요청했다. "지체하지 마십시오. 영혼들을 잃어버릴 수도 있습니다"라고 말하는 수녀의 끈질긴 요청에 데레사 수녀가 생각하는 수녀회의 목적과 방법 규칙과 성공 가능성에 대한 개요를 적어 보내라고 하였다. 그해 연말 인도는 영국에서 독립했지만 나라는 둘로 갈라져 회교도가 대부분인 파키스탄이 분리되어 나갔다. 몇 백만의 시크파와 힌두교도는 인도로 이주하였다. 이때 델리에서 파키스탄으로 가던 기차가 시크파의 성이 근처에서 습격으로 1,200여 명의 회교도 난민이 사망하는 사건이 있었다. 굶주리고 절망한 사람들은 콜카타도 몰려들었다. 이때 콜카타로 돌아온 데레사 수녀는 다시 한번 자신의 사명을 시작할 절박한 필요를 느꼈다. 데레사 수녀는 자신이 본 세 가지 환시를 밝혔다.

첫 번째 환시는 와서 우리를 구해주세요 우리를 예수께 데려가 주세요 라고 외치는 사람 가운데 있었다는 것, 두 번째 환시는 동정 마리아가 그들을 예수께 데려가고 예수를 그들에게 데려가라고 말했다는 것, 세 번째 환시는 예수께서 이것을 거절하려느냐 하고 하셔서 예수님 제가 언제라도 가고자 함을 아십니다 라고 대답했다 라고 밝혔다.

1948년 마더 데레사는 수녀로 자신의 사명을 준비하여 검고 긴 수도복이 아닌 소박한 사리를 입게 되었다. 주머니에 5루피를 지닌 채 인도 북서부 갠지스 강가의 도시 파트나로 가는 기차를 탔다. 4개월간 성가정 병원에 머물며 간단한 의료처치법을 배우기 위해서였다. 20년 간 가족으로 지낸 로레토 수녀들과 헤어지기가 쉽지 않은 일이었으나 결국 데레사 수녀는 완전히 혼자가 되어 수녀원을 떠났다.

III. 사랑의 선교수도회 활동

1942년~1943년에 걸쳐 시작된 대기근과 그 이후 힌두교도와 이슬람교도들의 폭동으로 인해 콜카타 사람들은 감당할 수 없을 만큼 큰 고통을 겪어야 했다. 수천 가구의 사람들이 오갈 데 없이 내몰렸다. 그나마 형편이 나은 사람들은 못 쓰는 재료들로 빈민가에 판잣집을 짓고 밤을 지냈다. 그들은 짐꾼으로 일하며 하루하루를 연명했다. 여자들과 아이들은 신전 밖이나 교차로에서 구걸했다. 영양실조로 병에 걸리는 일도 많았다. 전염병이 만연했다. 그나마 몇 개 없는 병원은 아픈 사람들로 넘쳐났기 때문에 병원에서는 죽어가는 환자들보다는 살릴 수 있는 환자들을 받으려 했다. 이런 상황에서 1949년 마더 데레사가 가르치던 제자가 합류하게 되면서 아직 형성되지도 않은 수도회의 첫 번째 수녀가 된다. 이렇게 시작된 사랑의 선교회가 1950년 로마로부터 승인을 받으면서 본격적으로 활동을 시작한다.

먼저 1952년 마더 데레사는 가난한 사람들도 고귀하게 죽어갈 수 있는 장소가 필요하다는 것이 그녀의 확고한 믿음이었다. 그리고 장소를 찾던 중 콜카타의 보건 담당인 아메드 박사를 찾아갔다. 이슬람교도였던 아메드 박사는 이 수녀가 당국이 해야 할 일을 하려 한다는 사실을 깨달았다. 가난한 사람들이 거리에서 죽어가는 것은 분명 개인이 관심을 갖는다고 해결될 문제는 아니었다. 그러나 아메드 박사는 마더 데레사에게 사용하지 않는 숙소 하나를 보여주었다. 그 숙소는 힌두교인 후원자가 하룻밤 묵어가는 순례자들을 위해 지은 것으로 콜카타에서 가장 유명한 신전 옆에 있었다. 마더 데레사는 그 곳에 니므말 흐리다이 (죽어가는 사람들의 집)를 세웠다. 그런데 얼마 지나지 않아 정통 힌두교인들이 가톨릭 공동체가 힌두교도인들을 개종시키려 한다고 생각하여 시당국과 경찰에 알렸다. 결국 아메드 박사와 콜카타 경찰이 자신들의 눈으로 확인하러 왔을 때 마더 데레사는 얼굴이 반쯤 벌어져 있는 사람의 얼굴에서 구더기를 집어내고 있었다. 그러나 불만은 누그러지지 않았다. 그러던 어느 날 서른도 안 된 승려가 피를 토하기 시작했는데 결핵 말기였다. 이 병원 저 병원 받아주지 않았고 마지막으로 니르말 흐리다이로 왔다. 마더 데레사는 그를 직접 간호해주었다. 그리고 승려들은 그 모습을 지나면서 가톨릭이 아닌 그들의 종교의식으로 장례를 치러 주는 것을 확인했다. 그도 편안히 눈을 감았다. 그 사건으로 콜카타 사람들은 사랑의 선교회는 정말 필요한 일을 하고 있다는 것을 알게 되었고, 그곳은 수녀와 의사들로부터 치료만 받는 곳이 아니라 사랑도 받는다는 것을 알았다. 수녀들이 비록 나은 음식을 먹고 깨끗한 옷을 입고 있긴 해도 니르말 흐리다이 문을 통해 들어오는 사람들과 똑같이 가난하다는 사실이었다.

1953년 사랑의 선교회 모원이 설립되고 수녀들은 나환자의 집이 열리기를 바랐으나 주민들의 반대로 이동진료소를 시작하게 되었다. 이렇게 시작된 이동진료소는 1957년 9월 한 대의 차로 시작하여 오늘날 콜카타뿐 아니라 아시아와 아프리카에 있는 수십만 명의 환자를 치료하는 이동진료소로 발전했다. 그 이후 나환자의 자립을 돕는 재활센터를 건립하고, 에이즈 환자를 돌보는 일, 시슈즈하반이라 칭하는 어린이들의 집도 운영하고 있다. 한센병과 결핵, 에이즈 환자를 위한 요양원과 무료급식소, 고아원을 통해 사회활동도 시작됐다. 특히 오늘날 전 세계 도시에 있는 시슈브하반 수녀들은 직접 아이들을 데려가 돌보기도 하고 여건이 허락하는 곳에서는 가난한 임신부들에게 아이를 낳을 때까지 임시 거처를 마련해 주기도 한다. 마더 데레사는 특히 아이들은 하느님의 선물로 보아야 하며 낙태를 반대하는 태도는 분명하고도 완강하다. 1979년 노벨상을 받을 때도 텔레비전을 시청하는 수백만 명의 사람들은 평화의 가장 무서운 파괴자는 전쟁이 아닌 낙태라는 연설을 했다. 또 많은 아이들이 인도나 아프리카에서 영양실조나 기아로 죽어가는 현실을 걱정했다.

드디어 1965년 교황청 직속 수녀회로 격상됐다. 이후 수녀회는 서로 다른 국적을 가진 수녀들로 이루어지며 가난한 사람들을 위한 집도 세우게 된다. 인도에만 있었던 사랑의 선교회는 교황 바오로 6세에 의해 교령이 내려져 선교활동이 확장되게 된다. 베네수엘라 주교의 요청으로 그의 교구에 분원이 세워지게 되며 이어서 아프리카와 유럽, 미국 등에 분원이 설립됐다. 그 후 사랑의 선교회 협력자회가 설립되어 국제단체로서 영성을 실현시키는데 중요한 역할을 한다. 1970년대는 가톨릭뿐만이라 국제적으로 알려지게 되어 콜카타의 가난한 이들과 병들어 죽어가는 노숙자들을 돌보는 일은 인도뿐만 아니라 세계에 알려지게 되었다. 1979년 12월에 마더 데레사는 노벨평화상을 받게 된다.

이후 1980년대 사랑의 선교회는 여러 곳에 새로운 분원을 열게 되며 놀라운 속도로 확장되게 된다. 이 선교회는 현재 힌두교가 주를 이루는 인도뿐만 아니라 그리스도교 신앙을 금지해 온 예멘을 비롯한 러시아(1988년 받아들임)를 비롯한 공산주의 나라들마저 마더 데레사의 사랑의 선교회원들을 받아들이고 협력하고 있다.

마더 데레사가 세운 사랑의 선교회의 집은 어디를 가든 십자가가 있는데 이들 십자가마다 "나는 목마르다"라는 글이 새겨져 있다. 이 문구는 십자가에 박히신 예수 그리스도의 갈증, 영적인 사랑과 인정에 대한 부르짖음이다. 사랑의 선교회는 매일 아침 미사에서 빵을 나눌 때 상처 입은 그리스도의 몸을 나누는 것이며 포도주를 부을 때 그리스도의 피를 나누는 것이다. 빈민가에 있는 상처 입은 육체들과 버려진 아이들을 통해 예수 그리스도를 만지는 것처럼 미사를 통해 우리는 빵의 모습을 하신 예수님을 보는 것이다. 그렇게 하면서 사랑의 선교회 선교사들은 굴욕과 고통 그리고 죽음까지도 기꺼이 받아들일 수 있다고 마더 데레사는 말한다. 그리고 특히 다른 수도회와 다르게 제4서원—가난한 사람들에게 무상으로 봉사하며 활동한다—을 하며 활동하고 있다[3] 이제 마더 데레사의 사도직은 교회의 복음 선포뿐만 아니라 헌신적 사도직의 존귀함과 더불어 비신자들까지 널리 알려진 상태이다.

이렇게 마더 데레사는 노벨상을 받은 다음 전 세계를 다니며 수녀원을 세웠고 재난지역에 가서 직접 참여하는 등 삶의 의미를 찾으려고 노력하였다. 1988-1989년 마더 데레사는 심장마비로 입원하게 되고 1996년 건강이 나빠져 사랑의 선교회 총장직에서 물러나게 되며 1997년 9월 5일 세상을 선종한다. 그리고 2003년 10월 19일 시복되고 콜카타의 성녀 마더

---

3 니반 차울라 지음/이순희 옮김, 『가난한 마음 마더 데레사』 (생각의 나무), 202-203.

데레사는 2016년 프란치스코 교황에 의해 시성되었다.

IV. 영성의 특징

1. 가난의 영성 (자유와 나눔, 비움과 침묵이 포함된 가난의 영성)

마더 데레사는 가난의 개념을 넓은 의미로 받아들인다. 1차적으로는 물질적이고 외형적인 결핍의 모습이나 더 근본적인 가난은 정신적이고, 영적이며, 복음적 가난까지를 포함하는 가난이다. 즉 마더 데레사가 말하는 가난은 인도뿐 아니라 세상의 모든 가난을 말한다.

> 가난은 하느님께서 만들어내신 것이 아닙니다. 가난은 바로 우리가 만들어 낸 것입니다. 하느님 앞에서 우리는 모두 가난합니다. [4]

> 굶주린 사람, 외로운 사람, 먹을 것만이 아니라 하느님 말씀에 굶주린 사람, 목마르고 무지한 사람. 지식 평화 진리 정의 사랑에 목마른 사람, 헐벗고 사랑받지 못하는 사람, 인간의 존엄을 박탈당한 사람, 어느 누구도 원하지 않는 사람, 태어나지 않은 아이, 버려진 사람, 인종차별 당하는 사람…삶과 희망과 신앙을 모두 잃어버린 사람, 하느님을 잃어버린 사람, 성령의 힘 안에서 희망을 갖지 못하는 사람들, 이들은 모두 가난한 사람들입니다. 가난한 사람들은 거룩한 사람들입니다. 우리가 그들을 사랑해야 합니다. 그러나 그들을 불쌍히 여겨 사랑하는 것이 아닙

---

4 M.K. 폴 신부 지음/장말희 옮김, 『마더 데레사의 말씀과 일화』(성 바오로, 2008), 43.

니다. 그들은 가난한 사람의 모습을 취하신 예수님이기 때문에 그들을 사랑해야 합니다. 그들은 우리의 형제요, 자매들입니다.[5]

가난에도 여러 종류가 있습니다. 인도에는 굶주림으로 죽어가는 이들이 많습니다. 그러나 서방세계에서는 육체적인 굶주림과는 또다른 정신적인 굶주림을 보게 됩니다. 이것은 더 심각한 일 아닐까요? 사람들은 하느님을 믿지 않으며 기도도 하지 않습니다. 사람들은 서로를 돌보지 않습니다. 자신이 갖고 있는 것에 대해 만족하지 못하고 다른 이들이 겪고 있는 고통의 의미조차 모릅니다. 이러한 마음의 빈곤은 치유하기가 아주 어렵다고 생각합니다. [6]

마더 데레사는 세상의 가난을 극복한다는 취지로 가난의 원인을 뿌리 뽑는 일은 정부가 할 일이며, 우리가 살고 있는 세상에서 동정이 아닌 사랑을 실천함으로써 미흡하나마 자신들이 전하고자 하는 사랑을 위해 일하고 있다고 했다. 마더 데레사가 말하는 가난은 함께 나눌 때 극복될 수 있으며 물질적인 결핍의 삶보다 더 근본적인 영적이며 정신적인 가난을 치유함으로써 물질적 가난은 자연 해결될 수 있다고 생각하기 때문이다. 즉, 한 걸음 더 나가 복음적 가난을 받아들이는 자세가 필요하다고 역설하고 있다. 성인이 말하는 복음적 가난이란, 자발적으로 사랑의 나눔의 정신이 회복되어, 하느님 섭리에 맡기며 봉사하는 자세를 말한다. 마더 데레사는 가난은 가난한 이들 속에 현존해 계시는 그리스도를 발견하고 사랑에 목말라 하시는 그리스도의 갈증을 채워주는 것이며, 종교적 차원을 넘어 가난한 이들

---

5 신홍범 글, 『마더 데레사 그 사랑의 생애와 메시지』 (두레, 2016), 105.
6 마더 데레사/앤서니 스턴 엮음/이해인 옮김, 『모든 것은 기도에서 시작됩니다』 (판미동, 1999), 56.

에게 관심을 기울이는 일이라고 말하고 있다. 그러므로 이들을 통해 오시는 가난한 그리스도를 한 분 한 분 만나고 그들과의 나눔과 섬김이라는 실천을 통해 가난을 극복하고자 했다.

> 가난이 곧 자유로움이다. 가난은 나를 어떤 것에 붙들려 있게 하지 않으며, 나의 소유를 누구에게 주거나 나누는 데 방해하지 않는다. 그러기에 혹독한 가난은 우리의 안전장치라고 말할 수 있다. 궁극적으로 우리가 사는 가난한 삶은 진정한 복음적 가난이어야 한다. 온유하고 부드럽고 즐겁고 마음을 열어놓는, 항상 사랑을 표현할 준비가 되어 있는 그런 복음적 가난이어야 한다. 가난은 포기가 아닌 사랑이다. 사랑하려면 주어야 한다. 주기 위해서는 이기심으로부터 자유로워져야 한다. 7

그러나 성인은 자신이 하는 일은 사회사업과 다름을 분명히 했다. 즉 국가가 보장해주는 것도 아니며 어떤 원조도 받지 않는다는 것, 급료를 받는 것도 아니며 은행에 구좌가 있어 경제적인 고정 수입이 없지만, 꽃이나 새나 들의 풀보다 소중하다고 하신 하느님의 말씀을 신뢰하는 것임을 분명히 말한다. 영적이며 자발적으로 받아들인 가난의 삶은 이 하느님께 대한 신뢰이기 때문에 인간적 안전장치를 말하는 것도 아니다. 오직 하느님께 의존하고 사는 삶을 말하는 것이다.

이러한 하느님을 신뢰하는 삶을 위해서는 하느님의 현존을 늘 의식하는 삶을 살아야 하고 그러기 위해서는 늘 기도해야 하며 침묵하고 관상하는 시간을 가져야 함을 강조하였다. 특히 모든 게 너무 빨리 변하는 대도

---

7 마더 데레사, 『이보다 더 큰 사랑은 없다』 (바오로 딸), 131.

시에 사는 사람들에게는 이 시간이 필요한데 하느님은 마음의 침묵 속에서 말씀하시기 때문이다. 중요한 것은 우리가 하는 말이 아니라, 그분께서 우리를 통해 우리에게 하시는 말씀이다. 그래서 기도는 중요하며 기도를 통해 신에게 더 가까이 다가가는 삶을 살 수 있기 때문이다. 자신은 기도하지 않고는 반 시간도 일할 수 없다고 고백하며 기도를 통해 하느님으로부터 힘을 얻는다고 했다.

그러므로 '세상에 사는 관상가'가 되어야 함을 강조했다. 이렇게 할 때 예수 그리스도를 향한 복음적 나눔과 섬김이라는 구체적 행위를 통해서 가난한 이들 가운데 현존하시는 예수 그리스도의 목마름을 우선 관상하고, 나누는 삶과 섬기는 삶의 균형을 통해 해결하는 것임을 말한다. 마더 데레사는 가난을 통해, 가난한 삶을 통해 복음적 삶으로 나아가고자 한 것이다. 가난을 위한 모든 일이 기도로 대체 되어서는 안 되며, 나눔(봉사)이라는 실천적 행위를 통해 세상 안에서 그리스도를 만나고 그리스도의 고통과 연민을 느끼는 것의 조화로운 삶이 되어야 함을 몸소 보여주었다.

> 예수님께서 우리를 만나려고 오셨습니다. 그분을 환영하기 위해 그분을 만나러 갑시다.
> 그분께서는 배고픈 자, 헐벗은 자, 외로운 자로 오시고, 알코올 중독자, 약물 중독자, 매춘부, 걸인으로 오십니다. 그분께서는 외로운 아버지, 어머니, 형제, 자매로 저에게 오실지도 모릅니다. 우리가 그들을 거절하면, 우리가 그분을 만나러 가지 않으면, 우리는 예수님 그분을 거절하는 것입니다.[8]

---

8 폴, 『마더 데레사의 말씀과 일화』, 79.

그러므로 마더 데레사에게 가난은 삶의 매 순간 하느님의 현존을 체험하게 하는 장이며 하느님과 일치시키는 도구이며, 그리스도의 고통에 참여하는 삶이다. 또 가난한 성모 마리아와 일치하는 삶을 사는 것이기도 하다. 가난 속에서 자유롭고 세상의 관상가 되어 기도하며 침묵 속에 하느님을 만나고, 관심과 만남으로 풍요로워지는 복음적 가난을 말한다.

침묵의 열매는 기도입니다.
기도의 열매는 믿음입니다.
믿음의 열매는 사랑입니다.
사랑의 열매는 봉사입니다.
봉사의 열매는 평화입니다.

미래는 우리의 것이 아닙니다. 우리에겐 미래를 좌우할 능력이 없습니다. 우리는 현재에만 충실할 수 있습니다. 미래의 계획은 선하신 하느님께 맡겨야 합니다.[9]

2. 마더 데레사 내면의 영적 어둠

마더 데레사의 영적 어둠은 성인의 고백에 따르면 1948년부터 1997년까지 하느님의 부재함 속에 영혼의 어둔 밤을 보낸 것으로 전한다. 그 내용은 영적 지도자들에게 편지의 형식으로 고백하였는데 자신의 믿음 없음과 하느님의 사업(일)을 망칠까봐 염려하고 기도를 부탁하는 것 등이 주된 내용이었다. 성인을 둘러싼 어둠은 그녀와 가장 가까운 사람들 눈에도

---

9 마더 데레사 저/백영미 옮김,『단순한 길』(사이, 2006).

보이지 않았던 것으로 갈수록 더해가는 그분 사랑의 갈망과 끊임없이 하느님과 분리되어 있다는 느낌, 그분에게 거절당했다는 깊고 고통스러운 느낌으로 그녀의 내면의 삶 자체였다. 그 고통스러운 어둠은 성인이 가난한 사람들을 위한 일을 시작할 때 시작되었으며 그녀가 생을 마칠 때까지 계속되었으나 결국에는 이 어둠을 통해 그녀는 신비롭게 예수님의 목마름과 함께 했고, 그분의 고통스럽고 불타오르는 사랑과 함께했으며, 가난한 이들의 내면의 비참함을 나누어 예수의 고통과 일치를 이루었다. 그녀는 이런 영적 어둠 속에서 생애의 마지막 해에는 나날이 심각해지는 건강에도 불구하고 그녀의 공동체를 이끌었고 1997년 마더 데레사의 선교회 수도자는 4천 명에 이르며 세계 123개국의 610개의 분원과 시설이 확장되었다.

데레사 수녀는 스코페의 고해신부에게 보낸 편지에서 처음으로 어둠을 언급했다. 이때 데레사 수녀가 어둠을 무슨 의미로 썼는지 정확히 알 수 없으나 나중에 어둠이라는 말은 심오한 내적 고통·평온의 부재·영적 메마름·하느님이 계시지 않는 것 같은 느낌과 동시에 하느님을 향한 고통스러운 갈망 등을 의미하게 되었다.

1953년 3월 18일에 페리에 대주교에게 가난한 이들을 위한 선교 사업을 시작할 무렵부터 시작된 그 고통이 자신의 영혼을 괴롭혀 왔음을 고백했다.

> 특히 제가 하느님의 일을 망치지 않도록 또 우리 주님께서 모습을 드러내시도록 저를 위해 지도해 주십시오. 제 안에는 마치 모든 것이 죽어버린 듯 끔찍한 어둠이 있습니다. 제가 사업을 시작한 즈음부터 계속 그러했습니다. 우리 주님께 제게 용기를 주시라고 부탁해주십시오. 우리에게 축복을 내려 주십시오. 10

제 영혼은 깊은 어둠과 쓸쓸함 속에 남아 있습니다. 불평을 하는 것은 아닙니다. 다만 하느님께서 저에게 원하시는 것은 무엇이든 하시도록 할 뿐입니다. [11]

마더 데레사가 페리에 대주교에게 자신의 내면의 어둠에 대해 이야기를 한 후 1년이 못 되어, 가장 믿었던 사람들과 하느님으로부터 떨어져 있다는 느낌의 외로움과 소외감은 마더 데레사의 동반자가 되었다. 대주교는 이러한 경험이 일시적인 시련일 수도 있다고 말했다. 또 마더 데레사가 하고 있는 선한 일을 방해하려는 악마의 유혹일 수도 있다고 경고했다. 그리고 마더 데레사의 급한 성격을 언급하며 육체적 피로나 과로일 수 있다고 충고했다. 마더 데레사는 도움이 되었다고 말할 뿐 자신이 겪는 고통의 뿌리를 제대로 파악하지 못하고 있음을 알았다. 그녀의 내적 고통은 줄어들지 않았고 자신에게 자기의 영혼을 열어 보이는 것이 주저되어 아무 말 없이 혼자서 시련을 견디는 것을 택했다. 그러면서 단순한 믿음만이 모든 것을 견디게 해준다는 사실을 깨닫게 되었다.

마더 데레사는 1956년 2월에 페리에 대주교에게 자신의 영적 체험을 더욱 자세히 설명하며 인간 도움으로 구제할 수 없는 내적 고뇌를 알리게 된다. 그러나 대주교는 일이 큰 성공을 거두는 증거라고 할 뿐이었다. 계속되는 내적 고통으로 휴식을 취하러 피정에 가는데 여기고 지도 신부인 피카키 신부를 만나게 된다. 그리고 마더 데레사는 피정 덕분에 편안해졌음을 알리며 하느님을 향해 미소를 지으며 사랑을 표현하겠다고 한다. 마더 데레사는 내면의 어둠이 사업의 큰 성공 앞에서 교만하지 않도록 보호

---

10 브라이언 콜로제이 척 엮음/허진 옮김, 『마더 데레사, 나의 빛이 되어라』 (오래된 미래, 2008), 237.
11 위의 책, 252-256.

하고 정화해 준다는 사실을 깨달았다. 그리고 자신의 고통은 하느님께 다가가기 위해 겪는 또 다른 이유임도 알게 되었다. 빈민가를 걸어가거나 어둡고 누추한 곳에 들어설 때 주님은 항상 그곳에 계시며 그곳에서 예수님을 만나는 장소이고 마지막까지 예수님을 사랑하고 싶어 했음을. 또 마더 데레사는 하느님의 존재를 느낄 수는 없었지만, 하느님께서 자신의 영혼 안에서 하시는 일에 굴복하고 자신의 결점을 없애겠다고 결심한다. 기쁨의 전도사가 되기 위해서. 그 기쁨을 통해서 예수님을 위로하기 위해서.

어쨌든 마더 데레사는 1958년 피카키 신부에게 진정한 행복을 발견했음을 알리며 편지를 쓰게 된다. 그리고 그해 10월 교황 비오 12세 추도미사에서 큰 은총을 받았음을 고백하는데 이 경험은 사막에서 오아시스를 만난 것 같았다. 지친 영혼에 원기를 회복시켜 주는 경험이었다고 고백한다. 그리고 십자가에 매달리신 예수님의 목마름의 신비 속으로 완전히 들어가서 다시 한번 깊은 어둠 속에 머무는 것은 받아들였다.

마더 데레사는 극심한 고통을 주는 것이 바로 사랑이었음을 알았다. 사랑하는 하느님의 부재는 하느님에 대한 고통스러운 갈망으로 바뀌었고 하느님을 잃었다는 생각과 하느님께 가까이 가고 싶은 소망 사이에서 번민과 갈등했다. 그것은 순교라는 말로 표현되었다. 마더 데레사 역시 가난한 사람들에 대한 마음을 고통으로 봉헌하는 것, 하느님의 거룩하신 뜻에 완전한 복종이었다. 마더 데레사는 본인은 안정적이고 차분한 기질을 가졌고 하느님과 친밀했지만, 내면의 골고타를 가리고 있을 뿐이었다. 그러나 마더 데레사는 그녀를 위해 마련하신 길을 따라 걷겠다는 결심을 계속하며 하느님 뜻에 대한 맹목적인 순명과 강한 믿음을 드러냈다.

마더 데레사는 내면의 고통 때문에 애덕을 베풀지 않는 일을 경계하며 침묵 속의 덕을 강조하며 자신이 해야 할 수많은 희생과 시련을 받아들이고자 했다. 데레사 성녀는 자신의 삶이 모순 속에 있다고 말한다.

> 11년 만에 처음으로 저는 어둠을 사랑하게 되었습니다, 이제 그 어둠이 예수님의
> 어둠과 이 땅에 존재하는 고통의 아주 작은 부분이라고 믿기 때문입니다. … 예
> 수님께서는 더 이상 고난을 겪으실 수 없지만 제 안에서 그것을 겪고 싶어 하십니
> 다. 저는 이제 어느 때보다도 더 예수님께 제 자신을 내어드립니다. 네, 저는 이제
> 그 어느 때보다도 더욱 예수님의 처분대로 따를 것입니다.12

마더 데레사는 어둠이 자기 사업의 영적 측면이며 그리스도 속죄의 고
통을 나누는 것임을 깨닫게 되었고 하느님과 일치라는 점을 알게 되었다.
그것은 어둠을 겪으면서 그녀가 섬기는 가난한 이들과 하나가 되었다는
것, 끔찍한 고통 안에서 수많은 영혼과 함께 고통 속에서 하나가 되라는
부르심을 받았음을 알게 되었다. 그리고 예수님의 목마름은 단순히 물이
없다는 것 이상으로 생명의 물이 지닌 가치를 알게 되었다. 어둠 속에서도
길은 뚜렷하여 예수님께서 이미 걸으신 길을 따르기만 하면 되며 하느님
으로부터 소외되고 사람들로부터 소외되는 것은 마더 데레사도 겪어야
하는 몫이었다. 어둠은 마더 데레사의 어둠이 아니라 예수님의 어둠이었
고 그녀는 예수님의 고통을 나누고 있었다.

결국 마더 데레사의 어둠은 미소를 활짝 지으며 "예수님께서 주시는
것은 무엇이든 받아들이고 가져가시는 것은 무엇이든 드리세요"라는 완
전한 내어 맡김, 사랑에 넘치는 믿음이라는 말로 요약될 수 있을 것이다.
이제 마더 데레사는 내적 시련 속에서도 영적 기쁨을 이끌어낸 것이다. 그

---

12 첵,『마더 데레사, 나의 빛이 되어라』, 337.

리고 십자가 청빈, 절대적인 청빈 아무것도 가지지 못한 기쁨을 갖게 되었다. 마더 데레사는 천국의 기쁨을 바라는 대신 천국이란 모든 어둡고 누추한 곳으로 가서 사랑을 실천하며 모두에게 하느님의 사랑의 빛을 비추어줄 기회가 왔음을 생각했다. 마더 데레사는 영적 어둠 덕분에 가난한 이들의 감정을 이해할 수 있었다. 그녀는 "가장 커다란 악은 사랑과 동정을 느끼지 못하는 것이며 거리에서 착취와 부패 가난과 질병에 시달리며 사는 이웃에 대한 끔찍한 무관심입니다"라고 말했다. 결국 마더 데레사는 자신을 괴롭히며 사라지지 않는 어둠은 어둠이 아닌 회복의 어둠이었고 영혼을 구원하는 사명의 일부였으며 주인이신 예수님과 죄로부터 정화되기 위해서가 아니라 죄인을 구하기 위해 많은 고통을 겪으신 성모 마리아와 자신의 주인이신 예수님의 본보기를 따르는 것이었다. 그러므로 하느님께서는 아무것도 아닌 자신을 이용해서 당신의 위대하심을 보여주신다고 고백하고 있다.[13]

　　마더 데레사의 어둠은 반복적이며 지속적이었으며, 하느님 존재에 대한 부정이 아니라 하느님 부재의 체험이었다. 그 속에서도 하느님을 향한 열망과 하느님의 뜻을 기다리는 애달픔은 오히려 성녀가 하느님과의 일치를 얼마나 원했는지를 보여주는 역설적인 증거일 뿐이다. 하느님은 성녀를 사랑하셨고, 어둠도 결국 예수님의 영적 초대이며 사랑이셨다.

　　성녀 데레사 수녀는 그 초대에 성실하게 응하며 자신을 변화시켜 갔으며 머리가 아닌 가슴으로 예수님을 받아들이며 이해했다는 것을 알 수 있다. 이 어둔 밤의 체험을 통해 세상으로부터의 정화의 요소도 있었으나 하느님 사랑의 인식 방법이었다.

---

13 척, 위의 책, 399이하.

V. 오늘날 발견하는 마더 데레사 영성의 가치

마더 데레사는 1993년 심장 수술을 받은 후 1997년 콜카타에서 임종했다. 성인은 사랑의 선교회 마더 하우스에 묻혔다. 임종 6년 후 빠르게 시성 절차가 시작되었고 성인은 빈자의 어머니 콜카타의 성녀가 되었다. 이제 성인의 묘지는 모든 종교와 빈부를 초월한 사람들이 순례하고 기도하는 성지가 되었다. 이것은 그녀가 그리스도와 그분의 교회에 흔들림 없는 신앙의 증거자 이자 그리스도교의 한계를 뛰어넘어 포용한 성인이라는 것을 증명한다. 이것은 콜카타에서 행한 그분의 일관된 생명 존중 가치관이기도 하다. 인간은 태어남과 동시에 죽음의 순간에도 존중되어야 하며, 삶을 사는 동안 국가나 종교, 빈부와 상관없이 각자의 믿음을 존중하며 그

절두산 성지의 마더 데레사(필자 소장)

들이 요구하는 대로 최선의 도움을 베푸는 것이 한결같이 실천되어야 한다고 했다. 이 가치관은 교회의 근본 가치인 생명 존중의 가치 기준이며 사회 윤리적인 사명 의식과도 통하는 우리가 추구하는 보편적인 선과도 연결되기 때문이다.

또 성인은 사회에서 이루어지는 활동과 사업이 유지되기 위해서는 많은 돈이 필요하나 가장 중요한 것은 함께 일하고 싶어 하는 마음이 여러 사람을 통해 이루어지는 하느님의 사업이 되어야 함을 역설했다. 그러기 위해서는 활동에 필요한 재정적인 문제는 자발적인 기부 등 하느님의 섭리에 의해 이루어져야 한다는 것이다. 즉, 정부나 기구에서 제공하는 재정 보조를 받지 않고 독립적이어야 함을 강조한다.[14] 비합리적인 설명 같으나 성인의 활동은 성인의 믿음대로 신비로운 하느님의 섭리 안에서 이루어진 것도 사실이다.

그러나 이러한 방식에 대해 각종 의문과 의혹이 제기되기도 했다. 가장 주된 비판은 성인의 활동이 빈민 구제 활동만 했을 뿐 빈부 격차 해소를 위한 근본적이고 적극적인 사회개혁에는 무관심했고 의료 부분 전반에 대해 전문적이지 못한 수준에 대한 비판, 모든 것을 믿음으로 치료할 수 있다고 믿는 맹목적인 믿음에 대한 것, 의료계의 전문적인 조언을 수용하지 못한 점, 독재자나 부패한 사업자들로부터 기부금을 받고 그들을 축복한 일에 대한 점이 그것이다. 또 성인이 죽기 전 캘리포니아의 일급병원에서 치료받음으로써 위선자라는 비난도 받았다.

그러나 성인은 그런 것들에 개의치 않았다. 그녀는 자신을 위해 명성과 치부를 하지 않았고, 끝까지 가난한 사람에게 진정성을 가지고 언제나

---

14 메리T. 말로운 지음/유정원 옮김, 『여성과 그리스도교 3』(바오로딸, 2012).

그들과 있었던 점은 부인할 수 없는 부분이다. 이런 면에서 마더 데레사의 활동은 관상과 통합될 수 있었다. 특히 가난한 이들을 돌보는 상황에서 항상 가난 속에서 자유로우며 침묵 속에서 하느님을 찾고자 했던 기도의 영성과 일치될 수 있었던 것이다. 마더 데레사는 스스로 온몸으로 사회 속에서 그들이 사랑한 가난과 함께, 가난한 이들과 함께했던 영성은 그 자체로 독특한 의미를 지닌다. 특히 그녀 스스로 신앙의 여정 안에서 어둔 밤을 지속적이고 길게 체험하면서 자신에 대한 포기를 통해 예수님과 일치되는 깨달음을 체득했다는 것은 신앙의 길을 가는 사람에게는 공감할 수 있는 중요한 의미가 되기 때문이다. 하느님을 만나는 과정은 신앙에 대한 포기까지도 내포하는 어려움과 외로움, 내적 공허함이 따를 수밖에 없다는 것, 이 내면의 어둠과 동반되는 영적 메마름은 긴 시간 동안 이어질 수 있다는 점이 그러하다.

성인은 50년 동안 자신이 그리스도께 전적으로 버림받았다는 느낌과 동반하면서도 그 느낌조차 봉헌하는 삶을 살아야 했고 받아들여야 했다는 점, 내적 어둔 밤에게 조차 헌신하고 머리가 아닌 가슴으로 받아들이며 자신의 모습을 정직하고 진실하게 꾸밈없이 고해를 통해 고백하고 성찰하면서 하느님 앞에서 도피하지 않고 간구했다는 것은 우리에게 시사하는 바가 크다. 결국 그 어둔 밤의 과정속에서도 함께 해주셨던 분은 바로 성인이 믿었던 바로 그분이기 때문이리라.

그리고 마더 데레사는 많은 비난과 비판에도 불구하고 국가(사회복지) 시스템이 하지 못한 구조적인 소외자들과 가난한 이들을 위해 함께 했다는 점은 사랑의 선교회가 가지는 의미이자 성녀가 우리에게 전달하는 침묵의 울림이 아닐까 한다. 분명 성녀가 한 일은 사회적인 면에서 사회사업의 한 부분이기는 하나, 사회사업과는 다른 비전과 사명을 지닌 의미 있는 하느님의 일이었을 것임이 틀림없다. 왜냐하면 성녀는 하느님의 몽당연필로 하느님과 함께 일치하여 하느님의 사업을 기도로 활동하고 기록하고 써 내려갔기 때문이다.

야훼님 집안에 심어진 그들은, 하느님의 뜰에서 꽃피리다. 늙어서도 그들은 열매를 맺으며 수액이 많고 싱싱하리니 주님께서 올곧으심을 알리기 위함이라네. 나의 반석이신 그분께는 불의가 없다네(시편 91편 14-16).

콜카타의 성녀 마더 데레사 연표

1910 8월 26일　　(27일 세례)(구)유고슬라비아 마케도니아 알바니아 공화국 스코페에
　　　　　　　　서 출생. 어릴 때 이름은 아녜스 보약스히야(꽃봉오리) 3남매의 막내로
　　　　　　　　출생. 아버지 니콜라 보약스히야와 어머니 드라네 보약스히야, 언니
　　　　　　　　아가타, 오빠 라자르

1915~1924년　　부속학교와 공립학교에서 교육받음. 얌브렌코비치 신부가 지도하는
　　　　　　　　교회 소년소녀들의 그룹 활동에 참가. 음악회 독서회 묵상회에 적극적
　　　　　　　　으로 참여. 유고슬라비아로 파견된 선교사들의 활동에 관심을 가짐.

1919년　　　　　아버지 니콜라 보약스히야가 정치적인 회의에 참석하고 돌아온 뒤 독
　　　　　　　　살된 것으로 추정됨. 아녜스의 나이 8세

1925년　　　　　예수회 신부를 통해 영성을 형성하는데 중요한 요인이 된 리지외의 성
　　　　　　　　녀 소화 세레사를 소개함

1928년 11월 28일　예수회와 가까운 로레토 수녀회에 들어감

1929년　　　　　인도로 파송 받아 다르질링에서 수련 기간을 보냄. 선교사가 되고 싶어
　　　　　　　　하던 소녀는 수도서원을 한 뒤에 콜카타 성마리아 고등학교에서 교편
　　　　　　　　을 잡고 학생들을 가르치기 시작함. 그 후 로레토 성모자매회의 인도
　　　　　　　　본회의 성안네 자매회의 학과 과장으로 일함

1937년　　　　　종신서원, 마더 데레사로 명명됨

1942년　　　　　교황 비오12세가 티 없이 깨끗하신 성모성심 축일을 승인하고 이것이
　　　　　　　　마더 데레사가 성모성심을 각별히 공경하는 계기가 됨

1946년　　　　　마더 데레사가 기차 안에서 가난한 자들 중에서 가장 가난한 자들을
　　　　　　　　위한 선교회의 설립을 결성함(기차체험). 그런데 마더 데레사는 이날
　　　　　　　　을 영감의 날이라고 부름. 피정에 참석하기 위해 기차를 타고 가다가
　　　　　　　　가장 가난한 자들을 섬기는 일에 자기를 온전히 바쳐야겠다고 영감을
　　　　　　　　받음. 수녀원을 떠나 도시의 가난한 지역에서 버림받고 죽어가는 사람
　　　　　　　　들을 위해 일하게 해달라고 위 사람과 콜카타의 대주교에게 청함

1947년　　　　　인도의 독립선언 새 헌법에 외래 종교 선교 금지 조항을 넣을 여부가
　　　　　　　　논의됨

1948년　　　　　로마 교황청으로부터 마더 데레사가 로레토 수녀회를 떠나 새로운 수

도회 설립을 준비할 수 있도록 허락을 받음. 파트나에 있는 선교의사 자매회에서 집중적인 간호과정을 이수, 병자를 돌보기 위한 기초지식 습득에 정진함. 모티즈힐에 있는 슬럼가에서 선교를 시작하고 성탄절 무렵 부터 콜카타에서 선교에 전념하면서 잠시 가난한 사람들의 자매 회에 몸을 의탁함

가난한 자신의 첫 번째 학교를 설립하도록 허락을 받고 이 학교는 공원에 있는 야외학교로 아이들에게 알파벳이 아니라 기초적인 위생을 가르쳤음

1949년	콜카타에서 거주하는 유럽 출신의 한 가정(고메즈의 집)이 그녀에게 다락방을 제공함
	3월 19일 첫 지원자가 나타난다. 한때 마더 데레사의 제자였던 젊은 여성이 스승과 똑같은 삶을 살고 싶어함
1950년 10월 7일	사랑의 선교회가 콜카타에서 탄생함. 그들은 가족의 세 가지 서원에 한 가지 서원을 추가함. 그것은 언제나 가장 가난한 사람들을 위해서만 헌신하고 헌신의 대가로 물질적인 보상을 일절 받지 않겠다고 함. 사랑의 선교회가 순식간에 콜카타에서 인도의 다른 지역으로 퍼져 나감. 조력자들의 모임들이 견고하게 확립되어감. 교황 바오로 6세가 사랑의 선교회를 주교 수도회로 승격시킴. 마더 데레사는 티 없이 깨끗하신 성모성심을 수도회의 수호성인으로 결정함
1952년	병에 시달리는 이들로 구성된 협력자회가 결성됨
1953년	최초의 죽어가는 사람들의 집인 니르말 흐리다리가 만들어짐. 앤블레이키가 마더 데레사와 손을 잡고 홍보와 행정업무를 담당하기로 함
1955년	나토에 대항하여 이를 견제하기 위한 바르샤바 조약기구가 창설되고 이로써 냉전체제가 더 굳어짐. 이런 정치적 상황에서 마더 데레사는 이웃사랑의 표상으로 이미지가 굳어짐. 최초의 어린이를 위한 집인 시슈바반이 건립됨
1957년	이동식 나병환자 병원 1호가 탄생함
1959년	티타가르에 최초의 나병환자 센터이자 콜카타 이외의 지역에서는 최초의 사랑의 선교회 분원이 세워짐
1960년	앤블레이키가 영국에 마더 데레사 위원회를 설립함. 마더 데레사가 활동 영역을 넓히면서 이후 평생 하게 될 세계여행이 시작됨
1961년	비동맹운동연합체의 회헌이 작성되고 이 운동의 공식적인 평화대사

로 마더 데레사가 활동하게 됨

1962년	인도의 파드마쉬리 훈장 필리핀의 막사이사이상 수상
1963년	콜카타에서 사역하던 오트레일리아 예수회 선교사 앤드루 형제가 마더 데레사의 사역에 연감을 받아 사랑의 선교형제회를 출범시킴
1964년	결핵 환자들을 위한 산티 나가르를 설립함
1965년 2월1일	교황 바오로 6세가 사랑의 선교회를 승인 교회법에 근거한 단체가 되고 세계적인 규모로 확산됨. 베네수엘라의 카라카스와 바르퀴시메토 코코로테에 최초의 외국 분원을 설립함
1967~1969년	가장 빈곤한 지역의 극빈자들을 볼보는 시설이 스리랑카 탄자니아 로마 오스트레일리아에 개설됨.
1969년	교황 바오로 6세가 마더 데레사의 동역자회를 사랑의 선교회 분회로 승인함
1970년	오스트레일리아와 요르단과 런던에 새로운 재단을 설립. 이곳의 사랑의 선교회 수련자들은 미국과 유럽진출의 지원자로 구성됨
1971년	요한 23세 평화상이 교황 바오로 6세에 의해 직접 수여됨. 워싱턴에서 명예 박사 학위를 받음 또한 보스턴에서 주는 선한 사마리아인상을 받음. 뉴욕과 벨파스트, 방글라데시의 다카에 새로운 재단을 설립함
1972년	이미 인도 정부로부터 최고 품계의 연꽃 운장을 받은 적이 있는 마더 데레사는 국제적으로 명성이 나 있는 판디트 네루상을 받음. 이스라엘과 마우리시우스 제도에 사랑의 선교회를 설립함
1973년	스페인에서 마더 데레사의 동역자회를 창설하도록 제안하는 뜻으로 스페인어판 전기가 처음 출간됨. 같은 해에 다양한 민족과 종교 출신으로 이루어진 후보자 2천 명 가운데서 심사위원 만장일치로 런던에서 템플턴상을 수상함. 에든버러공으로부터 이 상을 직접 받는데 그녀의 훌륭한 종교적 실천 때문임
1974년	페루의 리마, 에티오피아의 아디스아바바, 오스트레일리아의 캐서린에서 새로운 재단이 세워짐
1975년	교황청 자격으로 멕시코에서 열리는 세계회의에 참석. 이 회의는 세계 여성의 해를 정하기 위해 유엔이 조직한 모임이었음. 유엔 식량 농업기구로부터 앨버트 슈바이처상을 받음. 이 상은 전 세계의 굶주린 사람들과 가난한 사람들을 위해 헌신한 그녀에게 사의를 전하는 표시였음. 10월에 사랑의 선교회 설립 25주년 기념식을 함. 사랑의 선교회는 소명

	을 받은 삶들이 끊임없이 늘고 있었음. 인도의 여러 종교단체가 이 기념식에 참석하는 열의를 보임
1976년	관상수도회인 말씀의 자매회를 설립하고 이들은 1977년부터 사랑의 관상선교회로 활동하게 됨

봄베이에 아샤단(희망의 선물)이라는 단체가 생겨나며 예맨의 사니아에 새로운 센터가 설립되고 아이와 어른들을 지도하고 소녀들에게 바느질을 가르치는 학교가 설립됨. 그리고 베네딕도회 소속 까말돌레제 수도회 수도자들이 로마 첼리오 산에 있는 성그레고리 수도원을 사랑의 선교회에 내어줌. 자매들은 그 수도원을 임종자들과 버림받은 자들의 집으로 삼음

멕시코시티에 센터 두 개가 설립되며 하나는 버림받고 죽어가는 사람들을 위한 것이고 하나는 역시 버림받은 고아들을 위한 것.

과테말라를 뒤흔든 지진으로 집을 잃은 사람들을 돕기 위한 센터 설립

스페인에 후원센터를 세어달라는 요청을 받고 생애 처음으로 스페인을 방문

예수성심축일에는 뉴욕교구의 대주교가 참석한 가운데 마더 데레사 자매회의 새로운 관상자매회가 설립됨. 말씀자매회는 미사와 관상과 말씀 선포를 통해 하느님의 말씀을 생활화하고 교회의 어머니인 성모 마리아아 더불어 육신이 되신 말씀을 전하고 사람들의 마음속에 말씀을 심어주는 것을 사명으로 삼음

필라델피아에서 개최된 죽체 성체회의의 발기인이 되어달라는 요청을 받고 도로시 데이 등과 함께 여성과 성체라는 주제로 연설함.

프랑스 떼제에서 기독교의 다양한 종파 출신의 젊은이 1만5천 명과 만남

12월 31일	사랑의 선교회에 대한 통계자료가 발표됨.

인도에 세워진 사랑의 선교회 66개, 다른 나라에 세워진 사랑의 선교회 집 34개, 나환자집 진료소 임종자의 집 환자센터 729개, 수녀를 비롯 청원자들 1343명, 환자들 6,554, 5000명.

케임브리지 대학의 총장인 에든버러공으로부터 명예 신학박사 학위를 받음.

1977년	아이티에 새로운 센터를 설립하며 네딜란드의 가장 산업화 신도시 로테르담에 가장 가난한 사람들을 돕고 섬기는 센터를 열게 됨

콜카타의 니르말흐리데이 25주년 기념식을 가짐

1978년	사랑의 선교회 주관으로 아르헨티나 레바논 파나마에 극빈자들을 위한 후원센터를 개설함
	마더 데레사에 대해 특별한 지원을 아끼지 않았던 교황 요한 바오로 2세의 교황 임기가 시작되며 관상수도회의 형제회가 설립되어 1985년부터 사랑의 선교회 관상형제단으로 활동하고 발잔상을 수상함
1979년	스페인 출신으로는 처음으로 사랑의 선교회에 들어왔던 수련자가 로마에서 서원
10월 17일	데레사는 오슬로에서 노벨평화상을 수상한다. 나토의 이중 결정과 소련의 아프카니스탄 침공 이후 냉전체제의 적대성이 심화되었는데 이일 후 수녀에게 주는 상에 대해 언론에서 좀 더 좋은 상징적인 의미가 있는 것으로 평가하게 됨
1980년	인도 최고상인 바라트라트나 상을 수상. 스페인 마드리드레 최초의 사랑의 선교회 센터를 설립한다. 그리고 고향인 스코프에 센터를 설립한다.
1981년	로마에서 명예박사 학위를 받았으며 아이티 국가 최고상을 수상했으나 독재자 장 콜로드 두발리에가 시상함
1983년	미국의 sdi계획이 그 추종자들인 마더 데레사의 사랑의 선교회 눈에는 이데올로기적인 것으로 평가됨. 영국에서 공로상 수상, 오스트레일리아 정부로부터 훈장을 받음
	그리스도의 몸 형제단이 만들어지고 이 단체는 1987년 사랑의 사제선교회라는 명칭으로 교황에게서 인정받음
1985년	미국의 자유상 받음
1986년	교황 요한 바오로 2세가 니르말 흐리다이를 방문함
1987년	소련 평화위원회 메달을 받음
1989년	바르샤뱌 조약기구와 소련의 해체로 보다 쉽게 구 동구권 지역에 수도회 분원을 만들 수 있게 됨
	런던에서 세계의 여성상 받음. 사랑의 평신도 선교회를 합병함. 심장 수술을 받음
1992년	알바니아의 명예 시민권 획득. 유네스코 총재에게서 유엔문화대사의 평화교육상을 받음. 기쁨과 희망상을 받음. 사담 후세인을 방문함
1993년	새로운 심장 수술을 받고 이에 대해 세계 언론의 깊은 관심을 보임
1994년	우탄트 평화상을 받았으며 마더 테레사와 국제 협력자회가 해체됨
1996년	미국의 명예 시민권을 획득함

1997년	미국 의회가 주는 금메달을 받음. 수녀 니르말라를 총장 수녀이자 마더
	데레사의 후계자로 선출하기 위한 선거가 실시됨
	마더 데레사의 예수성체 운동이 주교 사제단의 국제연대 사도들의 의
	미를 가지는 것으로 인정받음
1997년 9월 5일	콜카타에서 선종
1997년	시복을 위한 절차가 시작됨
2002년 10월 10일	사후 치유 기적에 대해 교회가 인정함
2003년 10월 19일	교황 요한 바오로 2세가 바티칸 성 베드로 광장에서 시복
2016년 9월 4일	프란치스코 교황이 성 베드로 광장에서 시성. 축일은 9월 5일

강완숙과 조선 초기
천주교회 여성공동체

| 문기숙 |

천주교 서울대교구 약현성당 소장

강완숙(1760~1801)

강완숙과 조선의 초기 천주교회 여성공동체

문기숙

가톨릭여성신학회

I. 들어가는 말

이 땅에 천주교가 들어와 예수 그리스도의 아버지 하느님께 대한 신앙
이 고백된 지 300년을 향해 가고 있다. 처음 천주교가 들어왔을 때 우리
신앙의 선조들은 믿음을 지키고 교회를 보호하기 위해 목숨 바치는 것을
아까워하지 않았다. 오늘날도 역시 많은 이들이 교회를 위해 땀을 흘리고
있으며 신앙을 전파하기 위해 노력한다. 그러나 다른 한편에서는 쉬고 있
는 많은 교우들과 마지못해 성당에 나가는 사람들, 가끔 성당에 나가는 사
람들, 어쩌다 친구나 가족이나 지인을 따라 성당에 가는 사람들이 있다.
대물림받은 신앙은 청소년들과 젊은이들 사이에서 소홀히 되고 무시되는
것이 당연한 것으로 여겨지고 있으며 부모들은 "신앙보다는 사회적 성공
이 우선"이라는 신념 아래 자녀들의 신앙을 방치하는 것이다.

　가정과 사회 안에서 여성의 역할이 부각되고 있는 오늘날 우리는 과거

를 돌아봄으로써 여성 신자의 나아갈 길을 찾고자 한다. 우리보다 먼저 신앙생활을 하였던 그녀들로부터 우리는 교회와 현대 사회 안에서 보다 나은 신앙인이 될 수 있는 영감을 얻고자 한다.

II. 조선 초기 천주교회의 선교사 영입 운동과 박해상황

1784년 이승훈이 북경에서 세례를 받고 온 이후 조선에는 세례를 받는 사람들이 늘게 되었다. 조선천주교회 지도자들은 교인들의 수가 늘어남에 따라 1786년 가성직제도[1]를 만들어 운영하였다. 그러나 교리서를 꼼꼼히 연구한 유항검에 의해 가성직제도에 대한 의혹이 제기되었다. 조선천주교회는 1789년 윤유일 바오로를 밀사로 파견하여 북경 주교에게 문의하였다. 북경의 구베아 주교는 조선 천주교회가 제기한 질문들에 사목서한으로 답해주었으며 가성직자의 활동을 중단하고 다만 영세만을 허락하였다. 조선천주교회는 1790년 두 번째 밀사[2]를 구베아 주교에게 보내어

---

1 1784년 북경에서 영세를 받은 이승훈 베드로가 귀국하여 동료들에게 복음을 전하면서 1천 명이 넘는 신자들이 생겨났다. 이에 교회의 지도자들은 1786년부터 이승훈에게 미사와 견진 성사를 집전할 권한을 부여하였으며, 이승훈은 권일신, 홍낙민, 유항검 등 10명을 신부로 임명하여 함께 성사를 거행하였다. 신자들은 열광적으로 성사를 받았으며 신앙전파를 촉진시켰다. 한국교회사연구소, 『한국가톨릭대사전1』(분도, 2006)(이하 한국가톨릭대사전1로 표기), 35.

2 윤유일 바오로가 가져온 조선 교우의 편지를 읽은 북경의 구베아 주교는 사목서한을 써주었다. 이 서한에서 구베아 주교는 천주님께 감사할 것, 믿음을 지키면서 천주님의 계명을 지킬 것, 신자로서의 실천 도리와 사제 없는 신앙생활의 요령을 가르쳤다고 기록하고 있다. 또한 사제들이 조선으로 들어갈 수 있는 길과 방법을 찾아보거나 젊은이를 북경 신학교에 보내는 방법을 찾도록 하였다고 한다. 윤민구 역주, 『한국 초기 교회에 관한 교황청 자료 모음집』(가톨릭출판사, 2000)(이하 교황청 자료 모음집으로 표기), 47.

선교사 파견을 요청하였다. 이에 구베아 주교는 1791년 조선 선교를 맡을 신부를 임명하였다. 그 신부는 조선 국경에서 교우와 만나기로 하였으나 실패3하였다. 조선천주교회는 세 번째로 북경에 밀사4를 파견하여 조선 천주교회에 선교사를 요청하여, 마침내 1794년 말 주문모 야고보 신부를 무사히 조선으로 모셔오게 된다. 강완숙은 이 선교사 영입에 있어서 경제 적 지원을 하고 있었다. 그동안 조선천주교회는 두 번의 박해를 겪고 있었 다. 첫 번째는 1785년 명례동 김범우의 집에서 신앙집회를 갖다가 적발된 사건으로 을사박해(乙巳迫害)5이다. 두 번째는 전라도 진산에서 윤지충과

---

3 북경 주교는 1791년 3월 요한 도스 레메디오스 신부를 조선에 파견하였다. 윤유일은 약속 장소 에 가서 기다리고 있었는데 둘은 만나지 못하였다. 『교황청 자료 모음집』, 95, 99; 천주교 수원 교구 시복 시성 추진 위원회/윤민구 역, 『윤유일 바오로와 동료 순교자들의 시복 자료집 제5 집』(한국교회사연구소, 2000)(이하 시복자료집 제5집으로 표기), 29.

4 조선 교회는 1793년 세 번째 밀사로서 지황 사바를 북경에 보내어 선교사 파견을 요청했다. 구베아 주교는 주문모 신부를 조선 선교사로 임명하였다. 1794년 2월 지황은 주문모 신부와 만날 장소를 정한 뒤 북경을 떠났다. 20여일 후 국경에서 다시 만났으나 감시가 심하고 압록 강 얼음이 풀려 조선으로 잠입할 수가 없었다. 이에 겨울이 되기를 기다리기로 하고 헤어졌 으며 10개월 후 지황은 윤유일과 함께 의주로 간 다음 책문에서 주문모 신부를 만나 1794년 12월 24일 의주로 잠입시켰고, 1795년 1월 4일 서울 계동의 최인길 마티아 집에 무사히 도착 하였다. 『한국가톨릭대사전』10, 7984.

5 을사박해의 주인공인 김범우는 1784년 이승훈이 북경에서 세례를 받고 돌아온 해 가을에 이 승훈에게 세례를 받았다. 그와 함께 세례를 받은 사람은 이존창 루도비코 곤자가, 최창현 요 한, 최인길 마티아, 지황(지황) 사바 등이었다. 세례를 받은 뒤 김범우는 그해 겨울부터 자신 의 집을 신자들의 집회 장소로 제공함으로써 '명례방 공동체'가 탄생하도록 하였다. 이후 초 기 신자들은 이곳에서 정기적으로 집회를 갖게 되었다. 그러다가 1785년 봄 이벽의 주도로 집회를 갖던 이승훈, 정약전, 정약용, 권일신, 권상문, 김범우 등은 형조 사령들에게 발각되어 형조로 압송되었다. 이것이 이른바 을사추조적발사건이다. 당시 형조판서 김화진은 압송되 어 온 사람들이 대부분 남인 양반 집안의 자제들인 것을 알고는 대부분 훈방 조치하였지만, 중인인 김범우만은 그대로 투옥하고 형벌로 배교를 강요하였다. 김범우가 끝까지 배교하지 않자 유배형을 내렸다. 김범우는 충청도 단양(혹은 경상도 밀양의 단양)에서 유배생활을 하 면서도 공공연히 신앙을 실천하며 전교하다가 1786년 가을(혹은 1787년 초) 형조에서 받은 형벌의 여독으로 사망하였다. 이로써 그는 한국천주교회 최초의 희생자가 되었다. 『한국가 톨릭대사전』2, 1180-1181.

권상연이 조상제사를 거부하여 일어난 신해박해(辛亥迫害)[6]이다.

선교사의 입국은 또 다른 박해(을묘박해)를 불러일으켰다. 1795년 배교자 한영익이 주문모 신부의 입국과 거처를 고발함으로써 최인길 마티아의 집에 거처하고 있던 주문모 신부는 아슬아슬하게 피하였으나, 박해자들은 주 신부의 거처를 알아내기 위해 선교사 영입에 공이 컸던 최인길 마티아[7], 지황 사바[8], 윤유일 바오로[9]를 체포하여 사정없이 때렸으나 세

---

6 예수회 회원들은 동양의 전통 제례인 조상제사와 공자공경의례가 효도와 존경의 상징적 표현이요 국민적 사회적 의례로 보아 허용하였다. 따라서 이들이 저술한 한역서학서에서는 조상제사를 금하지 않았다. 그리고 이 저술들을 바탕으로 신앙생활을 해온 조선 교회 신자들은 당연히 조상에게 제사를 지냈다. 그러나 뒤늦게 중국 선교에 뛰어든 프란치스코회와 도미니코회 회원들은 이를 미신 내지 우상 숭배라고 보고 금지하였다. 이 문제에 있어 교황청은 금지, 허용, 금지라는 약 100년간의 우여곡절 끝에 1742년 베네딕도 14세에 의해 결정적으로 금지 명령을 내렸다. 1790년 북경에 갔던 윤유일 바오로는 구베아 주교로부터 조상제사를 금지하는 사목서한을 받아 조선 교회에 전달하였다. 대다수의 조선 신자들은 이 금지령에도 불구하고 계속 조상제사를 지냈다. 1791년 전라도 진산(현 충남 금산군 진산면)에 살던 선비 윤지충과 그의 외종형 권상연은 구베아 주교의 사목서한이 전해지자 주저하지 않고 조상제사를 폐지하고 신주를 불살라버렸다. 1791년 5월 윤지충의 어머니 권씨가 사망하자 그들은 정성으로 장례는 치렀지만, 혼백이나 신주는 세우지 않고 제사도 드리지 않았다. 이는 성리학의 입장에서 볼 때 사회의 윤리강령과 질서를 근본적으로 부정하는 패륜적인 것으로서 절대로 용납될 수 없는 것이었다. 그리하여 윤지충과 권상연은 사형에 처하여 5일간 효수되었다. '진산사건'은 정치문제로 확대되면서 많은 천주교인들이 체포되어 문초를 당하고 귀양을 가고 죽음에 이르기도 하면서 조선 교회의 신앙은 새로운 국면에 접어들게 되었다. 『한국가톨릭대사전』8, 5506-5507.

7 1795년 5월 11일(양력 6월 27일) '주문모 신부 체포령'이 내려지자, 조정에 있던 한 무관이 이를 신자들에게 알려줌으로써 주 신부는 강완숙으로 집으로 피신할 수 있었다. 포도대장 조규진은 포졸들을 거느리고 주 신부가 거처하던 최인길 마티아의 집을 덮쳤다. 최인길은 주 신부의 피신 시간을 벌기 위해 주 신부의 모습을 한 채 남아 있다가 잡혔다. 최인길은 역관 출신으로 중국어를 잘 알고 있었기 때문에 포졸들을 속일 수가 있었다. 포도대장은 주 신부의 행방을 알아내기 위해, 주 신부 영입에 참여했던 지황 사바, 윤유일 요한, 최인길 마티아에게 갖은 형벌을 가했으나 이들은 신앙을 증거할 뿐 다른 말은 입 밖에 내지 않았다. 이들은 모두 주저하지 않고 신자임을 고백하였으며 어떠한 형벌과 유혹에도 흔들림이 없었다고 한다. 또 매를 맞아 죽는 순간까지도 '예수 마리아'의 이름을 부르면서 얼굴에는 영적인 기쁨을 나타냈다고 한다. 이들 세 명은 1795년 5월 12일(양력 6월 28일) 포도청의 문초와 형벌 과정에서 순교하였다. 당시, 윤유일은 36세, 최인길은 30세, 지황은 28세였다. 교황청 자료 모음집, 113; 『한국가톨릭대사전』9, 6885 참조.

사람은 주문모 신부를 보호하기 위해 매를 맞아 죽었다. 그러나 이후로도 경기, 충청 지방에서는 주문모 신부를 체포하기 위한 크고 작은 박해들이 계속되었고, 주문모 신부는 강완숙의 집 골방에서 그녀의 보호와 도움으로 1801년 신유박해(辛酉迫害)로 죽기까지 자신의 사목활동을 함으로써 조선천주교회는 1만여 명의 신자를 갖게 된다.

III. 강완숙 골롬바의 신앙과 교회 활동

강완숙은 주문모 신부를 도와 남녀노소 상하 신분 계층을 넘나들면서 선교 활동과 교리강습으로 신자들을 태어나게 하고 기르는 일에 열성적으로 헌신한다. 그녀는 또한 자생적으로 생겨난 조선천주교회 여성공동체들을 맡아 그들의 신앙생활을 돕는 특별한 임무를 수행한다.

1. 주문모 야고보 신부

주문모 야고보 신부는 북경 주교가 세운 신학교 첫 졸업생이다. 주문모 신부는 1752년 중국 강남성 소주부 곤산현 출신이다. 그는 결혼하여 부인과 3년을 같이 살고 부인과 사별하였다. 그는 슬픔을 잊기 위해 북경으

---

8 1793년 북경에 파견된 밀사로서 그 이듬해 1794년 12월 3일(양력 12월 24일) 주문모 신부를 인도하여 조선에 모셔왔다. 『교황청 자료 모음집』, 113; 『한국가톨릭대사전』9, 6885 참조.
9 윤유일 바오로는 조선 교회의 파견을 받아 두 번이나 북경에 파견되었다. 1786년부터 조선교회가 시행하고 있던 가성직제도에 관하여 북경주교에게 문의하기 위하여 조선교회는 1789년 윤유일을 북경에 파견하였다. 1790년 윤유일은 성직자 영입을 위하여 다시 한번 북경에 파견되었다. 그리고 1794년 지황 사바가 주 신부를 인도하여 올 때 의주에서 대기하여 있다가 함께 한양으로 모셔왔다. 『교황청 자료 모음집』, 112; 『한국가톨릭대사전』9, 6885 참조.

로 갔는데, 그곳에서 서양 학문과 천주교에 대하여 알게 되고 세례를 받게 된다. 주문모 신부는 신앙심이 아주 깊었기에 신학교에 입학할 수 있었고 신학과 문학에 능통하였다고 한다.

조선천주교회는 북경 주교에게 선교사를 요청하였고 이에 응하여 조선에 들어온 첫 선교사가 주 신부이다. 주 신부는 1794년 12월 14일(양 1795년 1월 14일)경 서울에 도착하여 최인길 마티아의 집에 여장을 풀고 한글을 배우기 시작한다. 1795년 성주간에는 세례성사와 보례를 집전하고 한자를 통한 필담으로 고해성사를 주었다. 이어 부활대축일에는 최초로 이 땅에서 미사가 봉헌[10]된다. 그러나 6개월도 안 되어 체포령이 내려져 1801년 4월 19일(양 5월 31일) 죽을 때까지 숨어지내면서 자신에게 맡겨진 임무를 수행해 나간다.

을묘박해[11]이후 주문모 신부는 창동 강완숙의 집에 머물면서 이 집을 사목활동 본부로 정하고 비밀리에 성무를 집행하였다. 언어소통이 어느 정도 가능하고 풍속도 익히게 되자 조심스럽게 지방을 순회하면서 신자들에게 성사를 베풀었다. 그러나 발각될 위험 때문에 그의 사목활동과 가정방문은 비밀리에 제한적으로 이루어질 수밖에 없었다. 그리하여 그가 입국할 때 4천 명이던 신자수는 그가 순교할 때는 1만여 명이 되었다.

주문모 신부는 낮에는 신자들을 위한 저술을 하였고 주로 밤에 사목활동을 하였다. 또한 교리연구와 교수를 위해 명도회를 조직하여 운영하였다. 명도회 회장은 정약종 아우구스티노가 맡았으며 그 하부조직으로 6회를 운영하였다.[12] 주 신부는 최창현과 강완숙을 남녀 회장에 임명하고 정

---

10 이날이 1795년 윤2월 16일(양력 4월 5일)이다. 주 신부는 부활절에 신자들을 모아놓고 미사를 집전하였다. 이 미사가 이 땅에서 최초로 봉헌된 미사였으며, 이로써 조선 천주교회는 '조선 본당'으로 탄생하게 되었다. 『한국가톨릭대사전』9, 6885.
11 1795년 '주문모 신부 체포령'이 내려져 교회에 가해진 박해를 말한다.

산필을 내포 지방의 회장으로 임명하는 등 회장제를 전국적으로 실시하였다. 이러한 조직은 계속되는 박해 속에서도 나름대로 이어져 박해를 이겨내는 원동력이 되었다.[13]

2. 강완숙 골롬바

강완숙 골롬바(1760~1801)는 국내외 사료에 다양하게 나타나고 있으며 한국교회사에서 명기된 여인 중 두드러진다. 그녀의 교회 내에서의 활동은 남자들을 능가하였으며 그 시기에 끼친 영향과 업적은 선교사들의 입을 통한 그녀에 대한 찬사와 여러 가지 역사적 사료들이 이를 입증하고 있다.[14]

강완숙 골롬바는 충청도 내포[15]의 서얼 출신 양반 집안의 딸이었다.[16] 어릴 때부터 성품이 총명하고 지혜가 뛰어나 보통 사람들과는 사뭇 달랐다.[17] 매우 강직하고 용감하였으며, 뜻과 취미가 고상하여 어려서 방안에

---

12 6회는 황사영, 현계흠, 홍문갑, 김려행, 홍익만, 김이우(?)의 집이 모임장소로 활용되었다. 한 회가 3-4인, 5-6인이 모여 신부에게 이름을 알리고 神工을 한다. 일 년 중 부지런히 신공한 자는 입회할 수 있고 게을리한 자는 탈퇴시킨다. 김진소 외, 『신유박해 순교자 전기집 순교는 믿음의 씨앗이 되고』(서울, 한국교회사연구소, 2001)(이하『순교는 믿음의 씨앗이 되고』로 표기), 33; 여진천 역주, 『황사영 백서 해제 누가 저희를 위로해주겠습니까』(이하『백서』로 표기), (서울, 기쁜소식, 1999), 각주 63 참조.

13 김지소 외, 『순교는 믿음의 씨앗이 되고』, 33.

14 김옥희, 『한국천주교여성사』(I), 마산, 한국인문과학원, 1983, 82-83.

15 1784년 교회 형성 이래 박해 때마다 많은 순교자들을 탄생시키면서도 그 신앙이 면면히 이어져 온 내포교회는 '한국천주교 신앙의 못자리'라고도 불린다. 이중환의 택리지에 따르면 내포 지방은 충남의 삽교천 서쪽인 아산만 일대의 아산, 당진, 면천, 홍주, 덕산, 해미, 결성, 보령, 서산, 태안 등 10개 현을 말한다. 자세한 사항은 『한국가톨릭대사전』2, 1342를 참고하기 바람.

16 『백서』, 111-112.

17 『시복자료집』제5집, 169.

앉아있을 때부터 성녀가 될 꿈을 가지고 있었으나 그 나아갈 길을 몰라 다른 사람들을 따라 염불을 읊었다. 10여 세가 되어 지식이 약간 열리자, 불교가 허황하여 믿을 것이 못 됨을 알고 다시는 따르지 않았다. 자라서 덕산 홍지영의 후처로 들어갔는데, 남편이 옹졸하고 마음이 맞지 않아 늘 우울하고 답답하였고, 언제나 속세를 떠나고 싶은 생각을 하고 있었다.[18] 충청도에 천주교가 들어가자 그는 혼자서 천주교를 찾게 되었고[19] 열렬한 믿음으로 자신의 구령과 이웃의 구령을 위해 헌신하면서 교회를 돕고 마침내 신앙을 증거하며 순교한다.

3. 강완숙 골롬바의 신앙

1) 정도(正道)인 천주교

강완숙 골롬바가 천주교 신자가 된 것은 충청도에 처음 성교가 들어갔을 때 천주교라는 세 글자를 듣고 스스로 짐작하기를 '천주란 하늘과 땅의 주인이라, 교의 이름이 바르니 도리도 틀림없을 것이다'라고 하여 책을 구해 한번 읽어 보고는 마음이 기울어져 믿고 따랐다고 한다. 그녀는 총명하고 부지런하며 열심하고 자제함이 뛰어나서 남이 미치지 못하였다. 온 집안을 권유하여 교화시키고 이웃 동리까지 전했는데, 오직 남편 홍지영만은 못하였다.[20] 골롬바는 아무리 힘을 써도 아무런 효과가 없어 그와 함께

---

18 『백서』, 112.

19 1811년 교우들이 북경 주교에게 보낸 편지에 강완숙은 '남편의 친척인 바오로란 사람한테서 천주교에 대한 이야기를 듣고는 마음을 다하여 천주교를 믿기 시작하였다'고 기록되어 있다. 그러나 포도청 진술에서 강완숙은 "저는 10여 년 전에 예산에 살던 공씨(孔氏) 성을 가진 과부에게 배웠습니다"라고 하였다. 『교황청 자료 모음집』, 228; 한국순교자현양위원회/조광 역, 『역주 사학징의』I, 2001(이하 『역주 사학징의』I로 표기), 169.

20 그는 주견이 없어서 아내가 권유하면 "옳다, 옳다" 하며 따르다가도, 악한 무리가 헐뜯으면

일을 할 수 없음을 알고, 신해년 박해로 고향이 시끄러워지자, 남편에게 농토를 맡기고 자녀를 데리고 서울로 와서 지사바의 북경 왕래를 도왔다. 남편과 반대로 전처의 아들인 홍필주와 시어머니는 강완숙을 따랐다. 시어머니는 다소 괴팍한 사람이었으나 며느리의 공손하고 부드러운 태도에 며느리의 의견을 따르곤 하였다.[21]

2) 교회에 대한 신뢰

강완숙의 교회에 대한 신뢰와 신앙을 보여주는 한 예는 그 시어머니로부터 얻게 된다. 강완숙은 경술년(1790)에 "제사를 폐지해야 한다"라는 명령이 내려졌을 때 그대로 따르려고 마음을 굳게 먹는다. 그런데 시어머니는 처음에는 며느리의 말을 듣고 주님을 두려워하고 벌을 무서워하는 마음에 기도문을 대략이나마 외웠는데, 명령이 내린 후에는 예전보다 더욱 제사를 정성스럽게 지냈다. 강완숙이 그렇게 하지 말라고 아무리 말씀드려도 소용이 없었다. 그래서 강완숙은 간절히 기도하였다. 그런데 어느 날 저녁 시어머니가 직접 묘당을 청소하고 있는데, 갑자기 묘당이 진동하는 소리가 들리더니, 대들보와 기둥이 심하게 흔들렸다. 시어머니는 너무도 놀라 기겁을 하고 달려와 며느리를 와락 끌어안았다. 강완숙은 시어머니에게 주님의 명을 거슬러서는 안 되는 것이니, 부정하고 망령된 일을 해서는 안 되며, 지금 주님께서 그렇게 하지 말라고 경고하고 계신다. 그러니 빨리 마음을 바꾸지 않으면 주님께서 벌을 내리실 것이다 라고 차근차근 설명하여 시어머니가 감동을 받아 다시는 그런 죄를 짓지 않았다고 한다.[22]

"그래, 그래" 하고 그들의 말을 믿었다, 아내가 나무라면 눈물을 흘리며 참회하다가도, 나쁜 친구가 오면 금새 전과 같이 되었다. 『백서』, 112.

21 『백서』, 112-113; 『교황청 자료 모음집』, 228.

3) 하느님께 대한 사랑

강완숙은 정절을 지키고 싶어 했으나 남편이 외교인이었기에 강완숙의 뜻대로 될 수 없었다. 나중에는 단호히 남편을 거절하여 남편이 가까이 올 수 없게 하였더니 남편은 첩을 얻어 강완숙과 별거하였다.[23]

4) 구원에 대한 열망

강완숙은 서울에 가면 교리를 더 잘 배울 수 있다는 얘기를 듣고는 시골에 살다가는 구령되기가 어렵겠다는 생각이 들어 친정 부모님을 찾아뵙는다는 핑계를 대고 서울로 올라가 다시는 고향으로 돌아가지 않았다. 또한 친정 부모님도 권면하여 교화시킨 다음, 모두 선종할 수 있게 하였다.[24]

5) 내세에 대한 믿음

1801년 신유박해로 강완숙이 체포되었을 때 그 동료와 함께 있던 옥은 기도소로 바뀌었다. 그들은 신심행사에 충실하면서 서로 위로하고 격려하며 죽음의 시간이 가까워질수록 더욱 기뻐하였고 특히 죽기 전날은 기쁨에 취한 것 같았다. 5월 22일 마침내 그들이 그렇게 바라던 날, 골롬바와 동료 4명이 수레를 타고 형장으로 가는 동안 그들은 기도하고 서로 격려하며 찬미가를 불렀다. 군중은 그들의 얼굴에 기쁨이 빛나는 것을 보고 놀랐다. 형장에 이르러 골롬바는 사형을 주재하는 관리에게 "법에는 사형을 받아야 하는 자들의 옷을 벗기라고 명해졌으나, 여자들을 그렇게 다루는

---

22 『시복자료집』 제5집, 172-173.

23 『시복자료집』 제5집, 173.

24 『시복자료집』 제5집, 173.

것은 온당치 않을 것이니, 우리는 옷을 입은 채로 죽기를 청한다고 상관에게 알리시오"라고 말했다. 그 허락이 내려져서 그들은 만족하였고 강완숙 골롬바는 십자성호를 긋고 맨 먼저 머리를 형리에게 내밀었다. 그의 나이 41세였다.[25]

감옥 안에서 강완숙은 자신의 신앙뿐만 아니라 아들의 신앙도 돌보아 그가 천국에 가도록 하였다. 어느 날 잡혀 와 다른 옥에 갇혀 있는 아들이 형벌 중에 마음이 약해지는 것 같아 보인다는 말을 듣고 강완숙은 먼발치로 아들을 보고 큰소리로 "예수께서 네 머리 위에서 너를 보고 계시다. 네가 그와 같이 눈이 어두워 스스로 멸망할 수 있느냐. 내 아들아, 용기를 내고 천당복을 생각하여라" 하고 외쳤다. 이 용감한 격려로 젊은이는 몇 달후에 순교할 수 있었다.[26]

강직하고 용감하며 지혜로운 강완숙 골롬바는 천주교가 이미 빛의 길임을 그 안에 삶과 죽음의 차원이 극복되어 있음을 알고 죽기까지 헌신하였음을 짐작할 수 있다.

4. 강완숙 골롬바의 교회 활동

1) 주문모 신부를 숨겨 보호 보필함

강완숙은 1795년 을묘년에 주문모 신부에게 세례를 받았는데 주 신부는 그녀를 보자 매우 기뻐하며 여회장으로 임명하여 여교우들을 보살피는 임무를 맡긴다. 5월 박해가 일어나자 강완숙은 신부를 보호할 계획을

---

25 샤를르 달레/안응렬·최석우 역주, 『한국천주교회사』상 (서울, 한국교회사연구소, 2000)(이하 『한국천주교회사』로 표기), 501.

26 샤를르 달레, 『한국천주교회사』상, 500.

주문모 신부(가운데)와 강완숙 골롬바(천주교 서울대교구 가회동성당 소장)

주창하고 혼자 주선하여 자기 집에 숨겨두고 힘을 다해 보호함으로써, 포졸들이 체포하러 문 앞까지 왔다가 그냥 돌아가게 만든다. 박해가 지난 후에 신부는 그의 집을 거처로 정하였으며, 강완숙 골롬바는 6년이나 교회의 모든 중요한 일을 도왔으므로 신부의 총애와 신임은 누구도 그와 비교할 수가 없었다.[27]

골롬바는 을묘박해 때 신부를 보호한 큰 공이 있었고 재능이 출중했기에 신부는 모든 일을 전적으로 그에게 맡겼습니다. 골롬바 역시 열심히 일을 처리하여 많은 사람들을 감화시켜, 벼슬하는 집안의 부녀자로서 입교하는 이가 아주 많았습니다. 그것은, 이 나라의 법이 역적이 아니면 양반의 집안 부녀자에게는 형벌이 미치지 않으므로 그들은 금령을 걱정할 필요가 없었던 까닭입니다. 신부도 이 점을 이용해서 성교를 널리 전할 바탕을 삼고자 하여 그들을 특별히 후하게 대접하시니, 교회 안의 대세가 모두 부녀자 교우들에게로 돌아갔습니다. 그러니 성교의 소문도 이 때문에 널리 퍼졌습니다.[28]

2) 교회 안팎의 일을 맡아봄

골롬바는 안으로는 신부를 받들어 거처와 의복, 음식을 바르게 공궤하였고, 밖으로는 교회 사무를 처리하여 경영(經營)과 수응(酬應)에 조금도 차질이 없었다.[29] 박해가 좀 누그러지자 주 신부의 활동이 좀 활발해짐에 따라 강완숙은 주 신부의 활동을 적극적으로 도왔다.

---

27 『백서』, 113-114.

28 『백서』, 58-59.

29 『백서』, 114.

3년이 지나 박해가 다소 누그러져 신부님께서는 점차 더 많은 사람들에게 성사를 주실 수 있게 되었습니다. 강완숙은 위로는 신부님의 가르침을 받들고, 아래로는 다른 사람들을 아주 정숙하면서도 바르고 점잖게 대하였습니다. 그래서 강완숙이 신부님의 강론이 있다고 사람을 보내어 알리면, 마치 종소리에 북소리가 맞장구치듯이 그렇게 사람들이 몰려들었습니다. 또한 강완숙은 열성과 사랑으로 사람들을 끌어 모았기 때문에, 마치 나무 섶에 불이 붙은 것처럼 삽시간에 사람들이 몰려들곤 하였습니다.[30]

그는 어렵고 힘든 일이 한꺼번에 밀어닥치더라도 마치 얽히고설킨 나무뿌리를 좋은 연장으로 다듬어 내듯이 모든 일을 헤쳐나갔다. 마치 남자가 전쟁터에 나가듯이 그렇게 용감하게 헤치고 나갔다. 남자 교우의 수가 많긴 하였으나, 열심함에 있어서는 강완숙에게 뒤졌다. 그래서 신부님도 일하는 데 있어서 강완숙에게 많이 의지하였다. 강완숙은 성교회를 지키는 씩씩한 여장부였으며 그 당시로는 찾아보기 어려운 매우 뛰어난 인물이었으니, 한낱 치마 저고리 입은 여인이라고 할 수 없었다.[31]

3) 여성교육과 여성공동체 조직 운영

강완숙은 여성들을 끌어모아 가르치고 선교 활동을 하도록 이끌었다.[32] 자신의 집에 하느님 때문에 결혼을 하지 않으려는 처녀들을 받아들여 동정녀공동체를 형성하게 하고 이들을 윤점혜와 함께 이끌었다. 다른 여인네들의 가정공동체도 강완숙의 집을 거점으로 긴밀한 관계를 맺으며 신앙생활과 선교 활동을 해나갔다.

---

30 『시복자료집』 제5집, 179.

31 『시복자료집』 제5집, 179-181.

32 강완숙은 자신이 끌어들인 사람은 자신의 딸 홍순희, 윤점혜, 복점, 김월임, 정임, 효명, 김연이, 유덕이, 문영인, 정순매, 이득임, 김순이라고 포도청에서 말하고 있다. 『역주 사학징의』 I, 171.

그는 처녀들을 많이 모아 가르쳤고, 그것이 끝나면 그들이 집집마다 찾아다니며 사람들에게 천주님을 믿으라고 권고하도록 하였으며, 자신도 역시 두루 다니며 전교하기에 밤낮을 가리지 않으니 편히 잠자는 시간이 없었습니다. 도리가 밝고 구변이 좋아 누구보다도 많은 사람을 귀화시켰고, 일 처리에 과단성과 위엄이 있어 사람들이 다 조심스러워하였습니다.[33]

4) 선교 활동

강완숙은 공동체 식구들을 가르쳐 선교에 파견하는 열성을 보이기도 하였지만, 자신도 함께 밤낮으로 선교 활동에 뛰어들어 사람들을 감화시켰다. 이러한 노력의 덕분인지 경신년(1800) 이후 감화된 사람의 숫자가 부녀자가 삼분의 이를 차지하고 있었다.[34] 강완숙은 말에 재치가 있고 구변이 좋을 뿐만 아니라 유식하여 자신의 지식을 선교에 적극적으로 활용하였을 것으로 추정된다. 그녀의 선교 활동은 감옥에서까지 계속되었는데 "옥중 관리들 앞에서까지 그의 사도직(使徒職)을 계속하여, 천주교가 하느님에게서 오는 것임을 끊임없이 주장하며, 공자(孔子)와 그 밖의 가장 유명한 철학자들의 글에서 증거를 끌어내어, 자기 말을 뒷받침하였다. 관리들도 감탄하여 (姜完淑) 골롬바를 '유식한 여인네, 비길 데 없는 여인'이라는 말로만 그를 표현하고 기가 막힌다고 말하였는데, 이 말은 비상한 놀라움으로 생기는 茫然自失을 뜻하는 조선식 표현이다"[35]라고 달레는 말하고 있다.

---

33 『백서』, 115.

34 "경신년(1800) 4월 여러 교우들이 명도회에 가입한 후로 신공을 부지런히 하였고, 회원 아닌 사람들도 역시 이 분위기를 따라 움직여 모두 남을 감화시키기에 힘썼으므로, 그해 가을과 겨울 사이에 무럭무럭 감화되어 하루하루 불어났는데, 부녀자가 삼분의 이요, 무식한 천인이 삼분의 일이었습니다. 양반집 남자들은 세상의 화가 두려워서 믿고 따르는 자들이 극히 적었습니다." 『백서』, 58.

35 달레, 『한국천주교회사』 상, 500.

IV. 조선 초기 천주교회 여성공동체

조선 초기 천주교회 여성들은 강완숙의 집을 거점으로 활발히 움직였다. 주문모 신부가 머무르고 있는 강완숙의 집은 주 신부의 사목활동의 거점으로서 교회 행정과 교육과 모든 평신도 사도직이 파견을 받는 장소였다. 특별히 여성의 사회활동이 허락되지 않는 조선 사회에서 아이러니하게도 여성의 활동이 가장 활발하게 진행된 곳이기도 하다.[36]

주 신부가 있는 강완숙의 집에서는 첨례가 더 자주 이루어지고, 교리교육과 교회 업무에 관한 회의가 이루어졌다.[37] 모든 남성 신자뿐만 아니라 여성 신자들의 신앙의 의지처였고 강완숙은 주 신부와 신자들 사이에서 교회공동체에 생명을 주는 역할을 해냈다.

강완숙의 집은 조선천주교회의 중심지로서 특히 여성 신자들에게는 신앙생활의 본가(本家)와 같은 의미를 지녔다. 그의 집은 부모, 남편 없는 여성들과 신앙적 소신으로 동정녀로 살고자 하는 여성들의 의탁처이자 집합처였고, 때로는 여염집 부녀들도 함께 한 신앙공동체였다.[38] 순교자 김연이는 포도청에서 "홍필주[39]의 집에 갈 때마다 정가, 홍가, 최가, 이가, 윤가, 김가의 어머니와 부인 등이 안팎에 가득찼습니다"라고 진술하였다. 강완숙의 집은 동정녀, 과부, 양반집 부녀뿐만 아니라, 일반 평민의 부녀,

---

36 이하 참조:「조선여인 강완숙, 역사를 위해 일어서다」, 2005년 7월 1일 서울대교구여성연합회 심포지엄 자료집(이하「조선여인 강완숙, 역사를 위해 일어서다」로 표기); 김옥희, 『한국천주교여성사』(I), 120-206.

37 강완숙의 집에서는 매월 6,7차 내지 10여 차에 걸쳐 첨례와 성경낭독이 있었고, 첨례가 있는 날에는 각처에서 남녀신자들이 모여 강학하였다.「조선여인 강완숙, 역사를 위해 일어서다」, 76, 95.

38「조선여인 강완숙, 역사를 위해 일어서다」, 80.

39 홍필주는 강완숙 남편의 전처 아들이다.

여종들까지 드나들며 조선 여인들이 천주 신앙을 싹 틔우고 성장시키는 곳이었다.

1. 동정녀공동체

조선 천주교회의 독특성은 자발적으로 천주 신앙을 찾아 받아들인 점도 있지만, 교회 초기부터 일생을 천주께 바치고자 하는 동정녀들의 무리가 있었다는 점이다. 이들은 강완숙의 집을 거점으로 그의 지휘 아래 첨례를 돕거나 교리강습에 참여하고 전교하는 등의 일을 하였으며, 첨례에 참여하고 재를 지키고 묵상과 기도를 하는 등 극기 생활을 하였음을 알 수 있다. 동정녀들로서는 윤점혜, 문영인, 정순매, 홍순희, 김경애, 이득임, 박성염, 조도애, 등이다.

1) 윤점혜 아가다

동정녀공동체의 회장. 윤점혜 아가다는 윤유일의 사촌 여동생이며 정광수의 처 윤운혜의 언니이다. 어려서 어머니로부터 성교회에 대하여 듣고 동정을 지키기로 마음을 먹었다. 혼숫감을 만들면서 몰래 남자 옷을 만들어 입고 윤바오로의 집으로 도망하기도 하였다. 을묘년에 윤점혜는 신앙생활을 더 잘하기 위해 어머니와 함께 서울로 올라와 살다가 을묘박해로 윤바오로가 순교하자 여러 해를 숨어 지냈다. 어머니가 세상을 뜨자 강완숙 골롬바의 집에서 함께 살게 되었다. 강완숙을 의탁해 산 지 10년이나 되었다고 한다. 처녀의 형적을 감추기 위해 머리에 쪽을 찌어 과부라고 하였다. 주 신부의 명에 따라 윤점혜는 동정녀들의 회장이 되어 다른 동정녀들을 가르치게 되었다. 강완숙과 함께 주 신부를 보좌하고 전교와 가르치는 일에 힘을 다하였다. 윤점혜는 당시 조선 교회 안에서 강완숙과 함께 매우 널리 알려진 여인이며 굳센 신앙을 보여준 인물이다. 재를 지키고 극기 생활을 하면서, 기도하고 묵상하는 생활을 하였으며 갖가지 신공을 바치면서 날마다 기도 생활에 정진해 나갔다. 그 덕스럽고 초연한 모습이 교회의 여러 신자들에게 좋은 표양이 되었다. 신유년 박해가 일어나자 윤점혜는 강완숙과 똑같은 고문을 받았다. 1801년 5월 24일(양력 7월 4일) 고향 양근으로 압송되어 사형을 당하였다. 사형받던 날, 윤점혜는 아주 즐거운 얼굴로 형장으로 나아가 태연하게 죽음을 맞았다. 목이 잘린 뒤 흘린 피가 우유빛 나는 흰색이었다고 한다.[40]

2) 문영인 비비안나

동정녀공동체의 일원. 문영인 비비안나는 7살 때 궁녀로 뽑혀 궁에 들어가 살았다. 관리들이 궁녀를 뽑으려고 왔을 때 그의 아버지는 두 언니는 숨겨두고 비비안나는 나이가 어려 가택수색에서 빠져나갈 수 있으리라 생각하였다. 그러나 관리들은 그의 조숙한 총명과 뛰어난 용모를 보고 감탄하여 그를 데리고 갔다. 열다섯 살 때에 머리를 올렸고 글씨를 잘 썼으므로 문서 쓰는 일을 맡겼다. 그의 아버지는 외교인이었으나 열심있는 천주교인인 어머니의 권고로 천주교에 입교하게 되었다. 그는 병 때문에 궁에서 나오게 되자 신공과 기도에만 전심하면서 옛 성인의 행적을 열독하여 그 표양을 본받으며 순교할 원의를 가지게 되었다. 김승정 회장의 모친 김섬아 수산나와 함께 주문모 신부의 시중을 들며 여러 해 동안 모범적인 헌신과 효성으로 자기의 직책을 다하였다. 강완숙을 비롯한 다른 여신자들과

---

40 참조: 『교황청 자료 모음집』, 238-241; 김옥희, 한국천주교여성사(I), 124-128; 역주 사학징의 I , 182-184.

도 친밀히 왕래하면서 함께 공동체를 형성하여 활동하였다. 박해가 심해져 주문모 신부가 다른 곳으로 피신하게 되었으므로 비비안나는 어머니 집으로 돌아와 순교할 날만을 고대하게 되었다. 그의 집에서 여러 가지 기도문을 적은 종이가 포졸들에 의해 발견되어 그의 원의대로 순교하게 되었다. 비비안나는 관리의 회유와 꼬드김에도 꿈쩍하지 않고 "저는 제가 공경하는 천주를 위해서 목숨 바치기를 전심으로 원합니다"하니, 관리는 화가 나서 고문을 시켰다. 다리를 몹시 치니 피가 솟았는데, 그 피가 이내 꽃으로 변하여 공중으로 떠올랐다고 한다. 비비안나는 다른 형벌도 많이 받아야 했으나 그의 마음은 흔들리지 않았다. 마침내 그의 목이 잘릴 때, 그 상처에서 젖과 같은 흰 피가 흘러나왔다고 한다. 그의 나이 26세였다. 이렇게 해서 1801년 5월 22일 문영인 비비안나는 조선에서는 동정녀로서 최초의 순교자가 되었다.[41]

3) 정순매 바르바라

동정녀공동체의 일원. 당시 교회 안에서 중요한 역할을 수행했던 정광수의 누이다. 오라버니 정광수를 따라 서울로 올라왔고 천주학을 오라버니 부부에게서 배웠다고 한다. 17세가 되었을 때 동정을 하느님께 바치려 결심하였다. 그리하여 스스로 머리를 올리고 허가(許哥)라는 남편에게 버림을 받았다고 하면서 혼자 자유롭게 지내며 신심 생활과 선행을 하였다. 정순매는 서울에서 오라버니 내외와 함께 천주교 서적과 성물을 보급하는 일을 담당하였으며 자신의 집에서 공소예절을 진행할 때면 언제나 정성을 다해 준비하였다. 주 신부에게 세례를 받은 이후 강완숙의 집에서 동

---

41 달레, 한국천주교회사 상, 503-507; 김옥희, 『한국천주교여성사』(I), 128-131; 『역주 사학징의』I, 180-182.

정녀공동체의 일원으로 생활하였다. 포도청에 이송되어 모진 형벌과 형조의 엄한 신문에도 굴하지 않았다. 그는 자신의 결심이 모질어 바꿀 수 없다고 하였다. 1801년 5월 24일 고향 여주에서 참수당하였다. 그의 나이 25세이었다.[42]

4) 홍순희 루치아

동정녀공동체 일원. 강완숙의 딸. 어머니에 의해 천주교 신앙을 갖게 되었다. 강완숙이 처녀들을 모아 가르칠 때 그를 주로 도운 사람은 윤점혜 아가다와 홍순희였다. 신유년 4월 12일 영광으로 유배되었다.[43]

5) 이득임

동정녀공동체의 일원. 이합규의 누이동생. 동정을 지키기 위해 스스로 과부라고 하였다. 포청에서 진술하기를, 그녀는 안면이 있는 사람에게 천주교를 배우면서 깊이 빠져들었으며 노비 복점과도 친하여 함께 기도하고 교리를 배워 익혔다. 그녀는 나이가 어리고 부끄러운 마음이 많아서 왕래하는 사람은 별로 없으나 천주교에 대한 깊은 신앙은 변함이 없다고 말했다. 신유년 4월 9일 장흥으로 유배되었다.[44]

6) 김경애

이어인아지(李於仁阿只)의 딸. 모친과 함께 영세를 받고 입교하였는데

---

42 참조: 김옥희,『한국천주교여성사』(I), 131;『역주 사학징의』I, 185-187;『한국가톨릭대사전』 10, 7542.

43 「조선여인 강완숙, 역사를 위해 일어서다」, 108;『역주 사학징의』I, 261;『백서』, 각주 183, 114.

44 김옥희,『한국천주교여성사』(I), 132;『역주 사학징의』I, 260.

스스로 쪽을 쪄서 머리를 올리고 허가(許哥)의 과부라고 하였다. 이때 허가(許哥)란 허무의 뜻으로 사용하였다고 한다. 즉 결혼하지 않았다는 뜻을 내포한 표현이었다. 군기시 앞에 집을 사서 과부들과 함께 정절을 지키면서 공동생활을 하였다. 신유년 4월 10일 사천으로 유배되었다.[45]

7) 박성염

이합규의 외숙모인 정분이와 지친간이며 항상 청상으로 가칭하였다. 강완숙의 비녀 소명도 정분이를 통해 알고 있었다. 박성염은 사람들에게 천주학을 전하였고 결국 사학에 깊이 빠져있다는 죄목으로 신유년 4월 20일 영일로 유배되었다.[46]

8) 조도애 아나다시아

동정녀공동체의 일원. 조섭의 누이동생으로 자칭 오가(吳哥)의 아내라고 하였다. 오라버니 조섭으로부터 천주교 책을 배우기 시작하였고 입교하여 영세를 받았다. 평상시에 같은 동리에 살던 정광수의 집에서 교리를 배우고 강론을 들었으며 다른 곳에는 출입한 일이 없다고 한다. 혹독한 형벌로 죽음에 이르렀어도 끝까지 자기 신앙을 지켰다고 한다. 신유년 4월 9일 영암으로 유배되었다.[47]

---

45 김옥희, 『한국천주교여성사』(I), 133-134; 『역주 사학징의』I, 260.
46 옥희, 『한국천주교여성사』(I), 134-135; 『역주 사학징의』I, 261.
47 김옥희, 『한국천주교여성사』(I), 133; 『역주 사학징의』I, 261.

2. 부녀와 과부공동체

황사영은 "경신년(1800) 4월에 여러 교우들이 명도회에 가입한 후로 신공을 부지런히 하였고, 회원 아닌 사람들도 역시 이 분위기를 따라 움직여 모두 남을 감화시키기에 힘썼으므로, 그해 가을과 겨울 사이에 무럭무럭 감화되어 하루하루 불어났는데, 부녀자가 삼분의 이요, 무식한 천민이 삼분의 일이었습니다. 양반집 남자들은 세상의 화가 두려워서 믿고 따르는 자들이 극히 적었습니다"[48]라고 적고 있다. 골롬바는 "많은 사람들을 감화시켜, 벼슬하는 집안의 부녀자로서 입교하는 이가 아주 많았습니다. 그것은 이 나라의 법이 역적이 아니면 양반의 집안 부녀자에게는 형벌이 미치지 않으므로 그들은 금령을 걱정할 필요가 없었던 까닭입니다. 신부도 이 점을 이용해서 성교를 널리 전할 바탕을 삼고자 하여 그들을 특별히 후하게 대접하시니, 교회 안의 대세가 모두 부녀자 교우들에게로 돌아갔습니다. 그러나 성교의 소문도 이 때문에 널리 퍼졌습니다"[49]라고 하였다.

이 때문인지 초기 천주교회 안에는 동정녀와 과부, 특히 청상과부들이 많았으며 강완숙을 중심으로 과부들의 신앙공동체가 존재했다. 이들은 서로 한 방에 모여 앉아 천주학을 공부하면서 신앙생활과 수덕 생활에 전념하였고, 주문모 신부를 보기 위해 자주 강완숙의 집을 드나들었다. 청석동의 문영인의 집은 동정녀 문영인과 김승정(회장)의 어머니 김섬아가 있었다. 군기시 앞의 김희인의 집은 과부가 된 김희인과 김희인의 시숙모 과부 이홍임, 김경애의 모친이며 김희인 남편의 외가 친척인 과부 이어인아지, 이어인아지의 딸 동정녀 김경애로 구성된[50] 것이 대표적인 예이다.

---

48 『백서』, 58.
49 『백서』, 59.

교회 안에서 매우 중요한 역할을 수행한 대표적인 인물로는 강완숙, 한신애, 정복혜, 김연이, 윤운혜가 있고, 양반 교우의 비녀로서 크게 활동했던 복점, 소명, 정임이 있다.[51] 김연이, 정복혜, 노비 복점 등은 양반집 상민집 할 것 없이 신분에 구애받지 않고 자유롭게 드나들며 선교하였고, 강완숙, 한신애, 신소사는 서로 처지가 엇비슷한 양반가의 후처 혹은 첩인 양반 부인들을 주로 상대하였다. 그리하여 박해자들은 이들을 '사학매파'(邪學媒婆)라고 불렀다.[52] 비녀들은 주로 강완숙의 심부름을 다니면서 교회를 살아 움직이게 만들었을 것으로 생각된다.

1) 한신애 아가다

예산군수 조시종의 후처였던 한신애는 양반 집안의 서녀로 과부였으며, 강완숙 다음으로 활약이 많았다. 강완숙이 고백하듯이 강완숙과 한신애는 서로 친하게 지냈다. 한신애는 중인 이합규, 양반 정광수와 함께 성경을 강독했으며 자기네 집 비복들에게도 선교하여 교리를 가르쳤다. 또한 강완숙의 집과 자기 집을 다니며 심부름했던 김연이와 참판 이중복의 아내였던 신소사에게도 전교하여 그들을 교회로 인도하였다. 박해가 일어나자 자신의 집은 양반 집이므로 다른 집보다 안전하다고 생각하여 자신의 집과 강완숙의 집을 심부름을 했던 정복혜가 각처에서 거두어들인 서적이나 성물을 거두어 주자, 이를 도맡아 자기 집에 감추어 두는 용기를 보여주기도 하였다. 신유년 5월 22일 강완숙과 함께 서소문 밖에서 참수되었다.[53]

---

50 「조선여인 강완숙, 역사를 위해 일어서다」, 80.

51 김옥희, 『한국천주교여성사』(I), 151-153.

52 김진소 외, 『순교는 믿음의 씨앗이 되고』, 85.

2) 정복혜 간디다

일반 평민의 노파로서 남의 이목을 끌지 않는 점을 이용하여 교회 안의 남녀 교우들, 평교우들, 지도자들 사이에서 중개역할을 했던 여인이었다. 정복혜는 이합규에게 천주학을 배우고 영세와 교명을 받았다고 한다. 그는 이합규, 조예산, 정광수, 강완숙, 한신애 등, 당시의 중요한 여러 지도급 남녀 교우들의 매파로서 모든 연락 사무를 담당하였다. 특히 강완숙과 한신애를 도와 많은 일을 했으며, 한글로 필사한 교리서를 팔고 다녔다고 한다. 박해가 일어나서 교회 서적과 물건들을 거두어 한신애에게 갖다주었으며, 순교자들의 시체를 거두어 염(殮)을 하는 등 교중의 사무를 도맡아 처리하였다. 신유년 4월 2일 참수되었다.[54]

3) 김연이 율리안나

김연이는 한신애를 통해 천주교를 알게 되었으며 주문모 신부에게 세례를 받았다. 그는 평민 부인으로서 많은 상민 부녀자들에게 선교했고 강완숙, 한신애, 이기양의 집과 은언군의 부인 송마리아와 며느리 신마리아가 살고 있는 폐궁 등 양반집을 자유롭게 드나들며 양반 부인들에게도 선교했다. 은언군의 부인 송마리아를 주문모 신부의 미사에 참석하도록 유도하였으며 강완숙과 그들을 서로 소개시켜 준 중요한 역할을 하였다. 신유년 박해가 일어나자 강완숙의 부탁으로 황사영, 이합규, 김계완 등을 3일 동안 자기 집에 숨겨주기도 하였다. 신유년 5월 22일 참수되었다.[55]

---

53 김옥희, 『한국천주교여성사』(I), 155-156; 김진소 외, 『순교는 믿음의 씨앗이 되고』, 87-88; 『역주 사학징의』I, 172-174.

54 김옥희, 『한국천주교여성사』(I), 157; 김진소 외, 『순교는 믿음의 씨앗이 되고』, 85-87; 『역주 사학징의』I, 165-166.

55 김옥희, 『한국천주교여성사』(I), 159-160; 김진소 외, 『순교는 믿음의 씨앗이 되고』, 89; 『역

4) 윤운혜 루시아

윤점혜의 여동생이며 정광수의 처이다. 어머니에게서 천주교를 배운 뒤 1797년 언니와 함께 주문모 신부에게 세례를 받았다. 교회에서는 조상 제사를 금하였으므로, 윤운혜는 조상 제사에 참석하지 않았다. 시어머니가 꾸짖었기 때문에 남편과 함께 상경하였다. 이웃해 사는 최해두, 조섭과는 같은 교인으로서 담장을 허물고 지냈다. 당시 조선에는 성물이 매우 부족하였는데, 윤운혜 부부는 예수님이나 성모님의 상본을 그리고, 나무를 깎아서 묵주를 만들고, 붓으로 교리서를 베껴 써, 낮이면 몰래 신자들의 집을 찾아다니며 보급하였다. 윤운혜는 포도청에서 배교를 강요당하며 신문을 받았으나 "천주교 신자로서 주님을 위해 만 번 죽어도 아깝지 않다"라고 신앙을 고백하며 끝내 굴복하지 않았다. 신유년 4월 2일(양력 5월 14일) 서소문 밖에서 참수되었다.[56]

5) 강경복 수산나

은언군의 부인인 송마리아와 그 며느리 신마리아가 유폐되어 있던 폐궁의 나인이다. 송마리아의 권유로 입교한 강경복은 당시 지병이 있었는데, 폐궁의 양반 부인이 천주교를 믿으면 병에 차도가 있으리라고 하여 믿게 되었다고 한다. 강경복은 입교 후 폐궁 부인들과 열심히 신앙생활을 하였다. 그는 폐궁의 두 부인을 비밀리에 강완숙의 집에서 이루어지는 첨례와 강습에 모시고 와 듣고 가곤 하였다. 주문모 신부가 폐궁에 숨어있을 때 포졸들이 들이닥치기 전에 피할 수 있도록 도와주었다. 그는 형벌을 당

주 사학징의』I, 178-180.

56 김옥희, 『한국천주교여성사』(I), 158; 김진소 외, 『순교는 믿음의 씨앗이 되고』, 78-80; 『역주 사학징의』I, 166-168.

하여도 뉘우치려는 마음이 조금도 없다고 하였다. 신유년 5월 22일 참수 당하였다. 그의 나이 40이었다.[57]

6) 김희인

종부서리 임세풍의 아내이며 과부. 김희인의 식구는 시숙모 이홍임, 김경애의 모친이며 남편의 외가 친척인 과부 이어인아지, 이어인아지의 딸 동정녀 김경애로 구성되었다. 이들은 모두 연소한 청상으로 김희인이 150냥, 김경애가 50냥을 내어 군기시 앞에 집을 매입하고 시숙모 홍임 등 7, 8명이 모여 공동생활을 하였다. 또한 3, 4년 전부터 정광수의 아내와 교류하면서 그녀에게서 교리를 배우고 영세를 받았다. 이들은 한 방에 모여 잠잠히 천주교의 교리를 학습하고 수행하였으며, 주문모 신부가 거처했던 강완숙의 집에 출입하면서 신앙생활에 더욱 몰입했던 사실이 기록에 나타난다. 김희인의 집에서는 정광수와 윤운혜 부부의 집에서 사서 받아온 성화와 서적을 판매하고 관리하는 일을 맡았다. 김희인 체포 후 그의 집에서는 한문서학서로 추정되는 천주교 책자 18종과 한글로 쓰인 첨례 서적 134책이 압수되었다.[58] 김희인은 신유년 박해 때 형을 받고 풀려났다.[59]

---

57 김진소 외, 『순교는 믿음의 씨앗이 되고』, 98-101; 『역주 사학징의』I, 174-178; 김옥희, 『한국 천주교여성사』(I), 158-159.

58 김옥희, 『한국천주교여성사』(I), 161; 「조선여인 강완숙, 역사를 위해 일어서다」, 80-81.

59 『역주 사학징의』I, 256.

V. 나가는 말

주문모 신부의 입국은 조선 초기 천주교인들에게는 큰 희망이었다. 그렇기 때문에 을묘박해의 순교자들은 자신들의 목숨을 바쳐 주 신부를 살려냈다. 그러나 입국하자마자 체포령이 내려진 주 신부를 모시고 조선 초기 천주교인들은 풍전등화와 같은 그들의 희망을 살려내야 했다. 살얼음판을 걸어야 하는 교회의 이 시간에 강완숙은 흔들림 없이 교회를 이끌어 나갔다.

주문모 신부를 모시고 있는 강완숙의 집은 바로 조선의 유일한 본당이자 보이는 조선천주교회였다. 강완숙의 집은 남녀노소, 상하귀천의 사람들을 가리지 않았다. 강완숙은 누구든 신앙을 갖도록 열심히 선교하였고 신앙으로 성장하도록 도왔다. 그리고 자기에게 오는 사람은 그의 능력에 맞게 교회 일에 협력하도록 안배하였음을 알 수 있다.

한국천주교회 여성사에 있어서 강완숙의 위대함은 자발적으로 자신의 삶을 천주께 바치고자 하는 동정녀들을 모아 공동체를 형성하게 하고 교육하며 첨례 봉사, 전교, 교육 등으로 교회 안에서 그 임무를 수행하도록 사도직을 부여한 데 있을 것이다. 뿐만 아니라 가족이나 친척이나 지인 등과 함께 소공동체를 이루며 사는 과부를 비롯한 부녀자들이 교회 안에서 자신의 역할을 다하며 살 수 있도록 첨례와 강습에 참석하도록 초대하는 일 등과 같이 협력한 데 있을 것이다.

조선 초기 교회 신자들은 자신의 어머니로부터 신앙을 전해 받은 경우가 많았다. 동정녀공동체의 일원인 사람들도 어머니로부터 신앙을 전해 받았다. 어머니와 자녀가 함께 기도하고 천주학을 공부하며 함께 신앙생활을 했다. 이것은 오늘날 우리 교회 여성 신자들이 자기 가족들에게 신앙을 전하고 신앙을 가르치며 함께 신앙생활을 하며 나아가고 있는지를 묻게 한다.

천주교 서울대교구 가회동성당 소장

강완숙 골롬바 연표

1760년	충청도 내포 지방의 향반 집안에서 출생
	일찍이 덕산에 사는 홍지영과 결혼
1791년	신해박해 때 감옥에 갇힌 교우들을 돕다 잡혔다가 풀려남
	시어머니와 전처의 아들 홍필주와 함께 서울로 이사
	교회의 성직자 영입 운동에 참여하여 이에 필요한 경제적 조달함
1795년	을묘박해로 위험에 처한 주문모 신부를 창동의 자기 집에 숨겨 모심.
	주문모 신부로부터 세례를 받고 회장으로 임명되어 여교우를 보살
	피는 임무를 맡아 동정녀 그룹과 부녀자 그룹을 이끌었을 뿐만 아
	니라, 재능이 출중하여 주신부로부터 교회의 대소사를 다 맡아 처
	리함
1799년	인사동으로 안전을 위해 이사
1800년	훈동(지금의 관훈동)으로 이사
1801년	서소문 밖에서 순교

조마리아,
안중근과 대한독립의 어머니

| 최우혁 |

조마리아(1862~1927)

조마리아, 안중근과 대한독립의 어머니
— 천주신앙으로 대한독립의 못자리가 된 여성

최우혁

서강대학교 종교연구소

들어가는 말

유다인들이 강대국의 틈새에서 독립을 이루었던 마카베오 시대 (167~37 BC)를 다룬 서사는 지금도 성경 마카베오서 상, 하에 담겨 우리에게 전해지고 있다. 길지 않았던 그 시대는 독립 국가로 해방을 누렸던 시기로 유다인들에게 중요한 기억으로 자리하고 있다. 특별히 마카베오서 하 7장에 소개되는 일곱 아들을 둔 어머니의 이야기는 그 역사적 사실의 여부를 떠나서 해방을 향한 유다인의 강인한 의지를 드러내는 상징적인 사건으로 그 시대를 담고 있는 마카베오서를 대표한다.

일곱 아들들의 어머니는 그 이름이 전해지지 않지만, 예수 그리스도의 어머니인 나자렛의 마리아를 미리 보여주는 듯하다. 아들의 죽음 앞에서도 고통으로 스러지지 않고 굳은 결기를 보여줄 수 있는 이유는 하느님이 새로운 생명을 주시리라는 희망을 가지고 있었기 때문이었고, 그 부활 사상은 마카베오서에 잘 담겨있다. 오늘 우리 시대에 다시 만나는 여성 신비가로 조마리아를 소개하면서 유다 어머니와 그리스도교의 시작에서 만나는 마리아를 소개하는 것은 우리 역사 안에도 그러한 억울한 죽음을 당하는 아들을 마주한 그 어머니를 그리스도의 부활 신비 안에서 다시 만나보고 그 기개를 배우기 위함이다.

아울러 유다인이 겪은 처절한 독립전쟁의 한 장면을 소개하는 것은 지난 36년 일제식민 치하에서 결코 꺾이지 않았던 한민족의 독립을 향한 의지와 활동에 비교할 수 있기 때문이다. 신앙의 힘이 국가의 존폐와 개인의 자유로운 삶을 향한 의지와 함께 할 때 그 힘은 죽음을 극복하는 초월적인 힘으로 펼쳐지는 것을 볼 수 있으며, 그 힘은 시간이 지나도 결코 퇴색하지 않는 공동체의 저력이며 일상을 영원 안에서 살아갈 수 있게 하는 종말론적 희망의 기반이라고 할 수 있을 것이다.

그때에 어떤 일곱 형제가 어머니와 함께 체로되어 채찍과 가죽끈으로 고초를 당하며, 법으로 금지된 돼지고기를 먹으라는 강요를 임금에게서 받은 일이 있었다 (1). 그들 가운데 하나가 대변자가 되어 이렇게 말하였다. "우리를 심문하여 무엇을 알아내려 하시오? 우리는 조상들의 법을 어기느니 차라리 죽을 각오가 되어 있소"(2). 그러자 임금은 화가 나서 냄비와 솥을 불에 달구라고 명령하였다(3). 그것들이 바로 달구어졌을 때, 남은 형제들과 어머니가 함께 지켜보는 가운데 그 대변자의 혀를 잘라내고 머리 가죽을 벗기고 손발을 자르라고 지시하였다.

특별히 그 어머니는 오래 기억될 놀라운 사람이었다. 그는 일곱 아들이 단 하루에 죽어가는 것을 지켜보면서도, 주님께 희망을 두고 있었기 때문에 용감하게 견디어 냈다(4) ⋯ 그는 조상들의 언어로 아들 하나하나를 격려하였다. 고결한 정신으로 가득 찬 그는 여자다운 생각을 남자다운 용기로 북돋우며 그들에게 말하였다(21). "너희가 어떻게 내 배 속에 생기게 되었는지 나는 모른다. 너희에게 목숨과 생명을 준 것은 내가 아니며, 너희 몸의 각 부분을 제자리에 붙여 준 것도 내가 아니다(22). 그러므로 사람이 생겨날 때 그를 빚어내시고 만물이 생겨날 때 그것을 마련해 내신 온 세상의 창조주께서, 자비로이 너희에게 목숨과 생명을 다시 주실 것이다. 너희가 지금 그분의 법을 위하여 너희 자신을 하찮게 여겼기 때문이다(23) ⋯ 이 박해자를 두려워하지 말고 형들에게 부끄럽지 않게 죽음을 받아들여라. 그래야 내가 그분의 자비로 네 형들과 너를 다시 맞이하게 될 것이다"(29).

어머니가 말을 마치기도 전에 젊은이가 말하였다. "당신들은 무엇을 기다리는 것이요? 나는 임금의 명령에 복종하지 않겠소. 모세를 통하여 우리 조상들에게 주어진 법에만 순종할 뿐이오(30) ⋯ 나는 형들과 마찬가지로 조상들의 법을 위하여 몸도 목숨도 내놓았소. 그러니 하느님께서 우리 민족에게는 어서 자비를 베푸시고 당신에게는 시련과 재앙을 내리시어 그분만이 하느님이심을 고백하게 해 주기를 간청하오(37). 또한 우리 온 민족에게 정당하게 내렸던 전능하신 분의 분노가 나와 내 형제들을 통하여 끝나기를 간청하고 있소"(38).

화가 치밀어 오른 임금은 다른 어느 형제보다 그를 더 지독하게 다루었다. 모욕에 찬 그의 말에 격분하였던 것이다(39). 그리하여 그는 주님을 온전히 신뢰하며 더럽혀지지 않은 채 죽어갔다(40). 마지막으로 그 어머니도 아들들의 뒤를 이어 죽었다(41).

I. 역사적 배경

1910년 일제에 의해 굴욕적인 식민통치가 시작되었을 때, 안타깝게도 조선천주교회는 공식적으로 독립운동에 참여하지 않았다.[1] 하지만 조선의 우국지사들에서 백성들에 이르기까지 반드시 주권을 회복해야 하는 것을 인식한 이들은 식민지배를 극복하고 해방을 이루기 위해 다양한 운동을 시작하였으며, 천주신앙을 가진 대부분의 평신도들은 다양한 방식으로 독립운동에 참여하였다.

그런데 이미 1909년 10월 26일, 하얼빈에서 조선을 식민 하는 데 앞장섰던 일본인 통감 이토 히로부미를 사살함으로써 무장투쟁을 통한 독립운동의 정당성을 온 세상에 알린 인물이 바로 안중근 토마스이다. 그는 민족주의 사상가, 교육자로서 학교를 세웠으며, 자신이 신앙하는 천주교를 기반으로 무너지는 국운을 회복하기 위하여 국채보상운동을 하였고, 다양한 노력이 수포로 돌아가자 해외로 망명하여 무장 활동을 시작하여 한국 초대 통감으로 부임한 이토 히로부미를 살해하기에 이른 것이다.

안중근의 가족들 역시 그의 죽음 이후에 지속적으로 대한독립을 위해 헌신하였으며, 특히 어머니 조마리아는 분명한 민족정신을 가지고 맏아들 안중근의 독립운동을 격려하였으며, 그의 순국 이후에 상해를 중심으

---

[1] 윤선자, "3.1운동이기 천주교회의 동향", 『전주사학』 제 11집(1997), 458-461, 467-469: 주교가 외국인일 경우 제도교회를 대표하는 주교의 입장과 현지인 신자들의 입장이 일치하지 않을 수 있다. 당시 프랑스인 주교들은 유럽의 평화를 구하는 기도를 신자들에게 요청하면서도 정작 조선의 평화에 관해서는 소극적이었다. 즉, 조선천주교회를 관할하던 외국인 주교들은 일본의 조선식민지배를 인정하였고, 신자들이 3.1 만세운동에 참여한 것에 천주교와의 관련성을 인정하지 않았다. 또한 조선인 성직자들 역시 이원적인 신학과 정교분리론에 따라 민족문제를 인식하지 못했고, 만세운동에 참여하는 것을 금지하였다. 3.1운동 당시의 천주교 신자수는 88,000여 명으로 추산된다.

로 활동하는 다른 두 아들 안정근과 안공근의 독립운동을 도왔을 뿐 아니라, 연해주와 바이칼호에 이르기까지 나라를 잃고 난민의 길을 나선 동포들을 직접 방문하여 독립을 위해 격려하고 헌신적으로 활동하였다.

II. 생애와 활동

1. 안씨 가문의 부인이며 어머니로서

조마리아(1862 – 1927)는 배천 조씨 집안의 3남 2녀 중 차녀로 출생하였다. 진해 현감을 지낸 순흥 안씨 집안의 셋째 아들 안태훈과 결혼하여 1879년 9월 2일, 큰아들 중근을 출산하고, 1885년 정근, 1889년 공근, 여러 해 후에 딸 성녀를 출산하였다. 1884년 이후 남편을 따라서 황해도 해주 청계동으로 이주하였다. 1894년 동학군은 조정의 입장에서 동학군을 토벌하려 한 안태훈을 제거하기 위하여 청계동을 침략하였다. 이때 소년 접주였던 김구와 안태훈의 인연이 시작되었고, 김구의 가족은 안태훈과 함께 청계동에서 거주하게 되었다. 또한 김구의 어머니 곽낙원과 조마리아의 만남이 시작되었으며 독립운동을 격려한 어머니들로서 그들의 오랜 인연이 시작되었다. 조마리아는 무관의 기질이 있는 아들 중근을 존중하여 말 타고 사냥을 즐기는 것을 말리지 않았다. 이에 비해 김구의 어머니 곽낙원은 아들이 잘못하며 회초리로 치는 엄격한 교육방식을 사용하였다.

1896년 동학군에서 노획한 군량미를 모두 소진한 후에 탁지부 민영식이 상환을 요청하자 안태환은 성당으로 피신하여 위기를 모면하고, 이를 계기로 안씨 집안은 조상제사를 위해 장손인 태진을 제외한 모든 가족들과 인근의 사람들이 천주교 신앙을 받아들이게 되었다. 빌렘 신부는 1897년 1월 11-12일, 33명에게 세례를 주었고, 이때 안중근은 '토마'라는 이름으로 세례를 받고 빌렘 신부의 복사로서 그를 수행하며 열정적인 전교 활동을 시작하였다. 조마리아는 1897년에 집안의 다른 여성들과 함께 영세를 받았다. 빌렘 신부는 1897년 부활 판공 시기에 66명, 1898년 부활 판공 시기에 25명에게 세례를 주었고, 1898년 청계동으로 옮겨오면서 공소가 본당으로 승격되었다.

2. 국가의 위기에 사회적 모성을 발휘한 신앙인

조마리아는 1906년에 남편 안태훈이 세상을 떠난 뒤, 보다 더 적극적으로 아들의 독립운동을 격려하였다. 이에 안중근은 애국계몽사업을 위해서 어머니와 온 가족을 이끌고 삼화항(진남포)로 이주하였다. 1894년 청일전쟁 이후, 일본은 대한제국정부에게 경제적 압박을 시작하여 1907년 초에는 차관액이 국가의 일 년 예산에 해당하는 1,300만 원이 되었다. 1907년 1월 29일, 대구의 토착 자본가 서상돈이 60전을 헌납하면서 국채보상운동은 애국계몽운동의 일환으로 전국적으로 확산되었고 많은 여성들이 이 운동에 적극적으로 참여하였다.

대구에서 시작된 국채보상운동은 전국적인 여성 조직의 탄생으로 연결되어 30여 개의 국채보상부인회가 결성되었다. 안중근은 평양의 명륜당에 모인 군중 앞에서 국채보상을 위한 일장 연설을 하였다. 조마리아 역시 삼화항패물폐지부인회를 통해 의연금을 납입하였다. 그의 패물출연 기사가 『대한매일신보』 1907년 5월 29일, 「국채보상의연금 수입광고」 난에서 발견된다.[2]

삼화항패물폐지부인회 제이회 의연

안중근 자친 은지환 두쌍 넉량 닷돈중은 아직 팔리지 못하였음

은투호 두 개 은장도 한 개 은 귀이개 두 개 은가지 세 개

은부전 두 개

합 십종 넉량 닷돈중 대금 20원

남편 안태훈의 사망 후, 조마리아는 국채보상운동에 적극 참여하는 것에서 시작하여 독립적인 여성으로서 그 활동이 세상에 알려지기 시작하였다. 한 가정의 주부에서 나아가 사회적 위기 상황을 타개하기 위해 모성을 확대한 것은 마치 혼인 잔칫집에서 포도주가 다 떨어졌을 때, 마리아가 주선하여 아들 예수에게 첫 번째 기적을 일으키도록 요청하여 위기 상황을 극복한 것에 비유할 수 있을 것이다. 아들 안중근이 국채보상을 통한 경제적 독립을 호소하는 상황에서 직접 참여하여 모범을 보인 것은 아들을 그렇게 교육한 어머니로서 그 사회적 책임을 진 것이라고 할 수 있겠다. 즉, 그의 모성은 가족의 영역을 사회로, 국가로 확대하기 시작한 것으로 볼 수 있다. 하지만 조마리아는 아들 예수가 십자가에 달려서 죽는 모습을 보아야 했던 어머니 마리아처럼 아들 안중근이 일제에 의해 뤼순 감옥에서 죽임을 당하게 되는 청천벽력과도 같은 사건을 향해 나아가야 했다.

2 (사)3.1 여성동지회 편, 『한국여성독립운동가』, (사)3.1 여성동지회 창립 50주년 기념, 국학자료실, 439, 각주 13 재인용: 『안중근전기전집』, 434.

III. 천주신앙으로 이루어낸 독립운동의 영성

1. 천주신앙으로 아들을 이끈 어머니

1907년 국채보상운동이 전국적으로 확대되고, 고종황제가 헤이그에 이준 등의 밀사를 파견하였다. 이를 빌미로 일제에 의해 아들인 순종에게 왕위를 이양하게 되고, 한국군대가 해산되는 치욕을 겪게 되었다. 이에 안중근은 가족을 뒤로하고 해외로 망명하게 되었다. 떠나는 아들에게 어머니 조마리아는 다음과 같이 격려하고 아들을 떠나보냈다:[3]

> 집안일은 생각지 말고 최후까지 남자스럽게 싸우라.

어머니 조마리아는 아들이 가족이 아닌, 국가를 위해 일해야 하는 공인으로서의 임무를 잘 이해하고 있었다. 이는 국가의 위기 상황에서 아들인 안중근이 독립을 위한 길을 제대로 걷도록 정신적인 인도자의 역할을 한 것이었다. 이에 안중근은 북간도를 거쳐 블라디보스톡으로 가서 의병들을 모집하였다. 스스로 참모 중장이 되어 애국심을 고취하며 11명의 동지들과 더불어 단지동맹을 맺고 "대한독립" 네 글자를 쓴 후 북간도의 일본군들과 교전을 시작하였다. 그리고 1909년 10월 26일, 마침내 하얼빈에 도착한 일본 총독이며 대한독립과 동양 평화를 무너뜨리는 원흉인 이토 히로부미를 저격하는 데 성공하였다. 그는 즉시 러시아 헌병에게 체포되어 하얼빈 감옥에 구금되었고, 심문 과정에서 이토 히로부미를 저격한 이

---

3 『한국여성독립운동가』, 442 재인용: 『안중근전기전집』, 686.

유 15개조를 열거하였다.

안중근이 여순 감옥으로 이송된 후, 그의 두 동생 공근과 정근은 형무소에서 만나게 되었다.[4] 두 형제는 다음과 같은 어머니의 말씀을 전하였다:[5]

어미는 현세에서 너와 재회하기를 기망치 아니하노니 너는 신묘하게 형에 나아가 속히 현세의 죄악을 씻은 후 내세에는 반드시 선량한 천부의 아들이 되어서 다시 세상에 나오너라. 네가 형을 받을 때에는 신부가 너를 위하여 원로(遠路)에 발섭(跋涉)하여 너의 대신으로 참회를 받들 터이니 너는 그때 신부의 수하에서 교식에 의하여 종용히 거하여라.

조 마리아 역시 아들 안중근의 거사로 일제의 감시대상이 되었지만, 헌병들의 조사에도 굽힘 없이 응대하였고, 애국적인 한국인 변호사 안병찬을 수소문하여 아들의 변호를 위임하였다. 또한 다음과 같은 편지를 보내어 아들을 격려하였다:

어미는 현세에서 너와 재회하기를 기망치 아니하노니 너는 신묘하게 형에 나아가 속히 현세의 죄악을 씻은 후 내세에는 반드시 선량한 천부의 아들이 되어서 다시 세상에 나오너라. 네가 형을 받을 때에는 신부가 너를 위하여 원로(遠路)에 발섭(跋涉)하여 너의 대신으로 참회를 받들 터이니 너는 그때 신부의 수하에서 교식에 의하여 종용히 거하여라.

---

4 『한국여성독립운동가』, 444, 주 21 재인용: 『황성신문』, 1909년 12월 23일, "안범(安犯)의 양제행동(兩製行動)."

5 『한국여성독립운동가』, 445 재인용: "안범(安犯)의 양제행동(兩製行動)"; 『대한매일신보』, 1909년 12월 24일, "형제대면."

안중근 어머니 조마리아 여사의 편지

네가 만약 늙은 어미보다 먼저 죽은 것을 불효라 생각한다면
이 어미는 웃음거리가 될 것이다.
너의 죽음은 너 한 사람 것이 아니라
조선인 전체의 공분을 짊어지고 있는 것이다.
내가 항소를 한다면
그것은 일제에 목숨을 구걸하는 짓이다.
네가 나라를 위해 이에 이른 즉단 마음 먹지 말고 죽어라.
옳은 일을 하고 받은 형이니 비겁하게 삶을 구하지 말고
대의에 죽는 것이 어미에 대한 효도이다.
아마도 이 편지는 이 어미가 너에게 쓰는 마지막 편지가 될 것이다.
여기에 너의 수의를 지어 보내니 이 옷을 입고 가거라.
어미는 현세에서 너와 재회하기를 기대치 않으니
다음 세상에는 반드시 선량한 천부의 아들이 되어 이 세상에 나오너라.

조마리아 역시 아들 안중근의 거사로 일제의 감시대상이 되었지만, 헌
병들의 조사에도 굽힘 없이 응대하였고, 애국적인 한국인 변호사 안병찬
을 수소문하여 아들의 변호를 위임하였다. 또한 다음과 같은 편지를 보내
어 아들을 격려하였다:

장한 아들 보아라

네가 늙은 어미보다 먼저 죽는 것을 불효라고 생각한다면,

이 어미는 조소거리가 될 것이다.

너의 죽음은 너 한 사람 것이 아닌

한국인 전체의 공분을 짊어진 것이다.

네가 항소를 한다면,

그건 일제에 목숨을 구걸하는 것이다.

나라를 위해 이에 이른즉 죽는 것이 영광이나, 모자가 이 세상에서는 다시 상봉하지 못하겠으니 그 심경을 어떻다 말할 수 있으리 … 천주께 기원할 따름이다.

<당찬 모>, 《만주일일신문》, 1910년 2월 13일 참조.

안중근이 수감된 감옥의 일본인 간수 치바 토시치는 이 편지 내용을 전해 듣고 평양성당에서 연일 아들을 위해 기도하는 어머니 조마리아의 바르고 강력한 모성에 감탄하였다.[6] 결국 아들이 사형선고를 들은 조마리아는 다음과 같이 절규하였다:[7]

이등(伊等)이는 다수 한인을 살(殺)하였거늘 안중근이가 이등 1인을 살한 것이 무슨 죄요. 일본 재판소가 각국인 변호사를 불납(不納)하는 것은 무지가 극함이다.

조마리아는 빌렘 신부에게 아들이 처형당하기 전에 마지막 미사를 집전해줄 것을 요청하였다. 그는 뮈텔 주교의 명을 어기고, 뤼순으로 가서 3월 8일에서 11일까지 안중근 의사에게 고해성사와 미사를 집전하였다.[8] 안중근은 천주교 신앙 안에서 독립된 국가의 군인으로서 수행한 전쟁에

---

6 『한국여성독립운동가』, 448-449.

7 『한국여성독립운동가』, 449 재인용: 『대한매일신보』와 『황성신문』, 1910년 3월 2일, "안씨지모."

8 한국교회사 연구소, 『한국천주교회사』, 5권, 47-48 참조. 빌렘신부는 안중근이 자신의 죄를 반성하고 신앙인으로 참회하도록 인도하기 위해서 그를 면회하였다. 그의 의거에 대한 외국인 선교사들의 인식의 한계를 보여주는 대목이다. 안중근에 대한 재평가는 그의 탄생 100주년인 1979년에 시작되어, 1990년대에는 학술적 관점에서 그를 재조명하기에 이르렀다. 1993년 8월 21일, 한국교회사연구소 주최로 '안중근의 신앙과 민족운동'을 주제로 심포지엄이 열렸으며, 김수환 추기경이 집전한 미사에서 당시 천주교회의 지도자들이 그에게 저지른 과오를 반성하고 이토 히로부미를 포살한 행위의 정당성을 확인하였다. 이로써 안중근은 한국천주교 안으로 다시 받아들여질 수 있게 되었다.

"불효한 자식은 감히 한 말씀 어머니에게 올리려 합니다.
이 이슬과도 같은 허무한 세상에서 감정에 이기지
못하고 이 불효자를 너무나 생각해주시니 훗날
영원의 천당에서 만나 뵈올것을 바라오며
또 기도합니다."

안중근 의사가 감옥에서 어머니에게 남긴 마지막 편지

서 그 임무를 완수하고 처형을 받아들일 준비를 하였다.[9]

　　1910년 3월 26일, 안중근은 어머니가 만들어 보낸 흰 명주옷을 입고 마지막 기도를 드린 후, 오전 10시 4분경 사형이 집행되어 15분경 절명하였다. 그의 어머니는 아들이 옳은 길을 곧게 걸어가도록 인도하였고, 이승에서 어머니의 사랑에 안겨 소천할 수 있도록 아들의 옷을 준비하였다.

---

9 안중근 의사는 일본 법정에서 의거의 이유를 다음과 같이 말하였다: "이토의 죄상은 하늘과 사람이 모두 아는데 내가 무엇을 오해했다는 말인가? 하물며 나는 개인적으로 모살한 범인이 아니다. 나는 대한국의 의병 참모 중장의 의무로 임무를 띠고 하얼빈에 이르러 잠복 습격한 뒤에 포로가 되어 이곳에 왔다. 여순구 지방재판소와는 아무런 관계가 없으니 마땅히 만국공법과 국제공법으로 판결해야 할 것이다": 안중근평화연구원, 『안중근 유고 – 안응칠 역사 · 동양평화론 · 기서』, 안중근 자료집 01 (채륜, 2016), 73.

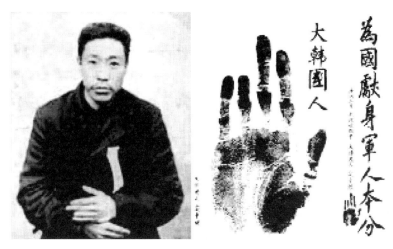

죄수복을 입은 안중근 의사와 혈흔으로 찍은 단지 혈맹 서약서

2. 천주신앙으로 대한독립운동을 키운 민족의 어머니

여성으로서 독립운동에 특별한 모범을 보인 조 마리아는 당시 한국독립운동의 정신적인 지주 역할을 하였다. 안중근의 의거 이후에 일제의 감시가 혹독해지고, 안전을 확신할 수 없게 되자 그의 가족들은 노령으로 이주하였고, 이어서 1910년에는 러시아 연해주의 크라스키노로, 1914년에는 니콜라스크로 이주하여 무장독립운동의 거점 역할을 하며 독립군들을 격려하였다. 다음의 기사는 조마리아의 활동이 매우 진취적이었음을 보여준다:[10]

의사의 자당은 해외에 온 후로 거의 영일없이 동은 해삼위로 서는 바이칼에 이르

10 『한국여성독립운동가』, 451 재인용, 각주 42 참조: 『동닙신문』, 1920년 1월 30일, "안의사의 유족."

기까지 분주하여 동포의 경성(警醒)에 종사하였다.

안중근의 아내인 김아려 베로니카(1878-1946?) 역시 1920년대 후반 상해로 이주하여 안중근의 미망인으로서 시어머니와 함께 독립운동의 기반으로서 그들의 자리를 굳게 지켰다. 안중근의 동생인 정근의 부인 이정서 역시 부호인 친정의 자금으로 조선의 청년들을 중국군관학교에서 양성하도록 후원하는 역할을 하였다. 안중근의 딸인 안성녀는 할머니 조마리아처럼 굳세게 그리고 비밀리에 독립을 향한 활동을 하였다. 상해임시정부에 연관하여 독립을 향해 헌신하는 그들의 삶 안에는 천주의 진리를 향해 순교를 감내한 조선 천주교인들의 천주신앙과 사회개혁을 향한 의지가 함께 자리하고 있었음을 확인할 수 있다. 안중근 의사의 가족들과 함께 활동했던 독립지사 이강은 다음과 같이 증언하였다.[11]

> 상해 시대에 근처에서 가끔 큰 싸움이 일어나면 그 어머니한테 와서 타협의 재판을 받고 모두 눈물을 흘리며 사과하던 일 등 여러 가지를 하나하나 회상해볼 때에 내가 평생에 그렇게 위대한 여걸은 다시 보지 못하였다. 그러므로 과연 범이 범을 낳았다고 생각하였다.

1926년, 안창호가 이끄는 '상해재류동포 정부경제후원회'는 조마리아를 위원으로 선임하였다. 상해임시정부에서 조마리아의 모성과 활동은 여전히 큰 의지가 되고 있었음을 짐작할 수 있는 대목이다. 안중근 가문의 신앙과 독립운동은 일반적인 천주교 신자들의 활동과 달리 단계에 따라

---

11 『한국여성독립운동가』, 453 재인용: 『안중근전기전집』, 647-648.

실천적인 애국운동에서 방법론의 변화를 보였다. 첫 단계로 을사늑약 직후에는 국채보상운동, 학교 운영, 애국계몽운동에 참여하였다. 그러나 1907년 이후 일제의 강점이 노골적으로 드러나면서 둘째 단계인 의병운동과 의혈 투쟁으로 발전하였다. 안중근의 의거와 순국, 경술국치 이후에는 국외로 망명하며 독립군을 양성하고 독립기지를 구축하는데 힘을 더하였다. 대한민국 임시정부 수립이후에는 그 요원으로 북만주, 상해 등지에서 활동하였고, 1930년대 이후에는 일제에 적극적으로 대항하는 특무공작과 결사 활동을 하였다.[12] 천주교 신앙을 바탕으로 집안 전체가 3대에 걸쳐 독립운동에 참여한 것은 매우 독보적인 신앙 활동의 예라고 할 수 있으며, 그 바탕에는 천주신앙으로 잃어버린 나라의 주권을 회복하도록 독립운동을 하는 것이 당시의 신앙을 실천하는 길이었음을 확인할 수 있다.

만주에서 이사를 가는 데 마차에다 이삿짐을 잔뜩 싣고 가는데 마적들이 나타났어요. 총을 마구 쏘면서. 그러니까 같이 가던 청년들 수십 명이 전부 땅에 엎드려서 꼼짝 못 해요. 이때 안중근의 어머님이 척 내려오더니 '이놈들아, 독립운동한다는 놈들이 이렇게 엎드리기만 할 거냐? 이렇게 엎드려 있다간 다 죽어'라고 대갈일성(大喝一聲)을 했다는 것입니다. 그리고는 벌벌 떠는 마부를 제치고 스스로 말고삐를 확 쥐더니 죽는 한이 있어도 가고 보자고 소리를 질렀다죠. '에야' 소리 지르며 마차를 몰아 결국 무사했다는 것 아닙니까? 보통여자가 아니었습니다.

조마리아! 그 지역에 살던 이들에게 호랑이처럼 엄하고 용감한 기상으

---

12 조광,『한국 근현대 천주교사 연구』, 경인한국학연구총서 80 (서울: 경인문화사, 2010), 111-143.

로 어머니의 품을 드러내준 것은 간단한 일화에서도 잘 드러난다. 만주에서, 상해에서 그는 단지 안중근의 어머니를 넘어서 안중근을 품은 어머니로서 고향을 떠나 의지할 때 없는 동포들에게 고루 사랑을 나누고 품었으며, 용기를 준 정신적 어머니로서 그 모습을 드러낸 것을 확인할 수 있다.

IV. 오늘날에 재발견하는 영적 가치

조마리아, 그의 어린 시절의 모습은 알려지지 않고 있다. 결혼 후에 남편을 따라서 천주교에 입교하였고, 그 이후로 줄곧 천주신앙 안에서 평생을 살아간 것으로 알려진다. 그런데 그의 신앙은 조선천주교회의 열정적인 신앙인들의 모습을 닮아있다. 강완숙 골롬바와 그의 동료들이 초기 교회의 공동체로서 조선 천주교회의 기틀을 놓았듯이 그의 열정과 넓은 품은 한국의 독립운동을 상징하는 아들 안중근을 키워냈다. 나아가 예수의 어머니인 나자렛의 마리아가 그러했듯이 독립운동을 이끌었던 아들을 이어서 만주벌판을 오가며 독립을 위해 활동하는 이들을 격려하고 용기를 불어넣는 어머니로서의 역할을 이어갔다. 이는 교회의 원형으로서 예수의 제자들을 격려하고 이끌어서 초기 그리스도교 공동체가 어머니 마리아를 중심으로 성장했던 것에 비유할 수 있다.

나아가 조마리아는 러시아의 무장독립운동과 상해임시정부를 키워내는 모성으로서 여성의 넓고 깊은 힘을 드러내었다. 그의 아들인 안중근은 자신이 이토를 죽인 것은 살인을 한 것이 아니라 대한 독립군 참모 중장으로서 전쟁을 수행한 것이라고 그 정당성을 주장하였다. 신앙인으로서 무장투쟁을 한 것은 여전히 잘 이야기하지 않는 부분이기도 하지만, 만주의 무장독립운동을 이끌어간 이들 또한 천주교 신자들이 대다수였다. 조마리아는 바로 그렇게 무장투쟁을 하는 이들을 지원하고 격려하는 사명을 완수하기 위해서 물적이고 정신적인 토대를 제공한 인물이었다. 즉, 독립의 정신적 기초를 놓았으며 대한민국임시정부경제후원회의 이사로 활동한 것은 새로운 세상을 준비하는 못자리로 매김할 수 있는 역할이었음을 분명하게 보여준다.

마카베오서에 소개되는 유다의 어머니처럼, 나자렛 예수의 어머니 마리아처럼, 조마리아의 평생은 조국의 해방과 부활을 향해 굳건한 걸음을 옮기는 물러서지 않는 여정이었다. 마차의 고삐를 잡고 달리는 그의 모습에서 결코 물러설 수 없는 매 순간의 굳은 결의가 분명하게 드러나는 것을 볼 수 있다.

조마리아, 그가 걸어간 길을 따라 21세기 한국의 여성들은 평화를 향해 멈추지 않고 성큼 성큼 나아가야 할 것이다. 종교를 넘어서 인간의 생명을 품어내고, 양육하는 어머니인 여성들의 내적인 힘이 세상을 변혁하고 지속하게 하는 힘으로 성숙하는 것을 확인하며, 신앙을 기반으로 역사를 이끌어가는 여성들의 연대가 이어질 때 비로소 생명과 희망이 지속될 수 있음을 공감할 수 있다.

조마리아 연표

1862년 4월 8일	황해도 해주에서 배천 조씨 선과 원주 원씨의 3남 2녀의 둘째 딸로 출생 황해도 해주 광석동의 안태훈 (1862–1905)과 결혼
1897년 10월	천주교에서 영세를 받은 남편 안태훈, 아들들에 이어 시어머니, 시누이, 딸과 함께 뮈텔 주교에게 영세를 받음 남편 안태훈과의 사이에 안중근(1879-1910), 안성녀(1881-1954), 안정근(1884-1949), 안공근(1889-1939) 등 3남 1녀의 자녀를 두었는데, 이들은 모두 독립운동에 헌신하였다.
1905년	남편 안태훈 사망
1906년	장남 안중근을 따라서 진남포로 이주
1907년 2월	안중근이 평양 명륜당에서 국채보상운동을 위한 연설로 큰 성과
1907년 5월	조마리아는 '삼화항패물폐지부인회'의 2차 의연활동에 참여 20원 상당의 은장도, 은가락지, 은귀걸이 등의 은 제품을 납부함
1909년 10월 26일	장남 안중근이 중국의 하얼삔 역에서 일본통감 이토 히로부미를 저격 살해
1910년 2월 14일	일제는 뤼순 감옥에 수감중인 안중근에게 사형을 언도. 조마리아는 일본 재판소가 외국인 변호사를 거절한 것을 강하게 비판 아들에게 목숨을 구걸하기 위한 항소를 하지 말 것을 요청
1910년 3월 26일	안중근이 사형을 당함
1910년 5월	안중근의 딸 안현생을 명동성당의 프랑스인 수녀에게 맡기고 연해주 크라스키노로 망명. 아들의 독립운동을 잇는 독립운동을 시작
1911년 4월	동청철도 동부선상의 물린 팔면통에 정착, 차남 안정근은 잡화상 운영
1914년 3월	조마리아와 안중근의 유족은 블라디보스톡 북쪽 니콜리스크로 이주, 안정근은 벼농사를 지어 200석 이상 수확, 독립운동을 위한 재원확보 안정근은 북만주에 난립한 독립군단을 통합하여 청산리 전투(1920)의 기반을 마련
1919년 4월 11일	상해에서 대한민국임시정부 수립, 안정근은 대한적십자사 대표, 삼남 안공근은 임시정부의 러시아 외교특사로 활동
1920년 1월 30일	<독립신문>에 조마리아가 동쪽 블라디보스톡에서 서쪽 바이칼호수에

	이르는 지역을 망라하여 동포를 각성시키는 사업에 종사한다고 보도
1922년 4월	니콜리스크에 머물며 동포들의 환대로 회갑잔치를 하고, 이후 상해로 이주
	안중근의 모친으로 동포들 사이의 다툼에 개입하여 독립운동에 역할
1926년 7월 19일	안창호의 주도로 상해 거주동포 208명이 삼일당에서 군자금을 마련하기 위한 '임시정부경제후원회' 창립총회를 열고, 조마리아는 위원으로 선출됨
	삼남 안공근은 백범 김구가 창설한 한인애국단(1931)의 핵심요원으로 윤봉길, 이봉창의 항일의거를 성사시킴
	딸 안성녀는 독립군관학교의 군자금을 모집하고, 독립군의 군복을 제작하는 등 독립운동의 활성화를 위해 노력하였음
1927년 7월 15일	상해에서 위암으로 별세, 장례는 프랑스조계 천주교당에서 상해 교민장으로 치러지고, 유해는 만국공묘 월남묘지에 안장됨
	이후 도시개발로 건축이 이루어지고, 무덤을 찾을 수 없어짐
2008년	대한민국 정부는 건국훈장 애족장 추서

한국인 첫 수도자,
박황월 프란치스코 사베리오 수녀의
'자기 비움의 애덕'

| 민혜숙 |

박황월 프란치스코 사베리오(1872~1966)

한국인 첫 수도자, 박황월 프란치스코 사베리오 수녀의 '자기 비움의 애덕'

민혜숙
샬트르성바오로수녀회

I. 들어가면서

수도자는 성령에 인도되어 하느님을 사랑하고 이웃을 사랑하는 삶을 몸으로 살아내는 사람들이다. 그것은 고통의 길을 자진하여 받아들이고자 예수 그리스도를 선택한 사람들의 삶이다. 애주애인(愛主愛人)의 삶을 멈출 수 없어 고통과 순교를 선택한 성인들의 피를 이어받은 샬트르 성바오로 수녀회의 첫 한국인 수도자, 박황월 프란치스코 사베리오 수녀는 78년의 수도 생활 동안 '하느님의 영광을 위하여', '교회와 이웃의 필요에 응답'하는 '자기 비움의 애덕'을 삶으로 드러냈다. 그녀는 숨을 거두는 마지막 순간에도 예수 그리스도를 위해 고통받는 것을 받아들여 나를 위해서가 아니라 타인을 위해 그리고 이 세상 사람들을 위해 사랑의 기도를 온 존재로 고스란히 쏟아부으라고 말했다.

매일 매 순간 만나는 '자신'과 '이웃' 사이에서 겸손하게 자기를 낮추고 예수 그리스도만을 바라보았던 그녀의 내면에는 '극기', '청빈', '순명', '사랑', '기도'라는 언어 밖에 다른 것은 존재하지 않았다. 그것은 죽음을 받아들여 부활을 사는 '자기 비움의 애덕'이며 일상 안에서 사는 순교의 삶이다.

II. 첫 번째 한국인 수녀, 박황월 프란치스코 사베리오

맑고 순박한 품성 안에서 샘솟는 아름다운 감성을 품은 박황월 프란치스코 사베리오 수녀는 접시꽃을 바라보면서도 하느님께 대한 열렬하고 애절한 사랑을 떠올렸다. 그리고 하느님께 대한 사랑을 위해 순결한 마음으로 순교의 삶을 살 것을 결심하였다. 동료 청원자들과 함께 희고 붉은 접시꽃밭을 지나던 어느 초여름날이었다. 접시꽃의 아름다움에 매료되어 감탄하던 동료들에게 수녀는 이렇게 작은 소리로 말한다.

천국에서는 우리도 동정과 순교의 상징인 이 꽃들과 같을 거예요

보이지 않는 하느님의 사랑을 불타는 신앙으로 지키며 목숨을 걸었던 두 분의 할아버지, 두 분의 할머니, 세 분의 삼촌 그리고 두 명의 사촌 벌 되는 동정녀 등 16위의 순교자의 피가 흐르고 있는 박황월 프란치스코 수녀에게 순교는 일상의 삶이었다.

1. 박황월 프란치스코 사베리오 수녀의 눈에 비친 아버지 박 베드로

기해박해(1839)에 순교한 박 바오로를 비롯한 16위의 집안에서 성장하였으며 한국교회 순교사에 큰 공을 남긴 박순집 베드로의 셋째 딸로 태어난 박황월 프란치스코 사베리오 수녀는 '우리 수녀원이 걸어온 길'과 '위인 박 베드로'(박사베리오 수녀가 기록한 것을 김구정이 간추림), '회고록'을 친필로 기록하였다. '위인 박 베드로'와 '회고록'은 수녀의 눈에 비친 아버지 박 베드로의 일상의 삶을 증언한다.

프란치스코 사베리오 수녀의 조부이신 바오로는 훈련도감 포수로 봉직하면서 앵베르 주교, 모방(Maubant, 나) 신부, 샤스탕(Chastant, 정) 신부, 그리고 많은 교우들이 순교하는 것을 목격한다. 그리하여 교우들과 함께 그들의 시신을 수습하여 노고산(현 마포구 노고산동)에 안장했다가 안심이 안 되어 1843년, 박씨 집안의 선산인 삼성산(三聖山, 현 관악구 신림동)으로 이장하는데, 아들 베드로에게 후일에 성교회에서 성직자 무덤을 찾을 때에 가르쳐드리길 당부한다. 이는 박 베드로가 순교자들의 행적을 증언하는 계기가 된다. 뿐만 아니라 1846년 9월 16일, 17살의 박 바오로는 김대건 신부가 서소문과 당고개를 거쳐 새남터로 끌려가 순교하는 것을 목격하고 교우들의 도움을 받아 신부의 시신을 와서(瓦署, 현 용산구 한강로 3가 왜고개)에 안장하면서 아버지가 하신 일을 한다.

아버지 박순집 베드로는 1830년 10월 3일 서울 남문 밖 전생서(典牲署, 현 용산구 후암동)에서 순교자 박(朴) 바오로와 김(金) 아가다 사이에서 둘째로 태어났다. 어려서부터 천성이 부드러우면서 씩씩하고 명랑한 박 베드로는 신체 발육이 남달라 성장하며 힘이 장사였다. 그는 마을 대항 씨름대회에 나가 황소를 타서 주위 사람들을 놀라게 했다. 9살 베드로는 1837

년, 북촌 마을 근처의 이조모(姨祖母) 댁의 소개로 이조모님 댁에 은신하여 머물러 계시던 조선교구 제2대 교구장 앵베르(Imbert 범) 주교의 심부름을 하며 사랑을 받게 된다.

그는 25세에 부친과 같이 훈련도감의 군인이 되어, 제4대 조선 교구장 베르뇌(Berneux, 장) 주교와 브르뜨니에르(백), 볼로외(서), 도리(김), 프티니콜라(박), 푸르티에(신) 신부 등과 우세영(禹世英, 알렉시오)이 1866년 병인박해 때 새남터에서 순교하는 장면을 직접 목격한다. 그는 아버지가 그러셨듯 박순지(朴順之, 요한) 등 몇몇 신자들과 함께 3월 28일(음) 시신을 찾아내어 새남터 부근에 임시 매장한 후 4월 14일(음)에 다시 와서(瓦署)로 이장한다. 병인년 박해가 극심해질 때, 박 베드로의 가족이 검거망에 걸려 양화진(현 절두산)에서 순교하였으나 그는 여러 박해의 검거망을 기적적으로 피하여 위기를 모면한다.

그 후 1888년에 제7대 조선교구장 블랑(Blanc 백) 주교가 프와넬(박) 신부에게 조선 순교자들의 행적을 조사하게 했는데, 프오델 신부는 박순집을 불러 자신이 보고 들은 것과 순교자의 유해가 묻혀있는 곳, 자신의 집안과 다른 순교자들의 행적을 교회 법정에서 증언하도록 하여 153명의 순교자 행적을 기록하였다. 이는 『박순집 증언록』[1]으로 편집된다.

셋째 딸 박황월 글라라가 수도회에 입회한 후, 1889년에 인천에 사는 한 교우가 그를 찾아와 인천 제물포로 내려와 전교해 줄 것을 간절히 청하자 1990년, 전교의 큰 뜻을 품고 아들 식구와 전 가족을 데리고 제물포로 이사한다. 박 베드로가 제물포에 도착했을 때 근교에 있는 교우는 자기를 초대한 교우 가정과 또 다른 가정, 일본인 교우 가정, 중국인 한 사람이 전

---

1 박순집 증언/김영수 역, 『박순집 증언록(I II III)』, (서울:성 황석두루가서원, 2001).

부였다. 그리하여 그는 1889년에 한국인 59명, 일본인 25명으로 설립된 답동 본당(초대 주임 빌렘 신부) 사목을 도우며 전력을 다해 회장을 맡아 전교에 전념하다가 1911년 6월 27일 82세의 나이로 "예수 마리아 요셉"을 부르며 선종한다.

박순집 베드로의 향주덕(向主德)은 딸 황월을 비롯한 가족의 일상에 커다란 영향을 미쳤다. 프란치스코 사베리오 수녀가 남긴 회고록에 기록된 그의 신앙은 하느님만을 믿고 하느님만을 바라며, 하느님만을 사랑하는 '향주덕'이었다. 박 베드로의 하느님께 대한 사랑은 먼저 사랑하신 하느님에 대한 효심에서 우러나왔다. 1878년, 홍제원(현 홍제동) 장거리 고개 밑에서 살 때 집을 공소로 내어주는 행동과 성당에서 미사를 드릴 때의 몸가짐을 통해 온 마음과 온몸, 온 정신으로 사랑하는 면모를 보여준다. 바람이 부나 비가 오나 춥거나 덥거나 어떠한 상황에도 미사 참례를 거르지 않은 그는 성당에 도착하면 언제나 변함없이 무릎을 꿇고 눈을 내리뜨고 고개를 조금 숙여 기도하면서 하느님을 만났다.

그의 신덕 생활은 일상의 아주 작은 일[2]에 이르기까지 스며있었다. 어느 날 자녀들이 쌀을 까불다가 땅에 몇 알을 떨어뜨렸는데, 아무 말 없이 그곳으로 다가가 가만히 주저앉아 마지막 한 알까지 주워 담았다. 부인이 아이들이 줍게 하지 왜 그걸 줍고 있느냐 하니, 그는

이건 비록 많지 않은 것이지만 천주께서 내실 때 한 알이 당신 전능하신 공을 다 드리서서 우리가 먹고 살면서 당신을 섬기게 하셨으니 한 알이나 한 섬이나 똑같이 천주 전능과 인과로 된 것이니까 적다고 짓밟아버리면 천주 대전 죄는 안 되어

---

2 박황월, 『박황월(프란치스코 사베리오) 수녀 회고록』(서울: 샬트르성바오로수녀회, 2013), 30-31.

도 대소 간사는 있는 것이요.[3]

라고 하였다. 그는 아침, 저녁으로 잠시도 쉬거나 게으름을 피우는 일 없이 소소한 작물을 심어 기르며 부지런하게 몸을 움직였다. 집안의 모든 것을 다 매끈하게 해 놓고 무엇 하나 버리는 것 없이[4] 청빈하고 근면한 삶을 살았다.

프란치스코 사베리오 수녀는 그런 아버지를 이렇게 기억한다.

어려서부터 덕을 갖추시어 모든 것을 천주의 일로 보시고 항상 열심히 구하셨다. … 근고(勤苦)와 외롭게, 하기 어려운 전교 일을 매일 혼자 하시느라고 참으로 생 치명이 아니신가. 오직 하나 된 신덕(信德)으로 모든 것이 다 천주의 명으로 되는 것이라 하셨다.[5]

생활하는 어느 것 하나도 하느님께서 모르시는 것이 없다고 믿으며 정 성스럽게 살았다. 규칙적인 기도와 성서 독서의 생활로 신앙의 등불을 밝 혔다. 정해진 생활 규칙대로 아침, 저녁 시간에 염경 법절을 한 번도 궐하 지 않고 단정한 몸과 엄숙한 마음으로 세상에 있는 동안 계속[6]하였다. 저 녁 만과 때는 매괴 한 궤미와 성모칠고칠락을 바치고 성서 몇 장을 읽고서 야 하루를 마감하였다. 평소에 자손들에게 자주 말한 하느님께 항상 구하 는 세 가지 기도가 있었는데, 그 첫째가 집안 자식들이 대죄 중에 있지 않

---

3 박황월, 위의 책, 30.
4 박황월, 위의 책, 32.
5 박황월, 위의 책, 42.
6 박황월, 위의 책, 32.

는 것이었다. 나머지 두 가지는 집안 도적이나 화재로 재앙을 당하지 않는 것과 전염병에 걸리지 않는 것[7]이다.

그의 이웃을 향한 애덕의 삶은 하느님께 대한 사랑에서 나온다. 그는 가난한 집안의 사람이 세상을 떠나는 일이 생기면 친히 장례를 돌보아주었다. 사베리오 수녀가 전하는 일화에 따르면 병자가 선종하면 집안이 넉넉한 사람에게는 그저 성호만 해주고 잘 가지 않았는데, 가난한 사람이 선종하면 친히 함께하여 산소까지 따라가 예규 예절을 하고 장사지내주었으며 관을 쓸 처지가 못 되면 손수 나무를 베어 관을 만들어 장사지내주었다[8]고 한다. 그런 아버지를 교우들이 '故 성 토비아'라 별명 지어 부를 정도였다고 한다.

뿐만 아니라 불쌍한 사람에게 애긍하는 것을 자신의 본분처럼 하였는데, 거지들이나 어려운 사람들이 먹을 것을 얻으러 찾아오면 자신의 밥을 먹여 보내곤 하였다고 한다. 그리고 늘 끼니때마다 밥 한 덩어리를 남기곤 했는데, "불쌍한 사람이 와서 밥을 달라면 혹시 다른 남은 것이 없으면 이것이라도 두었다가 주려"[9]고 그렇게 했다. "탕수 한 잔도 목마른 사람에게 주면 공로 되고 천주께 드린 것과 같다고 천주 말씀 아니 하셨나? 그래도 할 수 없으니까 이 미소한 것이라도 조금씩 도와주는 것을 천주께서 기뻐하시리오"[10] 하고 말하며 예수님의 말씀을 단순하게 받아들이고 삶으로 실천하였다.

그가 숨을 거두기 전 종부성사를 받고 자손들에게 남긴 말은 "항상 성

---

7 박황월, 위의 책, 43.
8 박황월, 위의 책,. 29.
9 박황월, 위의 책, 30.
10 박황월, 위의 책, 30.

교회의 모든 규칙 하나 없이 다 열심히 지키고, 항상 영혼 선종을 위한 기도하라"[11]는 것이었다. 평소에 죽은 이들을 거두는 일에 적극적이었던 그가 죽음을 맞이하였을 때 신비한 일이 일어났다고 프란치스코 사베리오 수녀는 기록한다.

> 아직 손발 가두는 식을 다 안 했다. 몸만 나와서 쳐다보니까 서기가 뻗쳐 있었다. 다시 들어와 이제 시작한 것을 살피니까 바로 머리 두상 이마를 둘러 살짝 한 줄 금이 머리를 둘러 있고, 빛이 있고, 서기가 햇볕같이 빛나고, 그 빛이 창을 뚫고 나아가 저 하늘까지 솟아 뻗쳤다.[12]
>
> 이웃 동네 사람들은 온통 불빛에 쌓여 있는 박 베드로의 집을 보고 불이 난 줄 알고 손에 손에 물통을 들고 불을 끄기 위해 몰려들었다. 그러나 집은 타지 않고 광채의 서기만 있어 모두 놀라 장남 요셉에게 신비한 광경을 이야기하며 주위를 살피니 박순집 베드로가 선종하면서 나타난 서기임을 알게 되었다. 그래서 모두 땅에 무릎을 꿇고 박 베드로가 성인이 되었다고 칭송하였다. 그의 시신은 독쟁이(현 용현동)에 묻혔다.[13]

2. 순교의 삶을 꽃으로 피워낸 박황월 프란치스코 사베리오 수녀의 일생

순교의 삶은 프란치스코 사베리오 수녀가 태중에서부터 시작한 일상이었다. 1872년 10월 1일 서울 홍제원에서 박순집 베드로와 임 바르바라

---

11 박황월, 위의 책, 338-339.
12 박황월, 위의 책, 39.
13 현재 박순집 베드로의 유해는 절두산 성지, 인천 가톨릭신학대학, 갑곶 성지 등 3곳에 나누어 모셔져 있다.

의 셋째 딸로 태어난 박황월은 10월 3일에 글라라는 본명으로 세례를 받는다. 수녀가 태어났을 때 얼굴이 황금으로 만든 달같이 환하여 황월(黃月)이라는 애칭을 받았다고 한다. 수녀의 형제는 위로 오라버니 박명운 베드로와 언니 박 루시아가 있었다. 박황월은 어머니의 태중에 생겨났을 때부터 박해를 피하여 숨어다니는 죽음의 두려움과 가난의 굶주림이나 고달픔을 겪었다. 그녀가 다섯 살 되던 해에 피난하던 장면을 『故 박 사베리오 수녀님의 일화』에서 전해준다.

> 그 나이 겨우 다섯 살 된 어느 날 베 섬을 둘둘 말아 올린 소위에 이가 없는 소녀는 불안에 떨면서 얹어져서 아버지 등에 짊어지신 채 칠십 리 밤길을 묵묵히 업혀 가서 내려놓았을 때에 소녀의 다리는 뚱뚱이 부었든지 설 수 없도록 되었으나 '주(主)께서 우리를 사랑하시어 십자가에 못 박히셨으니 나도 주를 사랑하기 위해 참아야 한다'고 하며 조금도 아픈 기색을 나타내지 않으셨고 또 한 번은 일곱 살 때 어린 몸으로 밤길에 어른들을 따라 거꾸진 산길을 바삐 피난하다가 다리를 다쳐 매우 아팠으나 아무 기색도 나타내지 않고 섰다.[14]

일곱 살 어린 나이에도 일평생 다리를 몹시 앓아 고통을 당할 정도의 아픔을 보속으로 여기며 참아내는 인내심을 지녔다. 오늘은 이 마을, 내일은 저 산골을 이리저리 숨어다니며 하루도 마음 놓고 살 수 없는 위험한 나날을 지내면서도 전혀 슬프거나 우울한 기색을 보이지 않았다. 어린 소녀가 짜증도 없이 명랑하고 쾌활하게 생활하며 어른들이 조금도 마음 쓰지 않게 했다. 어릴 적 얼굴은 살짝 곰보였으나 귀여웠다고 전한다.

---

14 『故 박 사베리오 수녀님의 일화』(1966. 3. 27.), 1 참조.

영특한 글라라는 교리 외우기를 조금도 게을리하지 않았고, 7살 때부터 주일과 저녁이면 교우들을 위해 성서, 성인전, 교회사 등을 도맡아 읽어 드렸다. 간혹 신부님이 오시어 식사 후에 밥상에 물을 찍어 불어로 '감사합니다'라고 쓰시고 가시면 그것을 보고 몇 번이고 써보고 열심히 외웠다고 일화에 전한다. 총명하고 성실한 성격은 후에 수도회에 입회하였을 때 그 가치를 발휘하였다.

가슴에 품은 수도자의 삶은 프랑스에서 수녀들이 한국에 도착한 날로부터 일주일이 지난 1888년 7월 29일에 실현되었다. 당시 순교자들의 후손 중에 너도나도 수녀가 되겠다고 본당 신부에게 간청하는 처녀들이 많았다. 16살의 박황월 글라라도 그중 하나였으며 한국인 최초의 수녀가 되는 영광에 참여하는 다섯 명 중 하나가 되었다.

수녀원에 입회하던 역사적인 날에 조카를 업고 뒤뜰에서 놀고 있던 글라라는 어머니께서 부르는 소리를 듣고 즉시 달려왔다. 어머니가 "수도원에 갈 가마가 왔다"고 하니 업고 있던 조카를 집 앞 마루에 얼른 내려놓고 바로 가마를 탄 후 곤당골(현 정동)로 향했다. 육친과 생이별하는 쓰라림을 조금도 내색하지 않고 흔연히 기쁘게 나섰다.

블랑(Marie Jean Gustave Blanc, 한국명 백규삼) 주교는 열심한 집안의 처녀들 중에 몇몇을 친히 가려 뽑아 하느님만을 바라며 자신을 봉헌할 마음의 불씨를 심어 놓았다. 곤당골에 임시로 자리를 잡은 샬트르성바오로수녀회의 네 명의 수녀들 앞에 순교자 집안 딸들이 다소곳이 섰다. 그 감격스러운 순간을 『바오로 뜰안의 애가 85년』[15]에서 이렇게 전한다.

---

15 샬트르성바오로수녀회, 『바오로 뜰안의 애가』(서울:샬트르성바오로수녀회, 1973.), 637.

다섯 처녀들이 백 주교의 연락을 받고 하얀 고깔을 쓴 수녀들 앞에 나타나던 날, 그녀들은 하늘에서 내려온 천사를 보는 듯 황홀해하였다. 그러기에 우선 선만 보고 적당한 날을 받아 입회시키려던 것이 수녀원 측에서나 지원자 측에서나 그날 첫 대면에 한 식구가 되어 버렸다.

프랑스로부터 먼 바다를 건너온 수녀님들을 대면하자마자 바로 입회를 서둘렀다. 조용하고 단순하며 과감하게 교회와 가난한 이웃을 위해 애덕의 삶을 시작하였다. 그러나 그렇게 갈망하던 수도 생활은 언어의 장벽 앞에서 말할 수 없는 고통을 감수하며 인내하는 길을 걸어야 했다. 손짓과 몸짓 그리고 눈치로 적당히 알아 들어가며 소통하려 노력했지만, 서양 수녀들에게나 한국의 지원자들에게 쉽지 않은 일이었다.

> 눈치로, 손짓, 몸짓으로, 적당히 알아 들어가며 믿음을 가지고 살아갔지만 서양 수녀들은 하도 기가 막히면 'Mon Dieu! Mon Dieu!(하느님 맙소사! 하느님 맙소사!)'하고 부르짖으면 우리 지원자들은 왜 '먼지! 먼지!'를 연발하는지 알아들을 수 없었다.[16]

이러한 소통의 어려움 속에서도 오로지 수녀가 되겠다는 일념으로 지원자들은 서로 다른 음식과 생활 습성 등의 어려운 생활을 이겨냈다. 특히 신앙이 돈독하고 정신과 몸이 아주 건강한[17] 박황월 글라라는 한국의 지원자들이 겪는 의사소통의 불편을 바라보면서 성부께 지혜를 주시기를 간절히

---

16 샬트르성바오로수녀회, 『바오로 뜰안의 애가』, 638.
17 박황월 프란치스코 사베리오 수녀의 어린 시절이나 수도 생활과 관련된 일화는 『故 박 사베리오 수녀님의 일화』(1966. 3. 27.)를 참조했다.

한국인 첫 수도자, 박황월 프란치스코 사베리오 수녀의 '자기 비움의 애덕' _ 민혜숙 309

기도하면서 일하는 틈틈이 독학으로 불어를 익혀 수녀원 통역사가 되었다. 불어가 능숙해지자, 불어 서적을 자유롭게 읽기 시작하였고 독서를 통해 해박한 지식을 얻게 되었다. 이로 인해 사람들로부터 '박사 수녀'라 불렸다.

그녀는 1890년 8월 15일 성모 몽소승천 대축일 아침에 뽀스뜨랑(Postu-lante, 청원기) 착복 예식을 한다. 이날 7명의 아스삐랑(Aspilante, 지원자)들이 작은 수건을 썼고, 청원자들이 미사 전에 검은 옷에 흰 작은 수건과 검은 베일을 쓰고 성당으로 들어섰다. 그곳에 참석한 교우들은 눈을 크게 뜨고 쳐다보며 놀라 감개무량했다. 당시의 모습을『바오로 뜰안의 애가 85년』[18]에 전한다.

> 얼마 전까지만 해도 천주교 박해로 전교 신부들이 가상제(假喪制)로 투박한 방립에 두터운 상복을 입고 숨어다니며 전교하더니 이젠 보통 여자들이 수도생활을 하겠다고 들어와 오늘 그 첫 단계로 작은 수건을 썼으니 너무나 감격스러워 눈물만 줄줄 흘렸다. 이날 참석한 교우들 중 딸을 가진 사람들은 딸을 수녀로 만들어야겠다고 생각했고 딸이 없는 이들은 딸을 가진 사람들을 부러워했다.[19]

이날 오후에 성체강복이 있은 다음 부감독 정(두세) 신부와 수녀원 지도신부인 고(코스트) 신부 두 분이 수련원에 와서 수련자들에게 수도 본명을 주는 예식을 거행하였다. 그날에 박 글라라는 '프란치스코 사베리오'라는 수도 본명을 받는다. 그다음 날로 청원자들은 소임을 받았는데, 여당으로 두 명, 남당으로 두 명, 영해원으로 한 명 그리고 프란치스코 사베리오

---

18 샬트르성바오로수녀회,『한국 샬트르성바오로수녀회 100년사』(서울:샬트르성바오로수녀회, 1991), 152-156.
19 샬트르성바오로수녀회, 위의 책. 153-154.

수녀를 포함한 두 명이 노비시아 소임을 받았다. 이들은 소임을 하면서 수녀가 될 공부를 하였다. 강론을 듣고 성가를 배우며 글씨 쓰기를 비롯하여 불어까지 배웠다. 배움이라는 것이 없었던 이들은 불어, 라틴어로 조과, 만과, 매괴, 시편, 성무일도 등 기도를 하느라 어려운 고비를 넘겨야 했다. 언어의 장벽으로 배워야 할 것을 배우지 못했고 다만 잘하려고 노력하는 정성과 착한 지향으로 한국 샬트르성바오로수도회를 굳건한 터전 위에 뿌리를 내려갔다.

1894년 제물포 수녀원이 창설되던 당시, 6월 30일에 착복한 프란치스코 사베리오 수련수녀는 프랑스인 수녀들과 함께 제물포 수녀원에 파견되었다. 그리고 1년 만에 다시 서울로 돌아왔다가 1898년 8월 28일 첫 서원을 한 후 다시 제물포로 파견되어 동료 수녀들의 영적인 일들을 돌보며 1901년까지 소임하였다. 마라발 신부는 그때의 수녀를 "천사 같다"고 칭찬하였다.

3년 후 본원으로 돌아와 일생 젊은이 못지않은 정열로 안팎의 일을 두루 해가면서, 수련원에서 프랑스 수련장 수녀의 강론을 통역하는 일을 하셨다. 정기적인 통역 시간은 수련원의 강의 시간이었다. 늘 수련장 수녀 옆자리에 앉아 통역했는데, 이 통역 시간을 이용하여 평소에 수련자들에게 하고 싶었던 말을 해주곤 해서 수련장의 말보다 통역자의 말이 몇 배로 길어졌다[20]고 한다. 뿐만 아니라 음성도 낭랑하여 수련자들을 모아놓고 성경, 성인 성녀전을 읽을 때 수녀들이 그 음성에 감동했다고 한다. 이렇게 통역하는 일을 하면서 자신의 소임을 하느라 '산더미 같은 일이 언제나 그녀를 기다리고 있었다.'[21]

집안의 자질구레한 일을 도맡아 하면서 휴식 시간은 오직 독서 하는

---

20 샬트르성바오로수녀회, 『바오로 뜰안의 애가』, 638.
21 샬트르성바오로수녀회, 위의 책. 639.

것이었고 하루 종일 주방에서 서서 일했다. 많은 일을 분주히 하면서도 항상 그 입술에는 열렬한 사랑의 화살기도가 떠나지 않았고 누구에게도 자신의 바느질, 빨래, 사소한 일 등을 부탁하는 일이 없었다. 세상을 떠나기 일 개월 전에 허리를 다쳐 몸을 움직일 수 없을 때까지 이러한 일을 계속했다. 프란치스코 사베리오 수녀는 마지막까지 기도 중에 하느님을 뵈옵다가 1966년 3월 18일 95세를 일기로 선종하였다.

III. 박황월 프란치스코 사베리오 수녀의 '자기 비움의 애덕'의 영성

박황월 프란치스코 사베리오 수녀가 생전에 손수 기록하여 남긴 '우리 수녀원이 걸어온 길'[22]과 '위인 베드로'[23]와 같은 회고록은 그녀의 영성을 드러내는 중요한 자료이다. 뿐만 아니라 그녀와 함께 생활한 수녀들이 남긴 기록에서 그녀가 일상에서 살았던 영성을 확인할 수 있다. 무엇보다 '우리 수녀원이 걸어온 길'은 『바오로 뜰안의 애가 85년』과 『한국 샬트르 성바오로수녀회 100년사』를 완성하는데 밑거름이 되었다. 78년 동안 수도자로 살아온 그녀의 삶은 교회의 생명을 살려내는 손이었다.

1. 그리스도 중심의 향주덕(向主德)

순교자 집안에서 자란 프란치스코 사베리오 수녀는 조부와 부친으로

---

22 박황월 프란치스코 사베리오 수녀님의 친필 원고.
23 박황월 프란치스코 사베리오 수녀님이 쓴 '위인 베드로'를 김구정이 간추림.

부터 하느님을 향한 오롯한 사랑과 이웃을 위해 자신을 내어놓는 사랑을 유산으로 물려받았다. 아버지가 '하느님에 대한 신덕으로 한 사람의 영혼이라도 더 구하기 위해 일생을 성실하게 전교에 몸 바쳐 살아왔다'고 고백했듯이, 그녀도 수도 생활 내내 자기를 극기하고 청빈한 삶을 잃지 않으려 노력하면서 사랑을 살았다. 임종을 맞이하는 그녀는 주위의 수녀들에게 "예수 그리스도를 위해 고통받는 것은 이 세상뿐입니다. 모든 고통을 받아들여 잘 참고 이 세상 사람들을 위해 사랑의 기도를 바칩시다."[24]라고 사랑을 독려하며 조용히 하느님을 뵈었다.

2. 주방 소임 72년에서 피워내는 일상의 영성 언어

1963년 9월 14일, 한국 샬트르성바오로수도회 창립 75주년 기념행사가 대대적으로 이루어졌다. 이날 첫 번째 한국인 수도자 다섯 알의 밀씨 중 하나였던 92세의 프란치스코 사베리오 수녀는 금경축을 맞았다. 오랜 수도 세월을 입은 그녀는 깊이 구부러진 허리를 펴고 단상에 서서 수도 가족에게 쟁쟁한 음성으로 생명력 넘치는 축사를 낭독했다.

발전도상에 있는 우리 수도원이 처음 시작될 때 너무나 많은 시련이 있었다는 것, 치명자들이 흘린 피가 거름이 되어 오늘날 이만큼 교회가 이룩되고 많은 수도자들이 있게 되었다는 것, 우리가 쟁취해야 할 것은 '겸손'과 '사랑'뿐이라는 것, 순명은 겸손 안에서만 있을 수 있고, 모든 덕은 사랑에 직결된다는 것을 강조하여 말씀하시며 아무쪼록 실답게 살아 성녀가 되자[25]고 격려하였다.

---

24 「경향잡지」 1971. 11월호, 38.
25 샬트르성바오로수녀회, 『바오로 뜰안의 애가』, 628.

그녀가 수도 생활 78년 중 72년간의 주방 소임을 하면서 뿌리내린 영성은 평소 자주 강조하여 말했던 언어 속에서 찾을 수 있다. 그녀는 자주 '극기와 청빈, 사랑과 순명 그리고 기도'에 대해 말하였다. 그녀가 수련소에서 통역을 맡았던 시기에 수련자들에게 자주 '예수님을 사랑하는 마음으로 자기를 끊어버리기'[26]를 강조하였다. 그녀의 수련장이었으며 한국의 첫 수련장이었던 프랑스인 엘리사벳 수녀는 수련원 생활을 시작하던 날 수녀들에게 이렇게 말하였다.

> 이제는 수련 과정을 시작할 터인데 처음에는 예수 아기의 말구유같이 가난하게 시작해서, 그 가난함과 순명하심과 모든 것을 희생하신 것을 본받아야 이다음에 그 같은 수녀가 될 겁니다.[27]

수련장 수녀의 이 가르침은 수련자 프란치스코 사베리오 수녀의 가슴 깊이 새겨져 살이 되고 피가 되었다. 엘리사벳 수녀는 평소 십자고상과 애독하던『성 바오로의 마음은 예수 그리스도의 마음』[28]이라는 책을 지니고 있었는데, 그곳에 애주애인(愛主愛人)에 대해 대단히 훌륭하게 설명해 놓았다고 전한다. 그녀는 이 책을 인용하여 "사랑하는 자를 위하여, 사랑을 증거하는 것은 사랑하는 자를 위하여 모든 고통을 감수 인내하는 것"이라 했고 이를 알아들은 프란치스코 사베리오 수녀는 그대로 실천[29]하여 살았다. 1916년 8월 24일에 종신서원을 한 그녀는 수도 생활 중에 4년의 제물

---

26 윤 시메온 수녀님의 기록과 임 스테파노 수녀님의 기록.
27 샬트르성바오로수녀회,『바오로 뜰안의 애가』, 171.
28 기록으로만 남아 있고 현존하지는 않음.
29 샬트르성바오로수녀회,『바오로 뜰안의 애가』, 183.

포에서 한 소임 외에는 본원 주방에서만 소임하였다.

주방에서 과감하고 단순하게 자기를 비워내며 하느님의 사랑 안으로 들어가 사람들을 사랑하는데 온 생을 봉헌한 프란치스코 사베리오 수녀는 일상의 작은 것 하나도 놓치지 않았다. 그녀가 서양 주방 소임을 하였을 때의 일화를 임 스테파노 수녀가 전한다. 프란치스코 사베리오 수녀는 서양 수녀님들이 드실 식빵을 만드셨는데, 빵 반죽하는 일을 돕던 임 스테파노 수녀에게 예수님이 드실 빵이라 여겨 정성을 다하여 만들어야 한다고 말씀하셨다고 한다. 그리고 더운 여름에 주방에서 땀을 흘리면서 일할 때는 연옥 영혼들을 구하기 위한다고 여길 것이며 땀방울 한 방울을 흘릴 때도 예수님을 사랑하는 마음으로 하라고 말씀하셨다고 한다. 그녀는 아버지가 그러했듯 아주 작고 사소한 일에서도 예수님을 만났다. 수도 생활 중에 참으로 불행한 일이 벌어지고 여러 가지 재난과 괴로움이 닥쳐 인간적으로 전혀 희망이 없어 보일 때도 다만 기도로 묵묵히 인내하고 침묵[30] 하면서 서원에 충실하였다.

극기는 그녀가 가슴에 품고 살았던 애주애인을 맺어가는 일상이었다. 박해를 피해 피난살이를 하던 어린 시절 뚱뚱 부어오른 다리의 통증을 "주께서 우리를 사랑하시어 십자가에 못 박히셨으니 나도 주를 사랑하기 위해 참아야 한다"[31]며 입술을 꽉 물었다.

프란치스코 사베리오 수녀는 공동체 안에서 일어나는 소통의 어려움과 관계의 어려움을 극기로 이겨냈다. 수도 생활 중에 늘 자신에 대해서는 엄격하게 하면서도 약자나 병자, 짐승 등 자력으로 자신을 지킬 수 없는

---

30 샬트르성바오로수녀회, 『바오로 뜰안의 애가』, 680.
31 작자 미상. 1966년 3월 18일 95세의 나이로 선종하신 박황월 프란치스코 사베리오 수녀님을 기억하며 어느 수녀님이 기록한 '故 박 사베리오 수녀님의 일화'를 참조함.

이들에게는 참으로 깊은 애정으로 인자(仁慈)를 베풀었다.

청빈을 일상 안에 뿌리내린 프란치스코 사베리오 수녀는 하느님의 사랑에 재촉 되어 자의적으로 선택한 기쁨이었다. 수도 정신에 투철하고 남달리 수도원을 사랑하였는데, 특별한 사정이 아니면 결코 수도원 문밖을 나가는 일이 없었고 나가려고 하지도 않았다. 그녀가 명동 본원 밖을 나간 것은 제물포 수녀원에서의 소임뿐이었다.

그녀가 고령이 되셨을 때 몹시 몸이 불편하였는데도 다른 수녀들이 방 소제를 해드리려 하면 "자기 일은 자기가 해야 합니다. 나 오래지 않아 죽을 터인데 이런 일도 하지 않고 그대로 살다가 죽으면 안 됩니다. 나는 죽을 때까지 쉬지 않고 일하다가 죽기로 뜻을 정하였습니다"라 말하며 끝내 허락[32]하지 않았다. 78년간의 수도 생활 중에 그녀는 하느님 한 분만의 권능에 신뢰하며 자신의 충족, 교만, 독단, 자존을 떠나 자신을 온전히 봉헌하는 일로 보여주었다.

한 번도 두 손을 놓고 편하게 휴식을 취하는 일이 없었고 한 번도 소풍의 즐거움을 맛본 일도 없었다고 전한다. 하느님의 풍성한 사랑 안에서 인간의 부유에서 오는 공허와 피조물이 추구하는 욕구와 욕망의 한없는 허무를 잊었던 것이다. 그녀는 언젠가 "나는 시간 낭비에 대하여서는 천주님께 심판받을 것이 없고 인간의 나약함 때문에 잘못한 일이 있으나 일부러 내 양심을 거슬러 잘못한 일도 없다"[33]라고 자신 있게 말하였다.

그녀의 단순하고 과감한 물질적 포기는 여러 일화에서 확인할 수 있다. 연로해져 다리를 심하게 절고 다니는 것을 보고 한 수녀가 지팡이를 사드렸는데 그것이 사치스럽다고 과감히 거절하고 대나무 막대를 짚고

---

32 '故 박 사베리오 수녀님의 일화'(1966. 3. 27.) 수기 기록 3. 참조.
33 '故 박 사베리오 수녀님의 일화'(1966. 3. 27.) 수기 기록 3. 참조

다녔다고 한다. 뿐만 아니라 한 번도 꼭 맞는 맵시 있는 신을 신은 적이 없고 크든 작든 또는 어딘가 불편을 줄 수 있는 신만 신었으며, 병 중에도 음식, 약 기타 무엇이든지 한 번도 청하는 일이 없었다고 함께 산 수녀들이 증언한다. 그녀가 세상을 떠나고 옷장을 정리하였을 때 다 떨어진 허술한 내복 몇 벌과 쓰다 남은 헌 헝겊 조각 몇 개, 성서 몇 권이 소지품의 전부였다고 한다.

『바오로 뜰 안의 애가 85년』에서 그녀의 청빈한 삶에 대해 다음과 같이 기록한다.

> 어느 수녀도 따를 수 없을 만큼 철저한 청빈 생활을 했고, 기회가 있을 때마다 청빈한 생활이 수도 생활을 부하게 하며, 가치 있는 생활임을 일깨워 나갔다. 또한 초창기의 수녀들이 청빈하게 살아왔기 때문에 오늘 우리 수도회가 제대로 설 수 있었다는 것을 거듭 강조하기도 했다.[34]

그녀의 청빈 생활은 겸손한 모습에서도 드러났다. 늘 몸가짐을 단정히 하였는데 신발이 해어지면 손수 기워 신었다.

사랑은 수도자가 사는 삶의 방식이다. 끼니때마다 구걸하는 이를 위해 밥 한 덩어리를 남겨놓았던 아버지의 어질고 자비로운 마음은 그녀의 심성에 그대로 자리하였다. 수도 생활 초기에 고아는 말할 것 없이 짐승까지도 사랑하여 수녀원의 소, 토끼, 개, 닭, 고양이를 지극정성으로 돌보아 혼자서 5~6인의 일을 묵묵히 해냈다. 그녀의 자애로운 마음을 다음의 일화에서 확인할 수 있다.

---

34 샬트르성바오로수녀회, 『바오로 뜰안의 애가』, 680.

집 경리를 맡으시고 시장에 다녀오실 때마다 병자 수녀님들에게 과자나 과일 등을 한 봉지씩 사서 친히 가져다드리며 위로하여 주셨고, 짐승들에게는 항상 말씀하시기를 '아~ 불쌍한 것들이지, 영혼이 없으니 이 세상 생활뿐이지, 가련하니 잘 돌보아 주어야지…' 하시며 잘 돌봐 주실 뿐 아니라 간혹 선물로서 사탕과 아스피린(다리 아프신데 잡수심)을 드리면 사탕을 으레 강아지에게 주고 약만 당신이 잡수시며 노년에는 다리가 아프셔서 손자와 이야기하시듯 매우 정답게 이야기를 하시고 계시며 미물에 그 인자를 나타내셨다.

그 오랜 노환(다리 아프심)과 외로운 병실 생활에서 슬픔이나 신경질이 나실 수 있었겠지만 간호하시는 수녀님께 한결같이 "진지 잡수셨습니까?" 저녁이면 "일찍 주무십시오" 하시며 당신의 고통 중에도 타인의 괴로움을 걱정하실 만큼 마음의 여유를 가지시고 임종 준비를 하셨다."[35]

그녀는 아픈 사람, 약한 사람에게 참으로 애정이 깊었으며 인자하였다.[36] 어떠한 고통 중에도 남에게 대한 배려를 놓치지 않았다. 자비로움을 가슴에 품은 그녀는 수도 생활을 시작하는 젊은 수녀들에게는 애련한 마음으로 잘못을 고쳐주시고 수도원 규칙을 잘 지키도록 따뜻하게 지적하면서 자신도 철저히 지켰다. 그녀의 사랑은 정의로움에 이르렀다. 어느 날 그녀가 혼자서 거리를 지나시는데 두 청년이 심하게 싸우고 있었다고 한다. 그대로 두면 필경 두 사람 중 한 사람은 맞아 죽을 것같이 위험하였는데, 구경꾼들은 손에 땀을 쥐고 볼 뿐 어찌할지 몰라 떨고 있었다고 한다. 그때 그녀가 용감히 두 청년 사이로 뛰어들어 큰소리로 외치며 두 사람을 갈라놓고

---

35 '故 박 사베리오 수녀님의 일화'(1966. 3. 27.) 수기 기록 4. 참조
36 '故 박 사베리오 수녀님의 일화'(1966. 3. 27.) 수기 기록 4. 참조.

구경꾼들에게 약한 사람을 딴 곳으로 데리고 가라 말하고 분을 못 이겨 홍분하며 떨고 있는 강한 청년에게 사랑을 담아 설교를 하였다. 청년은 곧 마음을 가라앉히고 돌아갔다[37]고 한다.

그녀가 83세 때에는 서울 시청에서 시청 공간으로 초청하여 윤락여성들에게 영적 이야기를 들려주는 시간이 있었는데, 많은 사람이 감명을 받아 이야기를 더 해달라고 간청하여 여러 시간 강의를 계속한[38] 적도 있다고 한다. 공과 사를 엄격하게 구별하며 정의에 어긋나는 것은 추호도 주저하지 않고 거부했으며 언제든 두려움 없이 바른대로 말하고 주장하여 다른 수녀들이 그녀 앞에서 조심스럽게 행동하고 말하였다고 한다.

순명은 자신의 뜻을 포기하고 하느님의 뜻이 삶 안에 이루어지도록 전부를 내어놓는 것이다. 프란치스코 사베리오 수녀는 자주 순명의 중요성에 대해 말하였는데, 특히 1945년 수련원에서 순명을 강조하며 강의하였다.[39] 그녀는 수도자가 순명을 잘하면 모든 것이 따라온다고 하였다. 순명을 완전하게 지키면 가난, 정결 서원을 쉽게 지킬 수 있다고 하였다. 극기, 고행을 많이 하고 기도를 많이 하여도 순명하지 않으면 그 공로가 아무것도 아니라 하면서 다음의 형제 수사의 예화를 들려주었다고 한다.

형은 고신 극기와 고행 기도를 많이 했고, 동생 수사는 오직 어른에게 순명하고 극기하였다고 한다. 원장 수사는 동생 수사의 순명지덕을 사랑했는데, 형은 원장 수사의 사랑을 받는 동생을 질투하였다고 한다. 그러던 어느 날 질투의 불 한 가운데에서 마음을 끓이던 형은 원장의 관면을 받아

---

37 '故 박 사베리오 수녀님의 일화'(1966. 3. 27.) 수기 기록 4. 참조.
38 '故 박 사베리오 수녀님의 일화'(1966. 3. 27.) 수기 기록 4. 참조.
39 1945년 종신서원 후 박황월 프란치스코 사베리오 수녀님이 서원자들에게 말씀하신 것을 원빅토리나, 윤 시메온 수녀님이 기억하며 1952년 3월 25일에 기록하였다.

동생을 시험하러 밖으로 데리고 나갔다. 어떤 어머니가 죽은 어린아이를 안고 슬피 울고 있었는데, 형 수사는 죽은 아기가 살아나도록 하려고 열심히 기도하여 아기가 다시 살아나게 했다. 다음에는 물고기가 많은 연못으로 갔는데, 형은 동생에게 저 연못으로 들어가라고 명령했다. 동생 수사는 형의 말대로 옷을 벗고 연못으로 들어갔다. 그런데 이상하게도 물고기들은 연못 가장자리에 모여 물 가운데 서 있는 동생 수사에게 머리를 숙였다. 형은 "보라, 나의 기도가 천주께 받아들여져 이처럼 너의 해를 면케 해주셨다" 하면서 자만자족하였다. 그러나 동생은 아무 말도 하지 않았다. 두 사람이 수도원으로 들어와 형은 원장 수사에게 있었던 일을 이야기하면서 신이 났다. 동생은 침묵하고 형은 자기의 공로에 대해 원장 수사에게 말하였는데 원장 수사는 오히려 "그것은 순명을 잘하는 동생 수사의 공이다"라고 형을 꾸짖었다. 그리고 순명을 잘하면 기적도 가능하다고 말씀하셨다는 이야기이다.

그녀는 순명이 기도보다 더 중요하며 기적을 낳는다고 강조하였다. 그리고 종신서원을 하고도 자기를 전과 같이 가지고 산다면 잘못된 길을 가는 것이니 반드시 자기를 아주 버리고 새 정신으로, 바로 그리스도의 성질을 가지고 소임터로 가야 한다며 그것이 순명[40]이라고 하였다. 자기를 버리고 예수 그리스도로 완전히 바뀌어 사는 것이 내적, 외적, 전심과 심장의 순명이라 하였다. 그 길로 가면 많은 도움을 받을 것이며 빛으로 향하게 되고 그 빛으로써 우리도 주님 사랑의 표본이 된다고 했다. 후퇴하지 말고 자신을 주님께 바치고 수도회 어른들의 말씀에 순양한 고양같이 따라 순명하라고 이것이 완전한 길로 들어가는 유일한 방법이라고 강조 또 강조하였다.

---

40 원 빅토리나, 윤 시메온 수녀님(1952. 3. 25.) 기록 참조.

그녀는 하느님께 대한 굳은 사랑과 신덕으로 아무리 젊은 웃어른일지라도 그를 믿고 복종[41]하였다. 그녀의 순명은 72년간의 주방 소임으로 드러난다. 자신에게 맡겨진 소임에 대해 불평불만 없이 기쁘게 수도 가족의 육적인 건강을 돌보는 사랑에 전념함으로써 수도 가족의 영적 건강을 지원했던 것이다. 그녀는 수도자들이 쟁취해야 할 것은 겸손과 사랑뿐이며, 순명은 겸손 안에서만 있을 수 있고 모든 덕은 사랑에 직결된다"[42]고 하였다.

기도가 매일의 일상이었던 프란치스코 사베리오 수녀는 매일 세 차례의 십자가의 길과 묵주 기도를 성직자들을 위해 바쳤다. 그리고 성직자들의 성화를 위해서는 어떤 고생이든 달게 받겠다며 할 수 있는 한의 희생과 극기를 기도로 바쳤다. 수련소에서 수련자들에게 강의할 때면 수련소는 성소의 못자리라 하며 수도자는 예수님을 본받아 매일 자기를 끊어버리고 예수님을 따라야 한다[43]고 했다. 그리고 수련하는 동안 열심히 기도하고 규칙을 잘 배워야 하며 자주 화살기도를 드리고 작은 희생을 예수님을 사랑하는 마음으로 바치면서 기쁘게 살라고 당부하였다. 뿐만 아니라 성모 마리아께 열심히 기도드리고 성모님의 옷자락을 꼭 붙들고 살아야 한다고 강조하였다.

젊은 시절 소임 중에 기도를 놓은 적이 없었는데 노경에 이르러서는 더 자주 기도하였다. 아픈 다리를 끌고 성당에 가서 하루 4~5차례의 십자가의 길과 묵주기도를 바치고, 깨알처럼 적힌 불어 성서와 성인전을 돋보기도 쓰지 않고 읽었다. 그리고 수녀들에게 젊어서는 너무나도 일이 바빠

---

41 '故 박 사베리오 수녀님의 일화'(1966. 3. 27.) 수기 기록 3. 참조.

42 샬트르성바오로수녀회,『바오로 뜰안의 애가』, 628.

43 1988. 5. 18. 임 스테파노 수녀님이 박황월 프란치스코 사베리오 수녀님에 대한 기억을 기록한 자료 참조.

서 기도드릴 시간이 적었으나 하느님께서 지금 이처럼 많은 시간을 주셨으니 젊어서 드리지 못한 기도를 지금 다 드리고 죽어야 하겠다고 말하곤 했다.

그녀는 기도나 희생, 극기, 소임 등 모든 것을 예수님을 사랑하는 마음으로 하라고 자주 말하였는데 자신도 그렇게 살았다. 후배 수녀들이 거룩한 서원 생활을 소중하게 지켜가기를 바라며 간절히 기도하였다. 그리고 성인이 되려면 자신에게 역행해야 하며 분통이 터질 때라도 참고, 쉬고 싶을 때 더욱 돌진하라고 당부하였다. 말하고 싶을 때 침묵하고 언짢을수록 명랑하라고 간곡하게 당부하였다.

한국인 첫 수도자로 그녀가 생활에서 체득한 많은 것을 후배 수녀들에게 진심을 다해 전하고자 했다. 그녀는 "수도자가 부모 친척을 상관하면 천주께서 버리신다"라고 하며 혈육의 정으로 수도 생활을 망치는 것을 경계하도록 부모 친척에 대한 애착을 끊어야 함을 강조하였다. 또한, 귀, 눈, 입, 미각, 손발 등 오관에 대한 절제에 대해 세세하게 설명하며 수도자가 일상에서 행동거지를 어떻게 하느님께 바쳐드려야 하는지를 말해주었다.

귀에 대해서 절제할 것과 지향할 것으로
1) 호기심의 이야기를 듣지 말라.
2) 이성에 관한 이야기를 듣지 말라.
3) 자기를 칭찬하는 말을 듣지 말라.
4) 세속적인 이야기를 듣지 말라.
5) 남을 칭찬하는 말을 즐겨 들을 것
6) 영성적인 이야기를 즐겨 들을 것

눈에 대해서 절제할 것과 지향할 것으로

1) 눈을 5척 정도로 볼 것이다.

2) 호기심으로 보지 말라.

3) 이성을 살피지 말라(거동이나 의복 등).

4) 사람을 똑바로 유심히 보지 말라.

5) 자기 몸도 너무 살피지 말라.

6) 눈을 찌푸리거나 애교를 떨지 말라.

7) 가치 있게 눈물을 흘려라

입에 대해서 말을 많이 하면 행동의 전제가 되는 의욕이 감퇴되고 행동의 박차를 놓친다. 말이 많으면 비범한 행동을 할 수 없다.

1) 말에 수다스럽지 말라. 너무 무언도 좋지 않다.

2) 대화 중에는 도덕적인 말이 3분의 2가 되도록 한다.

3) 되도록 경어를 쓰며 예모있게 한다.

4) 말을 꾸미지 말고 순진하게 한다.

5) 의심스러운 말이나 이중 뜻이 있는 말을 하지 말라.

6) 다사스러히 묻지 말라. 자기에게 상관되지 않는 일에 간섭하지 말라.

7) 아첨하는 말을 하지 말라.

8) 확실성 있고 똑똑하게 말하라.

9) 세속 사람과 오래 이야기하지 말라.

10) 이성과 단둘이 이야기하지 말라(충분한 이유 없이).

11) 분기 있는 말과 분노 중에 판단하는 말을 하지 말라.

12) 자기 자랑, 냉소, 억지억답을 하지 말라.

미각에 대해서도 애덕에 어긋나는 것을 어떻게 조심해야 하는지 말씀하신다.

1) 음식에 대하여 말하지 말라(맛이 있다, 없다, 짜다, 싱겁다 등).
2) 음식은 주는 것에 만족하라.
3) 항상 조금 부족하게 먹어라.
4) 너무 급히도 너무 느리게도 먹지 말고 단정히 예답게 하라.
5) 음식이 자기 식성에 맞고 안 맞는 것인지 남이 모르게 하라.

손, 발은 어떻게 처신해야 하는지 말씀하신다.

1) 남의 지체에 손을 대지 말라.
2) 남의 의복이나 침구를 만지지 말라.
3) 보행을 단정히, 신을 끌지 말라.
4) 발을 모두어 서고 다리를 꼬지 말라.
5) 부질없이 돌아다니지 말라.

IV. 오늘날에 재발견하는 박황월 프란치스코 사베리오 수녀의 영성

평생 오로지 하느님을 사랑하는 마음으로 하느님의 영광을 위하여 교회와 이웃의 필요를 위해 봉사하며 가난과 정결, 순명의 삶을 살았던 박황월 프란치스코 사베리오 수녀가 일상에서 남긴 다음의 언어가 오늘의 우리에게 깊은 울림을 준다.

1. 아무쪼록 실답게 살아 성녀가 됩시다[44]

1963년 9월 14일, 92세 되신 박황월 프란치스코 사베리오 수녀가 수도회 75년 기념행사 중에 사랑의 마음을 담아 후배 수녀들에게 간곡하고 힘있게 남긴 말은 마치 유언과 같은 것이었다.

치명자들이 흘린 피가 거름이 되어 오늘날 이만큼 교회가 이룩되고 많은 수도자들이 있게 되었다는 것과 우리가 쟁취해야 할 것은 '겸손'과 '사랑'뿐이라는 것, 순명은 겸손 안에서만 있을 수 있고 모든 덕은 사랑에 직결된다.

수도자는 세속의 옷을 벗고 옛사람을 떠나 그리스도의 옷을 입고 지상에서 하늘나라를 살고자 결심한 사람들이다. 세상을 떠난 사람답게 꾸밈없이 참되고 미덥게 성인들이 사신 삶을 사는 것이 마땅한 일이다. 남을 받아들이고 합당하지 않은 명령을 받아들이기 어려운 우리에게 박 프란치스코 사베리오 수녀는 구부정한 허리를 펴고 서서 '아무쪼록 실답게 살아 성녀가 되자'고 힘있게 말한다.

2. 수도자는 예수님을 본받아 매일 자기를 끊어버리고 예수님을 따라야 합니다[45]

박황월 프란치스코 사베리오 수녀는 오늘의 수도자들에게 자기로부터 떠난 사람답게 예수 그리스도를 따라 내어 주는 삶을 살라고 권한다. 끊임

---

44 샬트르성바오로수녀회,『바오로 뜰안의 애가』, 628.
45 1988. 5. 18. 임 스테파노 수녀님, 1952. 3. 25. 원 빅토리나, 윤 시메온 수녀님의 기록

없이 자기를 비우고 애덕을 사는 삶의 가치를 보이라고 간곡하게 부탁한다.

3. 천국에서는 우리도 동정과 순교의 상징인 이 꽃들과 같을 겁니다[46]

그녀는 오늘의 수도자들에게 자기를 비우고 예수 그리스도로 사는 거룩함을 동정으로 드러내라고 말한다. 잠시 있다가 사라질 이 세상의 가치가 아니라 영원히 사라지지 않을 하느님의 가치를 살아 순교의 꽃을 피우라고 말한다.

4. 모든 고통을 받아들여 이 세상 사람들을 위해 사랑의 기도를 바칩시다[47]

수도자는 세상 사람들을 위해 사랑을 담아 기도하는 사람들이다. 그리고 기도는 기도하는 사람의 삶이 담겨 있다. 세상을 위한 사랑의 기도는 사랑을 삶으로 살 때 이루어진다. 그리하여 박황월 프란치스코 사베리오 수녀는 오늘의 우리에게 일상 안에서 사랑의 삶을 사는 데서 오는 고통을 받아들여 그 삶을 담아 세상을 위해 사랑의 기도를 바치자고 독려한다.

---

46 C.J. 보동, 『성바오로의 딸들:한국 1888~1930』 (서울:샬트르성바오로수도회, 1986), 30.
47 '청빈·정결·순명의 95년-샤르뜨르 박 사베리오 수녀의 수도생활기', 「경향잡지」 1971. 11월 호, 38.

V. 나가면서

샬트르성바오로수녀회의 한국인 첫 수도자이며 우리나라의 첫 수도
자인 박황월 프란치스코 사베리오 수녀는 분명 아버지 박순집 베드로가
가신 하느님 나라에 들었고 순교자들처럼 하늘나라에서 성인이 되었을
것이다. 수녀는 부모님께 배웠던 것처럼 수도 생활 내내 일상의 삶 안에서
자기를 버리고 하느님을 사랑하는 길을 선택하는 순교자로 살았다. 그리
고 지금 여기에서 그 삶의 가치를 우리에게 전하고 있다. 아버지의 죽음에
서 보았던 천국으로 들어서는 표징을 그녀의 죽음 후에 임 스테파노 수녀
가 보았다. 박황월 프란치스코 사베리오 수녀가 남아 있는 우리에게 마지
막 말을 남기시고 조용히 주님의 품으로 떠난 지 2개월이 되는 날의 일이
었다. 임 스테파노 수녀의 꿈에 박 프란치스코 사베리오 수녀가 하얀 옷을
입고 구름 가운데 나타나 천당에 갔다고 말했는데 그 얼굴이 빛나고 매우
아름다웠다고 한다. 임 스테파노 수녀가 박 사베리오 수녀께 "저를 천당
에 데려가 주세요" 하고 말씀드리니 너는 열심히 수도 생활을 하다가 오라
고 말하면서 하늘로 올라갔다고 한다.

박황월 프란치스코 사베리오 연표

―――◦◦◦◦――

1872년 10월 1일	서울 홍제원에서 출생
1872년 10월 3일	영세(영세명 : 글라라)
1888년 7월 29일	샬트르 성바오로 수녀원 입원
1890년 8월 15일	청원
1894년 6월 20일	착복
1898년 8월 28일	첫 서원
1916년 8월 24일	종신 서원
1966년 3월 18일	선종(95세)

한국 가르멜 수도원의 창립자
마리 메히틸드

| 서울가르멜여자수도원 |

마리 메히틸드(1889~1950)

한국 가르멜수도원의 창립자 마리 메히틸드

서울가르멜여자수도원

들어가는 말

서울 가르멜 여자수도회의 창립자이며 첫 원장으로서 마리 메히틸드 수녀는 그의 영적인 딸들에게 성모의 영성을 강조하여 가르쳤다. 성모승천 대축일에는 마리아의 영광에 대해 묵상하기를 권고하며 이 영광이 원죄의 물듦이 없어서이거나 하느님의 모친이라는 본받을 수도 없는 특전에서 오는 것이 아니라 성모님이 언제나 어디서나 하느님의 하녀(종)로 있었기 때문이라고 하였다. 그리고 마리아는 자신이 하느님의 창조물이라는 것을 잘 아시면서 자기 자신을 훨씬 넘어 상상할 수 없는 은혜로 자신을 채워주신 사랑님께 고스란히 속하여 하느님 안에 자신을 잃었으며 나자렛의 보통 여인들처럼 살림하고 빨래하고 밥하고 일상의 일들을 해나가셨다. 천주의 모친이신 그는 이웃과 친구가 되어 이야기를 나누며 이웃 사람들의 나날의 근심거리와 귀찮은 일에 관심을 기울였으며 그의 영혼은 끊임없이 하느님께 감사와 흠숭의 노래를 불렀다.

이렇게 가장 겸손한 방법을 통해 실천하면서 하느님 안에서 변모된 마리아야말로 가르멜 수녀들의 더할 수 없는 숭고한 이상이라는 것이 그가 밝히고자 하는 주제 중의 하나였다. "우리 행동의 제일 작은 것도 사랑으로 하면 우리 안의 그리스도가 성장하시며 그리스도께서는 당신 안에서 우리를 변화시켜주시고 우리를 그리스도가 되게 하신다. 항상 같은 시간표 안에서 생활하기에 별 변화가 없는 우리의 나날을 사랑으로 쇄신하고, 하느님께 이를 청하고, 우리가 사랑할 때 우리의 매일은 새로운 축일이 된다"라고 거듭 강조하였다.

I. 역사적 배경

1914년 8월 4일, 전쟁이 터져 침공당하고 있다는 것을 알리기 위해 시내의 모든 종이 울렸다. 용감한 벨기에는 한 걸음 한 걸음씩 조국의 자유와 명예를 지키기 위해 전쟁의 침략군을 막아내고 있었지만, 폭격의 광풍이 불어 학살과 방화가 시작되었다. 이렇게 시작된 세계대전을 겪은 벨기에의 용감한 두 여성, 마리 메히틸드와 아기 예수의 데레사는 일제 식민통치 아래에 있던 한국에 관상수도원인 가르멜회를 창립하기 위해서 이 땅에 도착했다. 1939년에 시작하여 극심한 가난에도 영적 풍요함을 나누는 가르멜 수도 생활의 틀을 만들 무렵, 남북한의 갈등과 위기는 1950년 6월 25일, 동족상잔의 전쟁으로 이어졌다.

전쟁이 시작되면서 한국에 있던 유럽의 수도자들에게는 일본으로 피신할 기회가 주어졌지만 이를 마다하고 한국의 수녀들과 함께하던 5명의 가르멜 창립의 주역들은 다른 외국인 수도자들과 함께 북한군에게 납치

되어 북녘땅으로 이송되는 죽음의 행진을 시작하게 되었다. 이 죽음의 고행에서 초대 원장인 마리 메히틸드 수녀와 2대 원장인 아기 예수의 데레사 수녀가 극심한 추위와 고통 중에 병을 얻어서 사망하게 되었다. 북한의 어느 길옆에 제대로 된 무덤도 없이 묻힌 그들은 비록 몸은 타향에서 흔적도 없이 스러졌지만, 그들의 영혼은 정성을 다해 심고 가꾼 한국 가르멜 수도회의 심장이 되어서 박동치는 생명의 힘을 뿜어내고 있다.

II. 하느님의 종의 생애와 활동

고들리애브 드브리애즈[1](Godelieve Devrieze, 1889년 2월 12일~1950년 11월 18일)는 벨기에(Belgique) 브뤼즈(Bruges) 근처의 쥐이엔케르크(Zuien-kerke)에서 태어났다. 아버지를 여읜 후 그의 어머니는 브뤼즈에 자리를 잡았다. 부친의 사랑을 모르고 자랐지만, 신앙이 견고한 어머니 슬하에서 견실하고 부지런한 딸이며, 신앙인으로 성장했다. 고드리브는 모국어인 플랑드르어로 공부했기 때문에 프랑스어는 가르멜 수도원에 들어와서 비로소 배우기 시작했는데 죽을 때까지 완전히 습득 하질 못했다. 또한 그는 미술을 배우지 않았지만, 예술가적인 감각을 타고났으며, 그의 재능은 가난한 가르멜 생활에 요긴한 역할을 할 수 있었다.

---

1 Godlieve Devrieze, Godelière Devrise etc. 각기 다른 표기를 사용. 아마도 여기가 가장 정확한 것 같다.

1. 사랑 - 하느님 사랑에 눈뜬 어린 예술가

고드리브의 영혼은 12살에 첫영성체를 하고 난 이후 더욱더 하느님의 차지가 되었다. 서서히 이 영혼은 영적인 아름다움에 눈이 떠가고 있었다. 이렇게 구김이 없이 자랐으나 가난한 가정이었기에 학업을 포기하고 열심히 재봉일을 하며 집안을 거들어야만 했다. 하지만 고드리브는 주임 신부님에게 마음에 느끼는 성소를 말씀드렸다. 이 사제는 진정한 부르심을 인정하고 가족에게 알렸고, 가족은 아무도 그의 성소에 반대하지 않았다. 한 가지 장애는 나이였다. 겨우 열일곱 살이었기 때문이다. 하지만 소녀의 열렬한 영혼은 머뭇거리지 않았다. 사제는 이프르 가르멜에 청원자를 소개하였고, 고드리브는 맑게 갠 어느 날 아침, 여태까지 어깨 위까지 풀어 놓아 물결치게 하던 금갈색 머리를 처음으로 올리고, 뛰는 가슴을 안고 집을 떠났다.

1906년 11월 21일, 사랑하는 이들과 이별하는 첫 쓰라림인 갈바리아로부터 입회와 함께 수도 생활이 시작됐다. 사랑이 넘치고 다정다감한 마음을 지닌 고드리브는 마음속 깊이 형언할 수 없는 크나큰 아픔을 느꼈다. 하지만 그는 육신을 엄격하게 단련하여 주님의 종이 되려는 계획을 가지고 있었으며 단 한 가지 목적, 즉 사랑의 제물이 되기 위해 있는 힘을 다하였다.

그는 리지외의 성녀 데레사처럼 나이가 들어 보이게 하려고 머리를 위로 올리고 찾아갔으며, 벨기에 가르멜의 관례로 1년의 청원기를 보내고 1907년 12월 13일 수도복을 받았다. 마리 메히틸드의 수도명을 받은 그는 열정적인 본성으로 고행과 자기희생을 갈망하고 모든 규칙을 다 지키기를 원했다. 하지만, 두 분의 장상은 지혜와 착함을 지니신 분이라 신체적으로 거의 아이 상태를 면하지 못한 그에게 수면시간을 좀 더 길게, 저녁 기도에는 얼씬도 못 하게 하고 단식과 금육도 일체 면제했다. 원장 수녀님 께서 나이 어린 가르멜 수녀를 처음부터 인도하였기에 그는 이 슬기로운 훈련도장에서 내적 포기의 지배력을 기르는 법을 배웠다. 그는 온 생애를 통해 하느님 손에 순순히 응하며 외적 고행에 매력을 느끼는 자신을 알고 늘 허울의 것보다 자애심을 벗어 버리는 일과 자기 고집을 꺾는 고행을 즐 거이 가려 했다(택했다).

마리 메히틸드는 1908년 12월 14일 종신서원을 하였으며, 종신서원 이후에는 엄한 회칙을 다 지키게 되었고, 바른 판단력과 훌륭한 수도 정신 을 지녔으며 솔직한 명랑성으로 어디서나 생명과 원기를 불러일으켰다. 그는 조수련장의 소임을 맡아 수련소에 남게 되었다. 곧은 성격은 여지없 이 드러나 수련자들에게 직선적으로 솔직하게 그들의 결점을 지적해주고 그들의 나약함은 너그럽게 용서해주었지만, 속임수나 게으름은 그대로 간과하지 않았다. 그는 피조물의 사랑을 구하지 않았기 때문에 수련자들 의 본성에서 비롯되는 부작용을 거리낌 없이 솔직하게 일러주었다. 수련 자들은 그의 말이 밝고 성실하고 진정으로 초자연적이었으므로 참으로 하느님께서 오고 하느님께로 이끈다는 것을 느꼈기 때문에 교만과 감정 이 일어도 그의 말씀을 받아들였다. 스승님은 마음으로부터 순종하는 이 영혼을 닦아주셨으며 가르멜 수녀로 불러주신 이 성소의 절정의 찬란함 을 그에게 밝혀 보여주셨다.

2. 순례 - 세계대전의 포화 아래 순례하는 가르멜의 젊은 수도자

1914년 제1차 세계대전이 발발했을 때 벨기에는 즉시 독일의 점령지역이 되었다. 옷방을 맡은 그는 각 수녀에게 작은 의복 보따리를 하나씩 준비해주었다. 처음에는 지하실로 대피하였으나, 11월 2일에는 피난길에 올라야 했고, 역에 도착해 보니, 하느님이 당신의 정배들을 위해 마련한 "마지막 기차"가 기다리고 있었다. 한 수련자의 오빠가 그들을 기다리고 있었던 것이다. 수녀들은 블로아(Blois)에서 3개월을 머물렀으며, 공동체는 장티프스로 자리에 누워있는 수련자 곁에 마리 메히틸드 수녀를 남겨 놓고 다시 시작된 폭격으로 더 멀리 떠날 수밖에 없었다. 그는 병든 수련자와 함께 수련자의 어머니가 피난을 간 칼래(Calais)로 갔다가, 9월에는 또다시 보르도 근처로 피난을 간 수련자의 오빠 집으로 갔다. 이런 봉쇄 밖의 생활은 그에게 갈수록 짐이 되었다. 또한 전쟁의 폭격을 피해서 여러 피난처로 옮겨 다니게 되었다.

1914년, 전쟁이 나고 피난 중에 남자들은 모조리 군에 동원되어 없었고 농사는 지어야 했기에 마리 메히틸드는 열심히 끈질기게 농사일에 매달렸다. 매일 아침 새벽에 그와 그가 돌보던 수련자와 깊은 침묵 중에 멀리 몇 킬로미터나 되는 곳으로 미사에 참례하러 갔다가, 올 때는 가지고 갔던 빵조각과 길가의 오디나 산딸기를 따서 같이 먹었다. 돌아와서는 즉시 점심까지 그리고 식사 후 저녁까지 계속 밭에서 일했다. 맑은 공기와 육체적 노동으로 수녀들은 더 건강하게 되었고 뜨거운 햇빛 아래서 일했기 때문에 그 얼굴이 마지막엔 너무 타서 구리색이 되었다.

시간이 많이 흘러도 전쟁은 끝나지 않았다. 가르멜의 두 수도자는 가르멜의 관상 생활로 돌아가기만을 애타게 바라고 있었지만, 이프르-가르멜은 좀처럼 다시 문을 열지 못하고 있었다. 그래서 마리 메히틸드 수녀는 프랑스 서남부지방에 있는 엘, 루르드, 라바스땡의 세 수도원 중 자유롭게 선택할 수 있도록 장상의 허락을 받게 되었다. 그는 망설임 없이 엘(Aire

Sur L'Adour) 가르멜로 가기로 정했다. 측량할 수 없는 하느님의 계획을 우리는 흠숭하자. 루르드나 라바스땡에 갔으면 고요히 숨어서 일생을 바치셨을 터이지만 엘 가르멜을 선택했다는 것은 두렵고도 새로운 모험으로 나아간다는 것이었다. 마침내 1917년 9월, 프랑스의 엘 가르멜 수도원에 정착하게 되었다.

그는 매우 안정되고 생기있는 신앙으로 놀라우리만치 새로운 환경에 잘 순응했다. 그의 앞길을 하느님께서 몸소 한 장씩 들치시게끔 맡겨 드렸는데, 한 장 들추면 지난 과거는 모두 잊어버린 다음 사랑으로 비상하여 앞으로 돌진하고 있었다. 2년간 이와 같이 봉쇄 안에서 잠심과 침묵 속에서 지내고 1919년에 30세를 맞이하게 되었다. 이때 엘가르멜에서 설립한 터키의 스미르나 가르멜 공동체에는 가대수녀 네 명과 조 수녀 한 분뿐이라 엘 가르멜이 수녀를 보낼 수 없으면 문을 닫아야 할 절박한 형편에 놓이게 되었다. 예수의 안나 원장 수녀는 집회에서 이 충격적인 내용의 편지를 읽어주고는 별로 긴 설명을 붙이지 않고 각기 기도하고 깊이 생각하기를 청했다.

그는 밤새 잠을 이루지 못했다. 은총과 본성의 괴로운 투쟁이었다. "이방인의 땅에 있는 그 가르멜이 궁지에 빠져있다…" 그 편지의 말마디들이 마치 불같이 그의 정신에 번쩍였다. "나와 함께 가자… 더 멀리 더 멀리". 하느님의 간곡한 음성이 그를 재촉했다. 그는 벌써 멀리 와 있지만, 아직 넉넉하지 못하였다. 엘 가르멜은 임시 정류소이고 일생 알려지지 않은 경기장에서 달려야 되지 않겠는가? 엘 가르멜에 머물러있어도 과실은 아니다. 그러나 충분한 의탁도 아니고 가장 큰 신앙도 아니다. 아브라함의 신앙은 어디 가는 줄도 모르고 걸어갔고 이삭을 번제로 드릴 장작을 마련했었다.

마리 메히틸드는 다른 3명의 수녀와 함께 1919년 9월 5일에 출발하였다. 스미르나 가르멜 수도원에서는 두 팔 벌려 수녀들을 영접했고 작은 수도원은 되살아난 듯이 보였다. 마리 엠마누엘 원장 수녀님은 모든 상황이 호전되어 한숨 돌리게 되었다는 소식을 엘 수도원에 보냈다. 50을 바라보는 원장 수녀님은 훌륭하고 강한 어른이었지만 어린이의 영혼을 지키고 있었다. 그는 많은 근심이 있어도 매우 유쾌하고 모든 걸 여유 있고 마음을 편히 갖게 하는 은혜를 받고 있었다.

하지만 1922년, 그리스와 터키 사이에 전쟁이 시작되었다. 쿠르드 사람들이 긴 머리카락을 풀어 늘어뜨리고 전속력으로 달리는 높은 말을 타고 스미르나 시가에 침입해서 집집마다 석유를 뿌리고 세 군데 큰 불을 질렀다. 오후 다섯 시에 가르멜 수녀들은 저녁묵상 기도를 하러 갔다가 여섯 시 식당에 와서 모두 식욕을 잃었다. 불안한 마음에 이루 말할 수 없이 괴로웠지만 당황하지 않고 제각기 준비했다. 저녁 아홉 시, 성무일도 종이 울려 모두 십자가 현양축일조과를 읊으러 갔다. 이것으로 성당의 돌들은 지상에서는 마지막으로 시편의 울림을 들을 수 있었다. 가르멜의 담은 뜨겁게 달아올랐다. 봉쇄 법에 큰 위험을 만나면 떠날 허락이 있었다. 마리 메히틸드는 두 번째로 불 앞에 서게 되었다.

9월 13일, 배 위에서 수도원이 있던 곳에서 불기둥이 치솟고 공동체가 불에 타는 것을 보면서 수녀들은 스미르나를 탈출할 수밖에 없었다. 묵시록의 환시 같은 상황 속에서 가르멜 수녀들은 전진하고 있었다. 해군 한 분이 비틀거리는 환자 가르멜 수녀를 부축하고 걷고 그 앞에서 또 다른 해군 한 분은 큰 소리로 "가르멜의 수녀님들을 지나가게 하시오"라고 외쳤다. 가르멜이라는 말 한마디가 그야말로 광적인 사변이 벌어지고 있는 한밤중에도 군중들은 가르멜 수녀들에게 길을 비켜주었다.

마리 메히틸드 수녀는 알제리(Alger)를 경유하여 마르세이유(Marseille)에 닿았고, 1922년 10월 7일 마침내 엘 가르멜 공동체로 돌아왔다. 전교지에 갔던 아홉 가르멜 수녀들은 피곤으로 앙상하게 말랐지만, 마음은 감사로 가득 차서 사랑하는 자신들의 가르멜에 다시 도착했을 때 엘 수녀들은 마니피캇 찬가로 크나큰 반가움 속에 그들을 맞아들였다. 스미르나 가르멜은 완전히 없어져 버리고 말았다. 재난 후 이년 있다가 엘 가르멜의 친구인 신부님 한 분이 예루살렘에 순례하러 가는 길에 들렀을 때, 그 터에서 성당을 지었던 돌들, 객실 격자의 한 부분, 성당용 촛대 하나를 발견했을 뿐이었다.

1930년, 엘 가르멜의 공동체 선거에서 그에게 부원장 직책이 주어졌고, 1936년에는 공동체의 원장이 되었다. 생활과 많은 경험으로 무르익은 47세인 그는 지식 중의 지식을 지니고 있었는데 그것은 사랑의 지식으로 주위에 불꽃을 내뿜을 수 있었다. 첫 집회 강화에서 그는 "저는 하느님의 작은 하녀이며 또 여러분의 작은 하녀로 있겠습니다"라고 말했다. 이 말 그대로 매우 단순하게 실천에 옮겼다.

3. 선교 - 한국에 가르멜 여자수도원를 창립한 선교사

엘 가르멜의 원장이 되고 2년의 세월이 흘렀을 때 사이공 가르멜 원장 수녀님으로부터 도움을 청하는 편지가 엘 가르멜에 도착했다. 이 호소에 우리 수녀님은 충격을 받았다. 어떤 가르멜 수도원이 난처하다는 게 무엇인지, 또한 먼 나라에서 자신을 희생하는 기쁨이 무엇인지 경험으로 알고 있었고 수녀들 중에는 선교 생활의 아름다움을 이해할 수 있는 관대한 영혼들이 있다는 것도 잘 알고 있었다. 사이공에 다소 희망적인 답을 쓰려는 즈음 다른 빛이 정신을 비치며 스쳐 지나갔다. "왜 우리 스스로 수도원을 설립하면 안 될 것인가?"

유고슬로비아와 알제리를 먼저 생각했다. "사도직과 관상자"라는 벨기에 잡지사에는 관상수도원을 원하는 전교지 주교님들의 청이 모여와 있었고 그중에는 중국 유낭 교구의 요청도 있었다. 하지만 하느님께서 약속하신 땅은 다른 방법으로 도착하였다. 어느 날 한 신부님이 이 계획을 듣게 되자 "한국에 파리외방전교회 소속 신부인 우리 사촌이 있는데, 그는 40년 전부터 한국에 가르멜 수도회를 설립하려는 꿈을 지니고 리지외 가르멜의 소화 데레사 성녀의 언니인 아녜스 수녀님에게 바로 이 지향으로 기도를 청했습니다. 만일 수녀님들이 한국에 가기를 원하시면 내가 오늘 저녁 편지를 쓰겠어요"라고 했다.

가르멜 수녀원을 한국에 설립하기 위해 40년간 기도하며 기다리신
Bouillon Camille 신부님. 1893 한국으로 떠날 당시(왼쪽)와 1936년 한국에서(오른쪽)

얼마 후 한국에서 선교사로 활동하는 파리외방전교회 가밀로 신부를 통해서 가르멜 수도원이 한국에 진출할 것을 요청받고 이 제안을 수락하였다. 주교님은 마리 메히틸드 원장의 솔직함과 그 헌신을 높이 평가하고 계셨기 때문에 자기 교구에 붙잡아 두고 싶었지만, 대단히 영적인 분이었기에 하느님의 사업을 가로막지 않고 어버이다운 선함으로 마리 메히틸드 원장 수녀가 임기가 끝난 다음에 떠날 수 있다는 조건으로 허락하였다. 이어서 한국 천주교회의 라리보 주교님(Mgr Laribeau)은 서울에 창립할 것을 허락하였다. 그는 원장직을 마친 후 1939년 4월, 마리 마들렌 수녀와 함께 선발대로 출발하기로 하였다.

3월 끝 무렵, 원장 임기가 끝났다. 수도자 성성에서는 두 수녀가 먼저 가서 탐지해 보라고 권고했고, 4월 14일에 출발하였다. 마르세이유에 그의 언니가 와서 온 가족의 애정을 새롭게 전해주었고, 또 캄보디아로 가기 위해 이곳에 와 계셨던 총장님도 만나게 되었다. 총장님의 축복과 좋은 권고의 말씀을 받은 그는 가르멜 수녀로서 그의 영혼 깊은 곳에 충만한 기쁨을 느꼈으며 이런 뜻밖의 은혜를 받자 큰 용기를 얻게 되었다. 기대하지 않았던 이 은혜는 이윽고 배가 천천히 항구를 떠날 때 고요히 안온하게 있을 수 있었다. 배가 머무는 곳에 있는 가르멜 수도원들은 그에게 문을 활짝 열어주었고 그럴 적마다 전교지 수녀로서 알아야 할 것을 배우기 시작했다. 그들이 넘어야 했던 곤란한 일들을 물어보면서 이해하려고 애썼다.

1939년 5월 24일 오후, 그의 장상이 될 라리보 주교님은 명동 주교관에서 그를 맞아들였다. 주교님은 소탈하고 불필요한 격식을 차리지 않는 분이라서 그의 곁에 있으면 마음이 편했다. 주교님은 마리 메히틸드 수녀를 주교관과 아주 가까이 있는 사르트르 성 바오로 수녀원으로 인도해 주며 "원장 수녀님, 수도원 설립 상 아셔야 할 것을 습득하기 위해선 여기가 제일 적합한 곳입니다"라고 했다. 사르트르 성 바오로회의 프랑스인 가밀로 원장 수녀님은 수도원의 문만 아니라 마음의 문도 열어주셨다. 이 두 위대한 영혼은 사랑의 불꽃으로 타고 있었기 때문이었다. 그곳의 모든 수녀님들이 가르멜 수녀를 애정 어린 마음으로 감싸주며 서로 깊은 영적 일치를 이루었다. 두 수녀는 우선 사르트르 수녀원에서 한국문화와 말을 배우기 시작하였다. 처음부터 한국에서의 삶은 극도의 가난과 고난의 연속이었다. 하지만 그는 끈질긴 가난과 고생을 지칠 줄 모르는 헌신적인 봉사로 녹여냈다.

마리 메히틸드는 50세였다. 용기를 가지고 한국말을 공부하기 시작했다. 하지만 젊은이같이 기억할 수 없는 데다가 그의 머리는 지적 일에 길들여있지 않았다. 프랑스 말도 이야기와 독서로 배웠기 때문에 문법은 모르고 있었다. 힘든 노력을 몇 달간 했지만, 한국어 문법은 포기하고 그저

가르멜 수도원 설립자, 1대 원장
마리 메히틸드

일상생활 용어로 쓰는 단어나 간단한 회화 용어를 익히기로 했다. "말로 못 가르치면 모범으로 하겠습니다"라고 하더니 정말 그는 온 삶을 통해 모범으로 후진들을 가르쳤다.

샬트르 바오로 수녀님들이 작은 집을 빌려주었고, 1940년에 엘 가르멜 수도원에서 다른 수도자들이 도착하였다. 수도원 건축은 아주 힘겹게 진척되었다. 전쟁 때문에 경제적 지원도 소식도 전혀 없었다. 성소자는 많았지만, 기후는 혹독하

었다.

1940년 3월 24일 부활 직후에 진심으로 정성어린 대접을 받은 샬트르 성 바오로 수녀원을 작별하고 임시로 마련한 가르멜 수도원으로 이사하였다. 우리 주님께서는 초라한 집에 거처하시게 되었다. 성당을 정성 들여 꾸며놓았는데 작지만 아담했다. 4월 2일로 옮겨진 성모영보 축일에 원 주교님께서 첫 미사를 올리고 사모 성녀 데레사 같이 설립을 완성하였다. 두 지원자가 벌써 와 있고 불원간 다른 지원자들도 오게 되었기 때문에 자리를 서둘러 마련해야 했다. 네 수녀가 살려고 지은 집에서 열 명의 가르멜 수녀들이 생활하도록 큰 휘장으로 침대 사이를 막아 고요와 침묵을 지킬 수 있게 했고 마리 메히틸드 수녀는 짚요를 감실과 얇은 벽을 사이에 두고 놓았다. 이렇게 충실한 하녀는 야밤중까지 사랑의 정다운 이야기를 할 수 있게 되었다.

1941년 7월 16일 가르멜 산 성모님 축일에 주님은 새 수도원을 소유하시게 되었다. 거룩한 제사를 드리려고 제대 주위에는 이미 많은 친지들이 모였다. 모든 이의 마음은 기쁨으로 가득했고, 수녀들의 마음은 감사의 노래로 녹아버렸다. 모든 장애를 넘어 기도와 침묵과 노동 중에 가르멜 생활은 꽃피게 되었다. 그리고 메히틸드 원장 수녀의 존재는 수도원과 완전히 하나가 되었다. 그 영혼은 힘이 다할 때까지 자신을 바치는 것, 홀로 하느님께 대한 흔들리지 않는 신뢰, 사랑이 요청하는 모든 포기를 잠잠히 받아들이는 세 가지를 중심으로 균형을 잡았다.

하지만 다른 시련이 준비되고 있었다. 또 다른 세계대전이 시작된 것이다. 하느님만이 홀로 이 난제에 해답을 하실 수 있었다. 세상이 불바다가 되려고 하니 그는 하늘로 눈길을 돌리고 기도하며 영보 성모님께 봉헌키로 된 이 가르멜을 티 없으신 성모성심께 맡겨 드렸다.

1945년 8월 15일, 36년간 우리나라를 짓밟고 착취했던 야만적인 일본이 무조건 항복하여 마침내 자유를 얻었다. 해방과 더불어 들어온 미국인들이 아낌없이 우리 수도원을 원조해 주어서 원장인 마리 메히틸드는 한숨을 돌리게 되어 지독하게 어려웠던 지나간 시절의 충격들이 추억으로 남게 되었다.

우리 회계장부를 공산당이 침입했을 적에 잃어버린 것이 참으로 애석하다. 우리 원 주교님은 경이로운 마음으로 회계장부를 들추면서 "이 공책을 잘 간직하십시오 각 장에 섭리의 도장이 눌러져 있소…"라고 하셨다. 자녀다운 오롯한 의탁이 줄어들 수 있는 남는 것도 없었고 부담을 느낄 빚도 없었다. 한편 합계가 불으면 다른 편 합계도 비례해서 붙는 것이었다. 이와 같이 새들이 겨울엔 따뜻한 털이 나고 여름엔 짧은 털이 나면서 나날의 양식을 얻는 것 같은 생활이었다. 하느님은 늘 홀로 당신께만 신뢰를 두는 자의 희망을 뛰어넘어 베푸신다.[2]

1949년 10월 부원장이었던 아기 예수의 데레사 수녀가 가르멜의 원장으로 선출되었다. 마리 메히틸드는 기꺼이 평화중에 고요히 자기 자리에 들어가 여느 때와 다름없이 부지런히 회칠, 페인트칠, 못질 밭농사를 했지만 생활 안에는 더욱 침묵이 깃들게 되었다. 그는 성령의 내밀한 감도에 따라 외적으로 드러나는 섭리에 순응하며 신, 망, 애덕의 길에 진보하고 있었다. 이 향주덕의 생활이 본질적으로 그에게 영혼의 힘을 집중할 수 있게 해주었고 매사에 우리의 스승이신 하느님의 성의와 일치하는데 자유롭게 해주었다. 그는 도무지 나태함이 없이 한밤중에도 사랑으로 깨어 일

---

2. 마리 마들렌 수녀/서울 가르멜 여자수도원 엮음, 『귀양의 애가. 가르멜 수녀들의 북한 피랍기』, 가르멜 총서 7 (기쁜소식, 2012), 249-250.

하는 충실한 종에 대해 자주 이야기했다.

4. 순교 – 영원으로 이어진 죽음의 행진

1950년 한국전쟁이 일어났고 늘 그랬던 것처럼 영웅적인 수녀는 상황이 나아질 때까지 일본에 가 있도록 마지막 남은 비행기를 타라는 제안을 받았으나 한국인 수녀들과 함께 갈 수 없다면 떠날 수 없다고 이 제안을 거절하였다. 그는 수도 생활에서 맞은 이 세 번째 전쟁에서 삶을 마감할 것을 예견하였다. 그리고 "죽음의 행진"에 끌려가 마침내 폐울혈과 이질에 걸려 북한 땅의 차갑게 얼어붙은 길에서 여러 수녀들과 선교 사제들에게 둘러싸여 마지막 순간까지 하느님 앞에 충실하게 책임을 다한 영혼으로 죽음을 맞이했다. 1950년 11월 20일, 관상 봉쇄 수도원의 한 수도자이며 선교사로서 철두철미하게 헐벗은 봉헌으로 자신의 삶을 완결한 것이었다. 그의 유언은 그의 딸들인 서울 가르멜 수녀들에게 마치 조금 전에 들었던 듯이 언제나 마음에서 생생하게 울리고 있다.

> 만약 당신이 서울로 돌아갈 행운이 있게 된다면, 내가 얼마나 우리 딸들을 사랑했는지 전해주십시오.3

---

3 마리 마들렌 수녀, 『귀양의 애가』, 259.

귀양의 애가 초판 1954년 11월 20일

1950년 한국전쟁이 발발하고, 서울을 점령한 북한 정부 소속원들은 미군이 서울을 회복시킬 때까지 서울 가르멜 수도원을 점령하였다. 수녀들의 억압 생활이 시작되었고, 7월 15일, 가르멜산의 성모님 대축일 전야에 외국인이었던 설립자 5분 수녀님들 모두 강제로 납치되어 수없이 심문을 당하고 진종일 꼼짝 못 하고 쪼그리고 있어야 했다. 그는 힘이 다 빠져 기력이 쇠진해졌지만 일하는 기쁨이 그의 몸을 지탱해주고 북돋아 주고 있었다. 하지만 그의 영혼은 언제나 다름없이 용맹하고 평화로웠으며 갈바리오를 오르고 있다는 걸 알아차렸고 모든 은혜를 거두어 드리려고 했다. 하지만 잠시 허약한 기력을 회복했기 때문에 병이 빨리 나은 줄로만

생각한 수녀들은 어린이같이 고지식하게 기뻐했다. 이번에도 또다시 그 착각에 빠지게 한 것이었다. 자신의 건강 때문에 근심하는 것을 싫어했기 때문이었다. 서울에 돌아간다는 꿈은 미군이 서울을 되찾았을 때까지는 착각일 뿐이었고 수도자들을 기다리고 있는 것은 죽음의 행진이었다.

눈이 쌓인 평북 산골 산령들을 넘고 또 넘는 200여 킬로미터를 걸어가는 이 충격적인 죽음의 행진은 함께 했던 마리 마들렌 수녀의 증언을 기록한 『귀양의 애가』에서 확인할 수 있다. 마리 메히틸드는 죽을힘을 다해 애쓴 나머지 몸은 굽었고 얼굴과 팔다리도 추위로 새파랗게 되어 건강한 젊은 수녀의 팔에 부축을 받아 가다가 기력이 다하였다. 결국 가마니 위에 눕혀져 남자들 넷이 떠메고는 오랫동안 밤중 차디찬 한기 속을 그냥 추위에 떨며 갔다.

11월 16일 불시에 괴뢰군 상부에서 다시 떠나라는 명령이 내려왔다. 이때 그는 입속으로 "불가능한데…"라고 하셨다. 이 비극의 시각까지 그는 "불가능"이라는 말을 모르고 살아왔다. "엊그제 돌아가신 공 신부님과 그 동생 신부님이 이젠 나를 불러주실 것입니다"라고 했다. 우리 수도원부 신부님이었던 공 신부님과 그 동생 신부님의 사망은 그에게 육신에서 풀려나올 희망을 안겨주었고 마지막 싸움을 할 수 있는 기운을 북돋아 주었다.

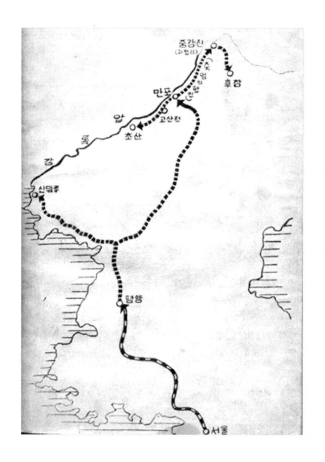

그래도 먼 곳으로 가는 이송에는 같이 가지 않아도 되는 허가를 얻었고 마지막 순간에 앞 못 보는 마리 마들렌 수녀도 같은 허가를 받았다. 시원치 않던 난롯불마저 꺼져 춥고 추운 텅 빈 큰 교실에 단둘이 남게 되었다. 아무도 이 두 수녀를 돌보는 사람은 없었지만, 갑작스럽게 출발하느라 조금씩이라도 여러 그릇에 배추와 조밥이 그득 남아있었다. 섭리가 마련해 준 두 수녀의 식사였다. 오후에 간호원이 와서 주사를 놓고 갔는데 기운을 북돋는 것인지 아무래도 피할 수 없는 죽음을 재촉하는 것인지 하느님만이 홀로 아시리라….

두 가르멜 수녀가 홀로 있게 되었다. 십 년 전 설립 시초에도 임시로 작은 집에 이들은 단둘이 있었다. 이들 영혼에는 심오한 기쁨이 있었고, 이들 마음에는 은밀한 감미로움이 있었다. 이제 모든 것이 무너지고 있는 듯이 보였지만 지금까지 경험해보지 못한 하느님의 힘이 평화로운 의탁의 문턱에서 인간의 언어로는 빈약하고 모자랐기 때문이다. 감사의 노래는 환난을 잊어버리게 하는 저녁기도가 되었다.

죽음의 행진에서 기진한 수녀 둘은 또다시 소달구지에 실려 거의 얼어붙은 압록강을 지나 어떤 집 앞에 머물렀다. 마리 메히틸드는 갑자기 말이 흐려지더니 눈을 감으시며 혼수상태에 빠지고 말았다. 그에게 활기를 주었던 혼은 이미 떠나고 있었다. 18일 저녁 11시 그의 숨결이 점점 약해지더니 사르르 경련도 없이 어느덧 멈추고 말았다. 그렇게 끝이었다. 순례의 종착… 항구에 들어가게 된 것이다. 그는 관도 없고 염포도 없었다. 마지막 숨을 거두자 가마니에 시체를 담아 마당에 내어놓았다. 우리가 따라갈 수 없는 길을 그는 홀로 표표히 떠나가 버렸다. 의식의 알 수 없는 심오한 곳에서는 님께서 그에게 무슨 일을 하고 계시는지… 하느님을 직관하도록 영혼을 준비하는 마지막 정화는 무엇이었는지 모를 일이다. 그는 자신의 비참함을 좀 더 나아지게 해보려는 인간적 노력이 무익하다는 것을 진리 중에 보았기에 이를 겸손하게 받아들이며 이 무력이야말로 다른 그 무엇도 아닌 홀로 하느님께만 전적인 신뢰를 갖는 동기가 되었다. 그저 영혼이 하느님의 그지없는 자비에만 의탁할 때 모든 것을 소유하기에 이른다.

III. 영성의 특징

1. 하느님 사랑의 신부

하느님을 사랑한다는 뜻인 고드리브라는 본명으로 세례를 받았는데 그의 생애는 이름 그대로 정말 고드리브였다. 하느님께서는 이 영혼을 남달리 끔찍이 사랑하시어 공산 치하의 이방인 나라에서 염포도 없이 십자가로 축성된 무덤도 없이 얼어붙은 땅에 묻히며 최후의 희생을 마감할 때까지 줄곧 알려지지 않은 길, 거친 길로 인도하셨다.

마리 메히틸드가 어린 시절을 지낸 브뤼즈[4]는 중세 도시라 역사적인 기념물이 매우 많았다. 섬세하게 조각한 목조 건물들, 이런 건축물들과 어울리는 대성당 종소리의 웅장하면서도 부드러운 화음들이 모두 조화를 이루고 있는 아름다움이 이 소녀를 매혹케 했다. 비록 미술을 공부 하진 않았지만 본래 타고난 예술가적 감각을 지닌 이 영혼의 마음에는 이 모든 아름다움이 그대로 깊이 각인되었다. 12살에 첫영성체를 하고 난 이후 서서히 이 영혼은 영적인 아름다움에 눈이 뜨게 되었다.

---

4 도시 전체가 유네스코에 지정된 아름다운 중세 도시

그의 마음은 수정같이 맑아 열두 살 적에 처음으로 성체를 영하고 난 후부터 이 어린 영혼은 고스란히 하느님의 차지가 되고 말았다. 그 시대엔 매일의 영성체가 아직 논의되지 않고 따라서 실시되지 않고 있었으므로 이 어린이는 영성체를 애타게 갈망하고 있었다. 어떤 날 아침 식사를 한 후에 얼마간 짬이 나서 곧 성당에 달려가 보니 마침 사제가 미사를 드리고 있었다. 고드리브는 너무 좋아서 열렬히 기도하고 있다가 영성체 시간이 되자 다른 교우들과 함께 그만 식사한 것을 까마득히 잊은 채 거룩한 성찬 대열에 나갔다. 밥을 먹었다는 것을 깨달았을 때엔 이미 예수님께서 그의 마음에 와 계셨다. 어린아이의 이런 사랑을 예수님이 어떻게 좋아하지 않으실 수 있을까?

그가 듣는 신비한 목소리는 그를 황홀케 했다. 이 음성을 더 잘 듣기 위해, 모든 것을 끊고 떠나고 싶은 소원이 자꾸 커져만 갔다. 용돈을 아껴 수도자의 엄격한 의무와 그 생활의 비밀한 기쁨에 대해 쓴 책을 한 권 사서 아무도 모르게 열심히 읽고, 행여 누가 이 책을 볼까 봐 늘 가지고 다녔다. 언니에게 무엇을 꺼내주려다 고드리브의 재킷 주머니에 들어 있던 그 책을 보게 되었다. 둘이 강 다리를 건너고 있을 때 아무래도 언니가 이길 것처럼 보이자 고드리브는 재빨리 책을 강에 던져버렸다. 이는 목적을 이루기 위해서 장애물도 무릅쓰고 돌진하는 그의 성격과 오로지 사랑으로만 굴복시킬 수 있는 강철 같은 그의 의지를 드러낸 예이다.

서울 가르멜 수도원에서 마리 메히틸드는 깊은 신앙 중에 지냈고 일상 분위기는 메마름이었지만 자갈밭에서 돋아난 식물이 튼튼하듯이 사랑에 충실하며 시련으로 굳세어졌다. 관대함이 넘치시는 님은 살아있는 생수를 조금씩 마시게 하였다. 힘을 용솟음치게 하는 이 물은 영원한 생명의 맛스러움이었다. 우리 수도원 주보인 성모영보축일에 우리 수녀님이 빵

난로 옆에서 부지런히 일하고 계셨는데 그 얼굴에는 마음의 심상치 않은 감동으로 젖어있었고 그 눈에는 눈물이 그득하였다. 이걸 본 다른 수녀님이 자녀다운 단순함으로 까닭을 여쭈어 보았더니 그는 "이 사랑에 어떻게 울지 않겠어요. 감사해서 그럽니다. 그지없이 무량하시고 영원하신 하느님이 우리처럼 사람이 되시고 우리를 위해 일하시고 죽으신 것은 우리를 사랑하시기 때문이었지요"라고 답했다. 메히틸드 수녀님의 말씀을 들은 수녀는 그 날, 그 순간을 잊을 수가 없었다. 측량할 수 없는 하느님의 사랑의 신비와의 접촉 안에 들어간 그는 거기에서 울림을 받고 있었다.

2. 트라우마를 극복하는 신뢰

마리 메히틸드는 세 번의 큰 전쟁을 겪었다. 벨기에에서 겪은 제1차 세계대전에 이어서 터키의 스미르나에서 또한번의 전쟁을 겪었다. 하지만 전쟁의 트라우마 속에서도 그의 영혼은 새롭게 회복되곤 하였다.

스미르나에서 그의 영혼은 터키 풍토에 순응하는데 아무런 어려움이 없었지만, 건강에 시련이 있었다. 스미르나의 여름은 고되고 더위가 심했기 때문에 몹시 지치게 하는 이질에 걸리게 되어 마리 엠마누엘 원장 수녀님은 이 젊은 수녀를 쉬라고 보냈더니 한 시간 후에는 침상에 일어나 앉아 멋진 가화를 만들고 있었다. 예수의 안나 원장 수녀님이 스미르나에 그를 소개할 때 "그의 마음은 순금이고 그의 손은 귀신같습니다"라고 한 말은 어찌나 진정 참말이었던지.… 마음은 사랑하고 손은 일하면서 다시 평화 중에 회복되었다.

몇 년 후, 엘 가르멜로 귀환한 마리 메히틸드는 열성에 차서 공동체를 섬기느라고 온 힘을 다했다. 풀이 무성한 채마밭과 돌보지 못했던 과수원까지 김을 매고, 천정과 벽에 회칠을 하고, 성모 동굴을 만들고, 수녀들은 생손을 앓아 바른 손을 못 쓰게 된 마리 메히틸드가 일 분도 허비할세라 왼손으로 기우개질을 익히는 걸 목격하기도 했다. 소임이 험하면 험할수록 그의 마음을 이끌었다. 어려운 일에 부닥칠 때 못하겠다는 말은 결코 그의 그의 입에서 나오지 않았다. 그는 석고상 만드는 미술 공부를 한 일이 없지만, 그의 예민한 손에서 매력적인 작품이 나왔다. 엘 가르멜 내부 성당의 작은 제대는 그가 수 개월간 모든 자유시간을 다 드려서 제작한 것이었다.

또한 그는 이루 말할 수 없는 정성으로 환자들을 돌보았다. 신앙의 눈으로 이들을 수난하시는 그리스도의 지체로 보고 우리 청빈의 경계선을 넘어서지 않은 한도 내에서 섬세한 마음씨로 정성껏 병자들을 감싸주었다. 여러 번 중대한 사정을 결정지어야 했는데 총명하고 단순하게 잘 처리했다. 이렇게 기도와 노동의 생활이 흘러가고 있었다. 엘 가르멜 공동체는 행복했기 때문에 삼 년 후에 다시 쉽게 재선될 것이라고 예상하고 있었다. 그러나 하느님께서는 마리 메히틸드 원장의 앞날에 다른 미래를 준비해 놓으시고 새로운 요구를 하시게 되었다. 마리 메히틸드는 나무 그늘의 평온한 넓은 길을 떠나 사랑의 산 절정에 이르기 위해 홀로 좁고 가파른 길에 가야 했다.

한국에 도착한 이후에는 제2차 세계대전의 포화에 있는 유럽을 염려하며 기도를 드렸다. 1945년 한국에 일본의 압제에서 벗어나고, 제2차 세계대전도 끝났다. 비로소 전쟁은 끝이 났지만, 공산당의 위협이 커지면서 메히틸드 원장 수녀의 영혼 안에는 비밀스런 생각이 움직이고 있었다. 즉 공산당이 쳐들어올 때에 원장의 책임에서 벗어나 있기를 바라는 것이었다. 그 소름이 끼칠 시각이 닥쳐올 적에 아무런 권위도 없이 오직 복종할 수 있기를 하느님께 청했던 것이다. 하지만 그 후 이 생각이 신뢰와 의탁의 부족임을 깨닫고 스스로를 꾸짖었다. 조만간 공산당의 침입은 불가피한 일로 되어 있었다. "하느님께서는 이프르와 스미르나에서 두 번이나 거듭 전쟁의 절박한 위험에서 나를 건져주셨지요. 그런데 이번에도 전쟁이 일어나면 세번째 피난을 하게 되는 것인데 이번에 저는 그 자리에 머물게 될 것입니다"라고 했다.

3. 새로운 땅을 향한 희망

수도회를 설립하는 사업은 늘 어려운 일이고 더군다나 먼 곳에 할 때는 더욱 그렇다. 물질적 자원도 요긴하지만 특히 영적 건물의 기초가 될 살아있는 돌들이 필요했다. 탑을 세우기 전에 먼저 예산을 세우라는 복음의 권고를 기억하면서, 빛을 따르겠다고 약속하면서 빛을 구하고 있었다. 조급해하지도 않고 느리지도 않게 하느님의 보조대로 가겠다는 소원 하나만을 가지고 있었기 때문이다. 하느님의 뜻을 알기 위해 제일 확실한 방법은 순명의 길이었다. 엘 가르멜 공동체원들이 함께 창립을 결정하자, 스미르나 가르멜에서 온 수녀 한 분은 자신이 가져온 많은 재산 중 일부분을 설립을 위해 제공할 것을 결정하였다.

그다음으로 중요한 문제는 누가 설립자가 되느냐? 누가 이 무거운 짐을 자기 어깨에 지겠느냐? 는 것이었다. 결국 마리 메히틸드 원장 수녀가 적임자로 지목되었다. 판단력이 바르고 실생활에 분별력이 있고 수도 정신이 풍부했기 때문에 이런 장점을 한꺼번에 가지고 있는 그가 설립하는데 제일 적합한 인물이라고 의견이 모아 졌다. 그는 망설이는 걸 좋아하지 않았기 때문에 이 모든 사정을 장상인 마태오 주교님께 일임하고 깊은 평화와 고요 중에 그 대답을 기다렸다.

한국은 도대체 어디쯤 자리 잡고 있을까? 책에서 찾아보니 폭이 좁은 지형이며 한국 사람들은 흰옷을 입는다고 씌어있었다. 만주 남쪽으로 5만 리 떨어진 땅이었다. 마리 메히틸드 원장은 "영혼을 위해 거리는 상관없지요"라고 응답하였다. 하느님의 섭리는 한국에 선교사로 계시다가 휴가를 보내기 위해 고향에 온 고요스 신부님을 수도원에 보내 주셔서 모두 자세하게 한국을 알고 싶던 차에 애정 어린 궁금증을 풀어주게 되었다. 수도자들의 질문에 일일이 자세히 대답해주고 한글까지 가르쳐 주었다. 휴식 시간에 멀리 있는 그 땅에 대해 이야기를 해주었고, 어떤 축일에는 식당에 배 모양으로 만든 과자를 주었다. 그 배에는 작은 나무 돛대가 서고 종이로 만든 돛 위에는 엘-서울이라 적혀 있었다.

1939년 2월 12일, 수녀님이 50세가 되는 생신날, 마지막으로 마음을 다해 사랑 어린 축하를 했다. 설립을 위해 마련한 그림, 자수 그리고 사 온 모든 물품을 진열하고 자녀다운 효성의 뜨거운 애정으로 그를 에워싸고 다음과 같은 노래를 불렀다.

주님이시여 님의 마음의 빛살 같은 그를
우리에게 주셨지요.
시간이 되었다고 종이 울리니
님께 그를 돌려 드리나이다.
모든 것에 주님은 찬미를 받으소서.5

---

5 마리 마들렌 수녀, 『귀양의 애가』, 233.

정들었던 그 모든 것들, 평화로웠던 은둔생활의 지난 시간들이 시야에서 프랑스가 사라지듯 모두 사라졌다. "뒤에 있는 것을 잊어버리고… 앞을 향해 달리며 오직 그리스도를 추구하기로 힘쓰라"는 바오로 성인의 말씀과 어떤 가르멜의 장상께서 그에게 보내는 편지에 "미사 동안 사제가 거듭 '도미누스 보비스 꿈'이라는 짧은 경문을 읽지요. 원장 수녀님의 지향대로 저는 이 기도를 바치고 있습니다. 이 기도 안에 모든 것이 들어있다고 믿어집니다. 주님께서 원장 수녀님과 함께 계시다면 부족할 것이 그 무엇이 있겠습니까?"

배는 사방이 바다만 보이는 망망대해를 나아가고 있었고, 관상적인 마리 메히틸드 수녀는 또 다른 대양 – 밑도 끝도 없는 더 넓디넓은 대양 – 즉 한없는 사랑의 바닷속에서 평온하게 움직이고 있었다. 그는 모든 곳에 생명을 불어넣을 줄 알았기 때문에 지나면서 만나는 작은 기쁨을 단순히 받아들였다. 아침에 거룩한 미사가 끝난 후 해가 떠오르면서 환히 비치는 수평선을 마주 보며 영성체 후 감사를 하고, 전교 신부님들의 봉사를 하고, 바다의 싱그러운 바람을 맞으며, 해 질 무렵의 장관을 찬미하고, 동쪽 하늘에서 반짝이는 별들을 감상하며 밤 묵상기도를 연장하곤 했다.

서울에서 가르멜 수도원이 자리 잡은 땅은 산이었기 때문에 수녀들에게 필요한 채소를 얻을 수 있게 될 때까지 거름을 주고 경작하는 등 여간 수고를 치르지 않으면 안 되었다. 여러 해 동안 이 모든 힘들고 거친 노동일에 굽히지 않는 기백과 기력으로 자기 몸을 바친 것도 당연히 원장인 마리 메히틸드였다. 갓 시작한 공동체는 모두 수련소에 있었기 때문에 많은 시간을 책을 읽는 데 바치고 있었다. 따라서 이 모든 수도원 일을 제대로 해가기 위해선 원장 수녀에게 아마도 하루가 48시간이어야만 했을 것이다. 갓 시작한 공동체는 장상이 먼저 좋은 모범을 보이시는 것을 깨달았다.

4. 단순함

　가르멜 수녀는 자주 마음 깊은 곳에서 이 세상에서 가르멜을 찾아 얻는 일보다 더 큰 복은 없으리라고 탄성을 올린다. 그렇기에 가르멜에 한번 맛을 들였던 사람이 사랑하던 대상을 잃어버렸다가 되찾았을 적의 기쁨은 한층 더 크다. 그는 수도원 회의에서 자주 급한 성격 때문에 책망을 받았고, 급한 성격을 교정하느라고 일생을 두고 씨름했다. 하지만 자신의 잘못을 잘 보았으며 언제나 먼저 용서를 청하곤 했다. 비평하고 판단하는 인간의 본성이 요구하는 것에 침묵할 줄 알고 있었다. 수련자같이 싱싱하게 순순히 응하며 원장 수녀님과 공동체를 섬기며 순박하게 공동생활을 하는 것 밖에는 어느 누구의 이목도 끌지 않았다. 이렇게 살려면 위대한 수도 정신과 포기의 완전한 습성이 요구된다.

　한국에서 새로운 가르멜 수도회를 창립한 마리 메헤틸드는 자기 이상에 충실하여 하느님 자신을 위해 사랑했고 하느님의 사랑 때문에 공동체를 위했다. 사랑은 불이라서 불붙는 걸 그 무엇으로도 막을 길이 없는 법이다. 하느님은 그의 마음속에 섭리에 대한 흔들리지 않는 신뢰를 주시며 곤란한 경우를 당하면 금이 용광로에서 정제되듯이 그의 신뢰도 성찰하게 되었다.

　수녀들은 그가 우는 모습을 단 한번 보았을 뿐이다. 생계를 위해 양복점의 삯바느질을 하지 않을 수 없게 되었는데 꼭 정한 시간에 끝내야 했기 때문에 새벽부터 밤늦게 자리에 누울 때까지 재봉틀을 쉬지 않고 굴려야만 했지만 모두 기쁜 얼굴로 용기를 갖고 이 일에 참가했다. 하지만 마리 메히틸드 원장 수녀는 과도한 삯일이 내적 생활과 수도 정신을 약화시키지 않을까 무척 걱정하고 눈물을 흘렸다. 당신의 딸들인 한국인 수녀들의 건강을 염려했지만 영양이 충분한 음식을 줄 수 없었다. 선물 받은 사과 몇 개와 우리 닭이 낳은 계란 몇 알, 배급받은 약간의 쌀이 있을 뿐, 거의 어찌 해결할 도리가 없을 때가 많았다.

봄에서 가을까지는 휴식 시간을 밖의 그늘진 곳에서 지냈는데 손도 부지런히 놀렸지만, 대화도 쉬지 않고 이어졌다. 이때 혹시라도 말마디에 이상한 발음을 하면 폭소가 터져 나오곤 했다. 무더운 여름날 저녁 휴식시간의 추억을 더듬는 것은 참으로 마음이 싱그럽다. 시가를 둘러싼 산들을 눈앞에 둔 정원의 높은 곳에서 휴식을 지내고 있으면 태양의 마지막 저녁 노을이 지평선을 붉게 물들여 놓으며 황혼이 시작되는 것이었다. 그리고 어슬어슬 땅거미가 모든 것을 감싸 안아 갔다. 자연의 침묵과 함께 영혼의 침묵도 조화를 이루게 된다. 하느님은 아주 우리 가까이 계시는 듯 작은 새들이 자기네들의 종과를 읊을 적에 수녀들도 사랑과 감사의 마음으로 님에게 저녁 인사를 드리려 내려오곤 했다.

그는 진리의 빛 안에서 자신의 결함을 잘 보고 있었으며 나날이 하느님 사랑의 불에 이것들을 태워버리고 자기를 뛰어넘어 하느님이 당신을 완전히 변화시키시도록 님께서 원하시는 대로 내어 드리는 영혼이었다. 이 변화는 존재의 내밀한 곳에서 행해지는 것이므로 표면에 있는 흠집은 그리 방해되지 않는다. 그러나 그는 자신이 받은 자연적 은혜가 학교 교육의 부족함을 보충했다는 것을 몰랐기 때문에 자신의 학문적 교양의 불충분함을 괴로워했다.

장상이라는 짐을 지고 있는 이들이 그 길에서 만나는 몰이해에 대해 그도 고통스러워했고 의지했던 것들이 사라지고 애정이 줄어질 때 괴로워했다. 하지만 이건 당연히 모든 것을 서서히 흡수하는 사랑을 얻기 위한 과정에서 필요한 것들이었다. 하느님은 당신이 뽑으신 영혼들이 홀로 당신만을 위하기를 원하시기 때문이다. 그는 자신을 분석하기엔 너무나 순진한 사람이었기 때문에 자신에 대해서 드물게 생각했고 아주 조금밖에 말하지 않았다.

IV. 오늘날에 재발견하는 영적 가치

다음날도 같은 고요 속에서 지냈다. 우리를 어떻게 할 것일까? 떠나라는 명령이 내렸다. 어디? 어떻게 가는지? 우리는 알 수 없었다. 우리에게 이렇게 하리라고는 조금도 생각지를 못했다. 앞 못 보는 수녀는 고요히 "할머니"하며 말을 건넸다(때때로 마리 메히틸드께 우리는 가족적으로 할머니라고 부르고 있었다).

"할머니도 저도 오래 걸어갈 수가 없습니다. 걷지 못하는 사람들을 어떻게 처치하는지 우리는 보고 알고 있지요. 할머니 죽음이 두렵습니까?"라고 여쭈었더니 그의 영혼 속에서부터 우러나오는 단순하고 밝은 답은 "아니요. 정말 내가 끝까지 결점을 지니고 있고 온통 내 안에는 무력함과 비참함뿐이지만 조금도 걱정이 안 됩니다. 아이처럼 내가 아버지께로 뛰어들 수 있도록 성부의 부르심을 고대하고 있어요.…"

그러시고는 잠시 멈추었다가 이어,

"수녀님도 이 시련에서 빠져나가 살아날 수 있으리라고는 생각되지 않지만, 혹시 서울에 돌아가 우리 사랑하는 한국 수녀님들을 반갑게 다시 만나는 행복을 얻게 되면, 내가 그들을 무척 사랑한다고 말해 주세요. 그리고 내 생명을 그들을 위해 희생으로 바친다고 말해 주십시오"라고 하셨다. 가르멜 수녀들은 이 영적 유언을 사랑으로 받아 간직했다.6

그 어떤 죽음이 가르멜 수녀의 죽음 보다 더 헐벗을 수 있으랴? 성사도 없고, 봉쇄도 없고, 자실도 없고, 침묵도 없었다. 임종자 옆에선 본능적으로 잠잠하기 마련이며 애정 어린 존경으로 거룩한 침묵이 이루어지지만, 이 혼잡을 이룬 방에선 아이들이 서로 싸우고 엄마들은 꾸짖는 이 마당에 무엇을 막으며 어찌 고요를 지키라고 요구할 수 있겠는가? 어느 죽음도 이보다 더 가난하지 않으리라. 이 충실한 여종에게서 하느님은 모든 것을 가지셨다. 이건 당연한 것으로 그는 모든 것을 사랑하는 님에게 다 드렸기 때문이다.

또한 그는 엘 가르멜 수도원에서 들은 두 가지를 특히 좋아했다. 하나는 망 성탄에 관한 것이었다. "요셉 곁에서 마리아는 밤중에 길을 나아갔고 하느님은 성모님 안에서 쉬고 계신다. 이 하느님이야말로 마리아를 인도하시는 분이시다" 마리 메히틸드는 이를 해석하여 "우리 생활은 캄캄한 신앙의 한가운데서 하는 여행이지만 하느님은 우리 안에서 쉬고 계시며 우리의 모든 성덕은 하느님이 우리를 인도하도록 내맡겨 드리는 데 있다"라고 했다.

다른 하나는 "자신을 잊고 서둘러 온전히 자기를 내어주는 것이다. 성체의 순수한 사명은 자신이 먹히는 것이며 먹힐 때 성체 스스로는 이를 몰라야 한다"라고 적은 쪽지를 그는 성무일도에 늘 끼우고 있었다.[7] 해석하면, 가르멜 수녀는 세상의 구원을 위해 제물로 바쳐진 성체이고 그의 영적인 빛은 주위를 환하게 밝혀주고 따뜻하게 녹여주며 먹여 기른다. 가르멜 수녀라는 말은 영혼의 어머니라는 의미이다. 하지만 신비계에서 되어가는 일은 볼 수 없기 때문에 자기 봉헌의 열매를 알기 위해선 천국을 기다려

---

6 마리 마들렌 수녀, 『귀양의 애가』, 259.
7 마리 마들렌 수녀, 『귀양의 애가』, 252.

야 한다. 그래서 이 봉헌은 청정하게 해야하고 위안도 인간적 낙도 갖지 않고 오로지 주님을 받들어야 한다. 작은 성체는 자신의 허무와 무능한 허울 속에 가난하게 숨어있을 때 주님의 섭리 안에서 온전히 녹아서 사라지며 주님 안에서 세상과 일치할 수 있다.

6.25 전쟁 순교자 시복 시성

성녀의 마리 맥딜드 수녀
1889 1950.11.18

아기 예수의 데레사 수녀
1901 1950.08.30

1906 벨기에 아프르 가르멜 입회
1917 프랑스 멩 가르멜로 떠남
1939 서울 가르멜 창립, 초대 원장

1919 벨기에 빙통 가르멜 입회
1940 서울 가르멜 성입
1949 2대 원장

1950 두 분 모두 납북되시어 '죽음의 행진' 중에 선종하셨다.
이 땅의 아픔과 고난을 함께하며, 설립자로서의 무한한 신뢰와
관대함으로 한국 가르멜 수녀들에게 모범과 표양이 되셨다.

✠

"내가 서울의 우리 딸들을 얼마나 사랑했는지,
마음으로 축복을 보낸다고 전해주시오."
성녀의 마리 맥딜드 수녀

"사랑은 희망이며,
영광의 겸손한 충실은 사랑에 꽃입니다."
아기 예수의 데레사 수녀

 서울 헬방 가르멜 여자 수도원 o.c.d.
서울시 강북구 인수봉로 55길 67 (수유5동 512번지)
전화 : 02) 902-1489, Fax : 02) 996-8736
seoulcarmel@hanmail.net

시복을 위한 기도

영원하신 하느님,
당신께서는 사람들 안에 그리스도를 따르려는
원의를 일으키시고 은총으로 도우시어,
하늘나라를 성장케 하셨나이다.
비오니, 서울 가르멜 수도원의 설립자인
맥딜드 수녀와 데레사 수녀를 받아주소서.
이들은 암흑기인 일제 강점기에
교회와 우리나라를 위해
기도와 관상 생활로써,
갖은 어려움과 노고를 당신께 바쳤나이다.
더욱이 6.25 전쟁 때 '죽음의 행진' 도중에
용맹히 당신 성자께 대한 사랑을
죽음으로써 증거하였으니,
시복을 허락하시어
하느님의 영광이 더욱 드러나게 하시고,
그들의 전구로 교회의 성소가 풍요롭게 성장하도록
자비를 베풀어 주소서.
우리 주 그리스도를 통하여 비나이다. 아멘.

가르멜의 성모님, 저희를 위하여 빌어주소서.
가르멜의 성인 성녀들이여, 저희를 위하여 빌어주소서.
한국의 순교 성인 성녀들이여, 저희를 위하여 빌어주소서.

서울대교구 교구장 정진석 추기경 인준 (2012. 3)

마리 메히틸드 연표

1889년 2월 12일   벨기에령 플랑드르에서 두 언니와 두 오빠에 이어 막내딸로 출생

1906년 11월 21일   이프르 가르멜 공동체에 입회,
                    "성체의 마리 메히틸드"를 수도명으로 받음

1907년 12월 13일   첫서원, 마리 메히틸드라는 수도명과 수도복을 받음

1908년 12월 14일   십자가의 요한 성인 축일에 종신서원

1914년 8월 4일   제1차 세계대전 발발, 벨기에 역시 전쟁에 휘말림

1914년 11월 2일   수도자들의 피난생활이 시작됨

1917년   9월 프랑스 남부의 엘 가르멜 공동체로 감

1919년   터어키의 스미르나 가르멜을 도우러감

1922년   그리스와 터어키 사이에 전쟁이 발발. 스미르나 공동체 소실

1939년 2월 12일   프랑스 엘 가르멜에서 마지막으로 공동체와 함께 맞은 50세 생일

1939년 5월 24일   한국에 도착, 서울 가르멜 설립 준비

1949년 2월 12일   한국식으로 회갑을 맞이하여 공동체 축제를 지냄

1950년 6월 25일   한국전쟁 시작, 28일 아침 공산당이 서울에 진입

1950년 7월 15일   창립자 5분 수녀님들 모두 공산당에 끌려가심

1950년 11월 18일   중강진 북쪽 하창리 마을에서 선종

마리 메히틸드, 아기 예수의 데레사는 '죽음의 행진' 도중에 선종하였고, 마리 마들렌, 마리 앙리에트, 벨라뎃다 수녀는 1953년 4월 17일 휴전이후에 프랑스의 엘 가르멜로 송환되었다. 1953년 12월 4일, 마리 마들렌, 마리 앙리에트 수녀는 서울 공동체로 귀환하였다.

2015년 '하느님의 종'으로 공식 선정되어, '근현대 신앙의 증인 하느님의 종 홍용호 주교와 동료 80위' 시복을 위한 절차가 진행 중이다.

참 고 문 헌

교모 소(少) 멜라니아의 생애와 영성 _전경미

『금언집』(*Apophthegmata*).

게론티우스.『성 소 멜라니아의 생애』(*Vita sanctae Melaniae Iunioris*).

놀라의 파울리누스.『서간집』.

알렉산드리아의 클레멘스.『양탄자』(*Stromata*).

에바그리우스 폰투스.『에울로기우스에게 보낸 논고』.

_____.『프락티코스』.

_____.『기도론』.

오리게네스.『요한 복음 주해』.

팔라디우스.『라우수스에게 바친 수도승 이야기』(*Historia Lausiaca*).

히에로니무스.『시편 강해』.

_____.『서간집』.

Bouyer, Louis. *The Spirituality of the New Testament and the Fathers*, trans. Mary P. Ryan. London: Burns & Oates, 1963.

Clark, Elizabeth A. *The Life of Melania the Younger: Introduction, Translation, and Commentary*. New York: The Edwin Mellen Press, 1984.

Cohick, Lynn H. and Hughes, Amy Brown. *Christian Women in the Patristic World: Their Influence, Authority, and Legacy in the Second through Fifth Centuries*. Michigan: Baker Academic, 2017.

Kelly, J. N. D. *The Motive of Christian Asceticism*. Evanston, Illinois: Seabury-Western Theological Seminary, 1964.

Nataraja, kim. "Evagrius of Pontus." in *Journey to the Heart: Christian Contemplation through the Centuries*, ed. Nataraja. Toronto, ON, Canada: Novalis, 2011.

Somos, Robert. "Origen, Evagrius Ponticus and the Ideal of Impassibility." in *Origeniana Septima*. Leuven, Belgium: Leuven University Press, 1999.

베긴(Beguine) 신비가 안트베르펜의 하데위히 _신소희

단행본

Egan, Harvey. *Soundings in the Christian Mystical Tradition*. Collegeville: The
 Liturgical Press, 2010.

Hadewijch. *Hadewijch: The Complete Works*, trans. Columba Hart. New York: Paulist
 Press, 1980.

McGinn, Bernard. *The Flowering of Mysticism: men and women in the new mysti-
 cism(1200-1350)*. New York: Crossroad, 1998.

McGinn, Bernard. ed. *Meister Eckhart and the Beguine Mystics: Hadewijch of Brabant,
 Mechthild of Magdeburg, and Marguerite Porete*. New york: The Continum
 Publishing Company, 1994.

Mommaers, Paul. *Hadewijch: writer, beguine, love mystic*. Leuven: Peeters, 2004.

Murk-Jansen, Saskia. *Brides in the Desert: The Spirituality of the Beguines*. Eugene: Wipf
 and Stock Publishers, 2004.

Myers, Glenn E. *Seeking Spiritual Intimacy: Journeying Deeper with Medieval Women
 of Faith*. Downers Grove, Ill.: IVP., 2011.

메리 T. 말로운. 『여성과 그리스도교』 2. 안은경 옮김. 서울: 바오로딸, 2009.

클라우스 리젠후버 지음. 『중세 사상사』, 이용주 옮김. 파주: 열린책들, 2003.

프란치스코 교황 회칙. 『찬미받으소서』. 한국천주교주교회의, 2015.

논문

신소희. "하데위히의 신비문학: 궁정풍 문학과의 연관성." 「문학과 종교」 21, 3(2016):
 101-128.

_____. "안트베르펜의 하데위히(Hadewijch von Antwerpen): 신비적 자아 구성에 관한 연구."
 박사학위 논문, 서강대학교, 2017.

역경의 달인, 카쉬아의 성녀 리타 _김혜경

성백용. "잔 다르크-프랑스의 열정과 기억의 전투." 「역사비평」 66 (2004).

올리비에 부지. "잔 다르크의 상징들: 시골 처녀에서 영웅으로의 획기적인 변모 - 정치적
 요구와 종교적 문제 사이에서." 「유관순 연구」 5 (2005).

이용복. "샤를르 페기의 '잔 다르크의 사랑의 신비'에 나타나는 잔 다르크 이미지." 「한국프랑
 스학논집」 54 (2006).

정영란. "왜 배교자이자 성녀인 잔(Jeanne)인가?" 「통합인문학연구」 1-2 (2009).

진경년. "잔 다르크와 유관순의 비교 연구." 「동북아시아문화학회 국제학술대회 발표자료집」, 2009.

하상복. "프랑스 민족전선과 잔 다르크(Jeanne dArc)의 상징정치." 「문화와 정치」 5(1) (2018).

한상봉. "교회에서 화형당한 전투적 성인, 잔 다르크" 「가톨릭 평론」 18 (2018).

홍석기. "잔 다르크 축제 : 끊임없이 이어지는 신화." 「월간 공공정책」 108 (2014).

마녀로 화형된 성녀 잔 다르크의 영성 _방영미

Agostino Cavallucci. *Vita della beata Rita da Cascia.* Siena, 1610.

Agostino Trapè. *Santa Rita e il suo messaggio. "Tutta a Lui si diede."* Milano, Edizioni San Paolo, 1986[12][2005].

Antonio Maria Sicari. *Il quarto libro dei ritratti dei santi.* Milano, Jaca Book, 1994.

Cristina Siccardi. *Santa Rita da Cascia e il suo tempo.* San Paolo Edizioni, Milano 2004[3][2014].

Documentazione Ritiana Antica, a cura di Damaso Trapp OSA. Cascia, Monastero di S. Rita, 1968-1970, vol I~IV.

Fiorella Giacalone. *Il corpo e la roccia. Storia e simboli nel culto di santa Rita.* Roma, Meltemi, 1996.

Gerardo Bruni. *La Rosa di Roccaporena.* Roccaporena di Cascia, 1977.

Lucetta Scaraffia. *La santa degli impossibili.* Milano: Vita e Pensiero, 2014.

Mario Polia e Massimo Chiappini. *Santa Rita da Cascia. La vita e i luoghi.* Milano: San Paolo Edizioni, 2010.

Rosa Giorgi. *I santi e i loro simboli.* Milano: Mondadori, 2011.

화해와 평화의 사절로 새로운 변방을 찾아서: 성녀 로즈 필리핀 뒤셴 _최혜영

무니, 캐서린/안은경 역. 『필리핀 뒤셴의 영성: 선교의 부르심을 가난 속에 꽃피운 삶』. 서울: 나이테미디어, 2015. = Mooney, Catherine M. *Philippine Duchesne: A Woman with the Poor.* New York/Mahwah, N.J. 1990.

바스콤, 마리온/심현주 역. 『성녀 로즈 필립핀 뒤셴: 성심수녀회 개척 선교사』. 서울: 성심수녀회, 1988. = Bascom, Marion. *Rose Philippine Duchesne: Pioneer Missionary of the New World.* Purchase/New York: Manhattanville College.

성심수녀회. 『회헌』, 1985.

_____. 『성심수녀회 1994년도 총회 문헌』, 1994.

_____. 『성심수녀회 2000년도 총회 문헌』, 2000.

_____. 『성심수녀회 2016년도 총회 문헌』, 2016.

오식, 캐롤린/박정미 역. 『성녀 로즈 필리핀 뒤셴: 변방을 가로질러 불타오르는 마음』. 서울:
　　성심수녀회, 2018. = Osiek, Carolyn. *Saint Rose Philippine Duchesne: A Heart on
　　Fire across Frontiers*, Society of the Sacred Heart United States-Canada, 2017.

카통골레, 에마뉘엘 & 크리스 라이스/안종희 역. 『화해의 제자도』. IVP, 2013. = Rice, Chris
　　& Emmanuel Katongole. *Reconciling All Things: A Christian Vision for Justice,
　　Peace and Healing.* Downers Grove, Il: IVP(InterVarsity Press), 2008.

캘런, 루이즈/안은경 역. 『하느님의 등불 성녀 필리핀 뒤셴: 기도로 일군 아메리카 개척 선교』.
　　서울: 나이테미디어, 2013. = Callan, Louise. *Philippine Duchesne: Frontier
　　Missionary of the Sacred Heart 1769-1852.* Westminster, Maryland: The
　　Newman Press, 1957.

Callan, Louise. *The Society of the Sacred Heart in North America.* New York: Longmans,
　　Green and Co., 1937.

Charry, Jeanne de. ed. *Saint Madeleine Sophie Barat & Saint Philippine Duchesne
　　Correspondence, first part at Grenoble(1804-1815),* trans. Barbara Hogg.
　　Roehampton: Society of the Sacred Heart, 1989.

Cannon, Jane. *Two Hundred Years: A Legacy of Love and Learning.* Academy of the
　　Sacred Heart in St. Charles, MO, 2017.

Chicoine, Maureen J. *Grave on the Prairie: Seven Religious of the Sacred Heart and
　　Saint Mary's Mission to the Potawatomi.* loomington, IN 47403: iUniverse, 2018.

Philippine Duchesne, R.S.C.J.: A Collection. eds. by Catherine Collins, Melanie A. Guste
　　and Anna Thompson. Washington, D.C.: Center for Educational Design, 1988.

Olson, Karen. *Saint Rose Philippine Duchesne: A Dream Come True.* Society of the
　　Sacred Heart United States-Canada, 2017.

Society of the Sacred Heart of Jesus. *General Chapter 1994.*

_____. *General Chapter 2016.*

Stuart, Janet Erskine. *The Society of the Sacred Heart,* Roehampton, 1914.

Williams, Margaret. *The Society of the Sacred Heart: History of a Spirit 1800~1975.*

London: Darton, Longman and Todd, 1978.

생태 신비가 성녀 엘리사벳 씨튼 _김승혜

Elizabeth Bayley Seton, Collected Writings, Volume 1 (2000), Volume II (2002), Volume IIIab (2006), Edited by Regina Bechtle, S.C, and Judith Metz, S.C. New City Press: Elizabeth Seton Federation, Inc.

성찬성역. 『성녀 엘리사벳 씨튼 전집』, 1권 상하, 2권 상중하. 도서출판 영성생활, 2016, 2019, 2020.

All Creation Sings: Praying the Psalms with Elizabeth Seton, selected and edited by Regina Bechtle and Margaret Egan. Sisters of Charity of New York, 2009.

The Letters of Hildegard of Bingen, Volume I, II, III, translated by Joseph L. Baird and Radd K. Ehrman. Oxford University Press, 1994, 1998, 2004.

Bookchin, Murray. *Toward an Ecological Society.* Montréal-Buffalo: Black Rose Books, 1991.

_____. *The Ecology of Freedom: The Emergence and Dissolution of Hierarchy,* 3rd edition. AK Press, 2005.

Dirvin, Joseph I., C.M. *Mrs. Seton,* New Canonization Edition. New York: Farrar, Straus and Giroux, Inc., 1962, 1975. 『성녀 엘리사벳 씨튼』으로 한역됨 (김승혜 편역), 1975 (분도출판사), 2019 (영성생활).

Du Brul, Peter, S.J. *Ignatius: Sharing the Pilgrim Story: A reading of the autobiography of St. Ignatius of Loyola.* Leominster: Gracewing, 2003.

James, William. *The Varieties of Religious Experience.* Mentor Book, 1958; _____/김재영 옮김. 『종교적 체험의 다양성』. 한길사, 2000.

Johnson, Elizabeth A. *Quest for the Living God: Mapping frontiers in the Theology of God.* New York, London: Continuum, 2007.

Katz, Stephan. *Mysticism and Philosophocal Analysis.* New York: Oxford University Press, 1978, 47-48.

Kim, Sung Hae. "The Ecological Spirituality of Elizabeth Ann Seton." in *Vincentian Heritage Journal,* Volume 32/Issue 2 (Summer 10-12-2015), 26 pages.

_____. "Elizabeth Ann Seton's Vision of Ecological Community." *Vincentian Heritage Journal,* Volume 35/Issue 2 (Fall, 2020), 28 pages.

_____. "The Ecological Meaning of the Presence of God in Elizabeth Ann Seton's Reflections and Translations." *Vincentian Heritage Journal,* 2022년봄 출판 예정.

King-Lenzmeier, Anne H. *Hildegaard of Bingen: An Integrated Vision,* Collegeville. Minnesota: The Liturgical Press, 2001.

Leopold, Aldo. *A Sand County Almanac and Sketches Here and There.* Oxford University Press, 1949; 한국어 번역본은 『모래군郡의 열두 달』, 송명규 옮김. 도서출판 따님, 2003.

Marius de Geus. *Ecological Utopia.* Envisioning the Sustainable Society, translated, extended and revised version of the Dutch title: Ecologishche Utopieën. Utrecht, the Netherands: International Books, 1999.

McFague, Sallie. *The Body of God: A Ecological Theology.* Minneapolis: Augusburg Fortress, 1993.

Melville, Annabelle M. *Elizabeth Bayley Seton,* A Jove Book. published by arrangement with Charles Scribner's Sons, 1951, 1985; a new edition by Betty Ann McNeill, D.C., Hanover, Pennsylvania: The Sheridan Press, 2009. 여기 자세한 연표가 있음.

Naess, Arne. *Ecology, Community and Lfestyle; Outline of an Ecosophy,* trans. by David Rothenberg, Cambridge University Press, 1989.

O'Donnell, Catherine. *Elizabeth Seton: American Saint.* Cornell University Press, 2018.

Shepard, Paul. *Encounter with Nature: Essays by Paul Shepard.* ed. by Floren R. Shephart, Washington, D.C.: Island Press.

Smart, Ninian. "The Purification of Consciousness and the Negative Path." in *Mysticism and Religious Tradition,* ed. by Stephan Katz. New York: Oxford University Press, 1983, 117-129.

Teresa of Avila. *The Interior Castle,* New Translation of Introduction by Mirabai Starr. New York: Riverhead Books, 2003.

Thoreau, Henry David. *Walden and Civil Disobedience.* W.W. Norton and Company, New York, 1966.

Weston, Anthony. "Before Environmental Ethics." in *Postmodern Environmental Ethics,* edited by Max Oelschlaeger. Albany: State University New York Press, 1995.

_____. "Multicentricism: A Manifesto." *Environmental Ethics* 26:1 (2004).

Woods, Richard. ed. *Understanding Mysticism.* Doubleday, 1980.

레이첼 카슨의 우주적 생태사상 _유정원

김재호.『레이첼 카슨과 침묵의 봄』. 살림, 2009.

레빈, 엘렌/권혁정 옮김.『레이첼 카슨』. 나무처럼, 2010.

리어, 린다/김홍옥 옮김.『잃어버린 숲: 레이첼 카슨 유고집』. 에코리브르, 2018.

진저, 워즈워드/황의방 옮김.『레이첼 카슨:『침묵의 봄』을 쓴 생태환경운동의 선구자』. 두레
    아이들, 2005.

카슨, 레이첼/하워드 프레치 그림/김은령 옮김.『바닷바람을 맞으며』. 에코리브르, 2017.

_____/이충호 옮김.『우리를 둘러싼 바다』. 양철북, 2003; 김홍옥 옮김. 에코리브르, 2018.

_____/밥 하인스 그림/김홍옥 옮김.『바다의 가장자리』. 에코리브르, 2018.

_____/김은령 옮김..『침묵의 봄』. 에코리브르, 2011.

_____/표정훈 옮김.『자연, 그 경이로움에 대하여(센스 오브 원더)』. 에코리브르, 2002.

콜카타의 성녀 마더 데레사의 생애와 영성 _권혁화

그레그 와츠 지음/안소근 옮김.『마더 데레사 어둠 속 믿음』. 바오로딸, 2010.

김순현 옮김.『가난』(마더 데레사 생활명상집). 오늘의 책, 2008.

라구 라이 사진/나빈 차울라 글/이순영 옮김.『가난한 마음 마더 테레사』. 생각의 나무, 2003.

마더 테레사 지음/김효성 옮김.『샘에서 생기를』. 성바오로, 2010.

_____/백영미 옮김.『단순한 길 - 마더 테레사가 걸어온 길, 그리고 우리가 걸어갈 길』. 사이.

_____/이해인 옮김.『마더 테레사의 아름다운 선물』. 샘터, 2010.

_____/지은정 옮김.『작은 몸짓으로 이 사랑을』. 바오로딸, 2016.

마리안네 잠머 지음/나혜심 옮김/이석규 감수.『마더 데레사 평전 삶, 사랑, 열정 그리고 정신
    세계』. 자유로운 상상, 2009.

메리 T. 말로운 지음/유정원 옮김.『여성과 그리스도교 3』. 바오로딸, 2012.

베키 베너네이트/조지프 뒤르포 지음/지은정 옮김.『이보다 더 큰 사랑은 없다』(성녀 마더
    데레사의 말씀). 바오로딸, 1998.

브라이언 콜로제이 척 엮음/오숙은 옮김.『먼저 먹여라 마더 데레사 무너진 세상을 걸어간
    성녀』(마더 데레사 말과 글). 학고재, 2016.

브라이언 콜로제이 척 엮음/허진 옮김.『마더 데레사, 나의 빛이 되어라』. 오래된 미래, 2008.

신홍범 글/게리우즈 사진.『마더 데레사 그 사랑의 생애와 메시지』. 두레, 2016.

자야 찰리하, 에드워드 르 졸리 엮음/유향란 옮김.『마더 데레사의 사랑하는 기쁨』(일상을
    행복으로 이끄는 묵상집). 2010.

폴 머리 지음/신강용 옮김. 『어둠의 광채』. 성바오로 딸, 2010.
호세 루이스 곤잘레스 발라도 정리/송병선 옮김. 『마더 테레사 자서전』. 민음인, 2010.
M.K 폴 신부 지음/장말회 옮김. 『마더 데레사의 말씀과 일화』. 성바오로, 2008.
ST 데레사 지음, 앤서니 스턴 엮음/이해인 옮김. 『모든 것은 기도에서 시작됩니다. (마더 데레
　　사에서 세인트 데레사로 기념묵상집)』. 판미동, 1999.

강완숙과 조선 초기 천주교회 여성공동체 _문기숙

김옥희. 『한국천주교여성사』 (I), 마산: 한국인문과학원, 1983.
김진소 외. 『순교는 믿음의 씨앗이 되고』. 서울: 한국교회사연구소, 2001.
샤를르 달레/안응렬 최석우 역주. 『한국천주교회사』. 서울, 한국교회사연구소, 2000.
서울대교구여성연합회. "조선여인 강완숙, 역사를 위해 일어서다 – 순교자 강완숙과 조선."
　　천주교회, 「서울대교구여성연합회 심포지엄 자료집」 (2005년 7월 1일)..
여진천 역주. 『황사영 백서해제 누가 저희를 위로해주겠습니까』. 서울: 기쁜소식, 1999.
윤민구 역주. 『한국 초기 교회에 관한 교황청 자료 모음집』. 가톨릭출판사, 2000.
천주교 수원교구 시복 시성 추진 위원회/윤민구 역주. 『윤유일 바오로와 동료 순교자들의
　　시복 자료집』 제5집. 서울: 한국교회사연구소, 2000.
한국교회사연구소. 『한국가톨릭대사전』 1-12. 분도, 2006.
한국순교자현양위원회/조광 역주. 『역주 사학징의』 I, 2001.

조마리아, 안중근과 대한독립의 어머니 _최우혁

김정숙. "조선 후기 천주교 여성 신도의 사회적 특성." 「교회사연구」 19 (2002. 12): 9-60.
신영숙. "일제시기 천주교회의 여성 인식과 여성 교육." 「교회사연구」 19 (2002. 12): 89-125.
안중근. 『안중근의 동양평화론』, 안중근 의사 기념관. 서울 셀렉션, 2019.
_____/안중근평화연구원. 『안중근 유고 – 안응칠 역사 · 동양평화론 · 기서』. 채륜, 2016.
오영섭. "안중근 가문의 독립운동 기반과 성격." 「교회사연구」 35 (2010. 12): 219-265.
윤선자. "3.1 운동기 천주교회의 동향." 「전주사학」 제 11집 (1997): 457-494.
조광. "한국 근현대 천주교사 연구." 『한국 근현대 천주교사 연구』, 경인한국학연구총서 80.
　　서울: 경인문화사, 2010.
_____. "일제하 무장 독립투쟁과 조선 천주교회." 「교회사연구」 11 (1996. 12): 149-178.
최석우. "일제하 한국 천주교회의 독립운동 – 3.1 운동을 중심으로." 「교회사연구」 11 (1996.
　　12): 37-58.

최혜영. "현대 한국 천주교회 여성 활동과 그 전망." 「교회사연구」 19 (2002. 12): 127-161.
"2월 14일에 기억해야 할 그 이름": https://news.v.daum.net/v/20160214071531898?f=m.

한국인 첫 수도자, 박황월 프란치스코 사베리오 수녀의 '자기 비움의 애덕'
_민혜숙

박순집 증언/김영수 역. 『박순집 증언록(I II III)』. 서울:성 황석두루가서원, 2001.
박황월. 『박황월(프란치스코 사베리오) 수녀 회고록』. 서울:샬트르성바오로수녀회, 2013.
보동, C.J. 『성바오로의 딸들:한국 1888~1930』. 서울:샬트르성바오로수도회, 1986.
샬트르성바오로수녀회. 『바오로 뜰 안의 애가』. 서울:샬트르성바오로수녀회, 1973.
_____. 『빠스카의 삶』. 서울:샬트르성바오로수녀회, 1987.
_____. 『한국 샬트르성바오로수녀회 100년사』. 서울:샬트르성바오로수녀회, 1991.
한국천주교중앙협의회. 「경향잡지」 1971년 11월호.

[작가 미상.] "故 박 사베리오 수녀님의 일화." 1966. 3. 27.
박황월 프란치스코 사베리오 수녀 글/김구정 간추림. "위인 베드루"(연대 미상, 1966 즈음으
     로 추정 자료).
원 빅토리나, 윤 시메온 수녀님(1945년 종신서원)이 1952년 3월 25일에 남긴 '박황월 프란치
     스코 사베리오 수녀님'과 관련된 일화 및 강론 요약본.
임 스테파노 수녀님이 1988년 5월 18일에 '박황월 프란치스코 사베리오 수녀님'과 관련된
     일화 요약본.

한국 가르멜 수도원의 창립자 마리 메히틸드 _서울가르멜여자수도원

서울가르멜여자수도원. 시복준비자료.
마리 마들렌 수녀/서울 가르멜 여자수도원 엮음. 『귀양의 애가. 가르멜 수녀들의 북한 피랍
     기』, 가르멜 총서 7. 기쁜소식, 2012.

글쓴이 알림 (가 나 다 순)

권혁화 스텔라

평신도, 가톨릭여성신학회 회원, kwjuly97@hanmail.net

김승혜 데레사 마리아

사랑의 씨튼 수녀회 소속, 서강대학교 종교학과 명예교수

현재활동: 종교대화와 영성에 대한 저술, sung-haeab@hanmail.net

저서:『유교의 뿌리를 찾아서』,『동아시아 종교전통과 그리스도교의 만남』,『논어의 그리스도교적 이해』,『노자의 그리스도교적 이해』등

김혜경 세레나

평신도, 가톨릭여성신학회 회원, serenakhk@hanmail.net

부산가톨릭대학교 인문학연구소 연구교수, (사)동아시아 복음화연구회 연구위원

이탈리아 피렌체에서 연구 진행

저서:『일곱 언덕으로 떠나는 로마 이야기』(문광부 우수교양도서),『예수회의 적응주의 선교: 역사와 의미』(가톨릭 학술상),『인류의 꽃이 된 도시 피렌체』(세종 우수교양도서) 등 20여 권의 역서, 수 편의 논문

문기숙 프란치스카

평신도, 가톨릭여성신학회 회원, moon1004sun@hanmail.net

논문: "본 훼퍼의 비종교적 교회관," "칼 라너의 초월론적 계시 이해," "문학과 함께 하는 생명영성 훈련 프로그램"

저서:『활기찬 청소년 사목을 위하여』(공저)

민혜숙 효임 골룸바

샬트르성바오로수녀회 소속, 계성고등학교 교장, mincolumba@hanmail.net

방영미 데레사

평신도, 가톨릭여성신학회 회원, ananda13@hanmail.net

한국가톨릭문화연구원 연구위원, 가톨릭평론 편집위원

저서:『종교 없이 신앙인으로 살기』,『오 마이 갓 오 마이 로드』,『팬데믹과 한국가톨
릭교회』(공저),『혼자서 뜰을 거니시는 하느님 — 어른을 위한 성경동화』

신소희 까리따스

성심수녀회 소속, 피정지도와 영적지도자, 가톨릭여성신학회 회원

영성 강의, 양성교육원〈영적지도자 훈련과정〉강사, soheerscj@gmail.com

논문: "하데위히의 신비문학: 궁정풍 문학과의 연관성," "안트베르펜의 하데위히
(Hadewijch von Antwerpen): 신비적 자아 구성에 관한 연구"

앙리에뜨 마르키에(Henriette Marquier) 마리 마들렌

서울 가르멜 여자 수도원 소속, 1954년 ~1979 수련장 역임 (1979년 선종),
『성체의 마리 메히틸드 수녀 약전』,『귀양의 애가』외 다수 강론집

서울 가르멜 여자 수도원: seoulcarmel@hanmail.net

유정원 로사

평신도, 가톨릭여성신학회 회원, rosamose@hanmail.net

가톨릭대학교 종교학과 강사

논문: "신학과 과학의 대화: 떼이야르 드 샤르댕의 사상을 중심으로," "한국가톨릭교
회와 여성: 수동성과 순종을 가르치다," "해월의 삼경론과 프란치스코 교종의
회칙〈찬미받으소서〉비교연구," "자아-타자 간 상호의존성과 동반자 윤리 –
플럼우드의 생태론을 레비나스의 타자철학과 비교하여," "빙엔의 힐데가르트
와 아씨시의 프란치스코의 생태영성," "한국 여성종교인의 예언자적 생태운동,"
"김수환 추기경의 생태영성," "김수환 추기경이 바라본 가난과 경제정의" 등

공저:『김수환 추기경 연구 1』,『김수환 추기경 연구 2』,『상생과 희망의 영성: 여성,
우리가 희망이다』,『이 시대에 다시 만난 여성 신비가들』등

전경미 세실리아

평신도, 가톨릭여성신학회 회원, kmeejeon@gmail.com

서강대학교 신학연구소 선임연구원, 가톨릭대학교, 서강대학교 출강

논문: "4~5세기 그리스도인들의 예루살렘: 수도적 영성과 제국주의적 양상을 중심으로," "4~5세기 로마제국과 금욕주의적 그리스도교, 그리고 아우구스타의 부상: 제국의 승리에 관한 그리스도교 사회의 이데올로기"

저서: *The Rhetoric of the Pious Empire and the Rhetoric of Flight from the World: a Socio-Rhetorical Reading of the Life of Melania the Younger*

최우혁 미리암

평신도, 가톨릭여성신학회 회원, miryamchoi@hanmail.net

서강대학교 종교연구소 선임 연구원, 가톨릭 대학교, 서강대학교 출강

논문: "에디트 슈타인의 사상과 작품 안에 드러나는 마리아론"(로마교황청립 마리아 대학교 박사학위 논문), "에디트 슈타인의 신학적 인간학에서 Fiat와 Theotokos의 관계," "Edith Stein의 신비주의 현상학 — Teresa de Jesus의「영혼의 성」분석을 중심으로," "초월적 신비체험과 공감의 현상학 — 예수의 데레사(1515~1582)와 텐진 빠모(1943~)의 신비체험을 중심으로"

공저: 『십자가의 불꽃으로 타오른 화해의 성녀, 에디트 슈타인』, 『이 시대에 다시 만난 여성 신비가들』

역서: 『이놈의 경제가 사람잡네: 프란치스코 교황의 선한 사람들을 위한 자비의 경제학』

최혜영 엘리사벳

성심수녀회 소속, 가톨릭대학교 종교학과 명예교수, 가톨릭여성신학회 회원

현재 성심수녀회 한화관구 관구장, hychoi@catholic.ac.kr

논문: "공관복음서에 나타난 예수의 기도"(서강대대학원 종교학과 박사학위 논문, 1995) 등

저서: 『이 시대에 다시 만난 여성 신비가들』, 『한국 여성 종교인의 현실과 젠더 문제』, 『하느님 내 입시울을 열어주소서: 신약성서의 기도문 연구』

도 서 출 판 동 연 에 서 펴 낸 책

이 시대에 다시 만난 여성 신비가들
강영옥 외 11명 지음 | 가톨릭여성신학회 엮음 | 값 16,000원

이런 악한 일을 내게 하지 말라
— 구약성서와 성폭력 그리고 권력
박유미 박혜경 유연희 이영미 이은애 이일례 김효명 채은하 지음 |
값 15,000원

자본주의 시대, 여성의 눈으로 성서를 읽다
한국여성신학회 엮음 | 값 15,000원

동북아 평화와 聖·性·誠의 여성신학
이은선 지음 | 값 18,000원

한국 여성 종교인의 현실과 젠더 문제
2015년 문광부우수학술도서
서강대 종교연구소 엮음 | 조승미, 임희숙 외 지음 | 값 18,000원

중세 신비주의와 여성 — 주체, 억압, 저항 그리고 전복
이충범 지음 | 값 16,000원

21세기 여성신학의 동향
2015년 문광부우수학술도서
한국여성신학회 엮음 | 권진숙, 김성희 외 지음 | 값 18,000원

교회와 섹슈얼리티
임희숙 지음 | 값 16,000원

그리스도교 영성신학 다시 읽기
이주엽 지음 | 값 15,000원

영성심리학 — 영성에 대한 간학문적 대화
안톤 A. 부허 지음 | 이은경 옮김 | 값 16,000원

이웃종교인을 위한 한 신학자의 기독교 이야기
2013년 문광부우수학술도서
이정배 지음 | 값 13,000원

자급의 삶은 가능한가 — 힐러리에게 암소를
마리아 미즈 외 지음 | 꿈지모 옮김 | 값 18,000원

공정무역, 희망무역 — 아시아의 여성 공정무역을 중심으로
김정희 쓰고 엮음 | 값 13,000원

한류로 신학하기 — 한류와 K-Christianity
한국문화신학회 엮어지음 | 값 29,000원

영성 · 음악 · 여성 — 21세기 종교와 성령운동
히비 콕스 지음 | 유지황 옮김 | 값 12,500원

여성 신비가들의 내적 역동성이 전하는 삶의 희망

이 책에서 담아내고자 하는 여성 신비가들의 발자취를 통하여 하느님의 모상으로 창조된 인간이 생명의 복음을 회복하고, 자연 친화적인 생활양식으로 창조 질서를 보존하여 생명의 문화를 재정립하고자 하는 이 시대의 당면과제와 노력들이 고스란히 드러나기를 바랍니다. 하느님과의 여정 안에서 발견되는 신비가들의 내적 역동성은 오늘을 의미 있게 살아내고자 하는 이들과 특별히 신앙인들에게 커다란 힘과 희망이 되어줄 것입니다. 삶의 자리가 힘겹고 절망스러운 상황에 처해 있을 때, 더 나아가 영적으로 하느님 부재라는 고통을 수반할 때 신앙의 지향점과 목적을 제시해 줄 수 있으리라 기대합니다.

_'펴내는 글' 중에서(가톨릭여성신학회 회장 박경미 마리 소피아 수녀)

04200 값 17,000원

ISBN 978-89-6447-739-7
ISBN 978-89-6447-738-0(세트)

9 788964 477397